철학,
중독을 이야기하다

철학, 중독을 이야기하다

철학이 중독에게 건네는 11개의 제안

초판 1쇄 발행 2020년 10월 26일

초판 2쇄 발행 2021년 7월 7일

—

지은이 박남희·정대성·박일준·서동은·이은경·이동용·이연도·지혜경·한상연·심상우·박승현

펴낸이 이방원

편 집 송원빈·김명희·안효희·정조연·정우경·최선희·조상희

디자인 양혜진·손경화·박혜옥   **영 업** 최성수

—

펴낸곳 세창출판사

신고번호 제1990-000013호 주소 03735 서울시 서대문구 경기대로 58 경기빌딩 602호

전화 02-723-8660 팩스 02-720-4579 이메일 edit@sechangpub.co.kr 홈페이지 http://www.sechangpub.co.kr

블로그 blog.naver.com/scpc1992 페이스북 fb.me/Sechangofficial 인스타그램 @sechang_official

—

ISBN 978-89-8411-832-4 03100

이 도서의 국립중앙도서관 출판예정도서목록(CIP)은 서지정보유통지원시스템 홈페이지(http://seoji.nl.go.kr)와

국가자료종합목록 구축시스템(http://kolis-net.nl.go.kr)에서 이용하실 수 있습니다.(CIP제어번호: CIP2020043655)

철학,
중독을
이야기하다

박남희
·
정대성
·
박일준
·
서동은
·
이은경
·
이동용
·
이연도
·
지혜경
·
한상연
·
심상우
·
박승현

세창출판사

중독

박남희*

새가 날아가다 나무에 앉는다.
나무는 참새를 아주 붙잡지 못한다.
참새는 선뜻 구름 위로 날아가
그 위에 앉지 않고
다시 땅으로 내려앉는다.
무게에 중독되어 있다.

생각해보면
나무가 기억하는 건 참새가 아니라 흙이다.
나무는 제 몸에 무수한 빛의 전율을 느끼며
흙은 오래오래 뿌리를 박고 있다.
흙은 나무가 온몸으로 느끼는
짜릿한 감촉을 즐기고 있다.

나무가 흙에 중독되어 있는 동안
참새가 구름까지 갔다가 땅으로 내려앉는 동안
지구는 참새와 나무와 흙을 떠메고

자신이 중독된 것들로부터 벗어나기 위해
어디론가 쏜살같이 달려간다.

지구는 1년에 태양 주위를 어김없이
한 바퀴 돌면서 제 몸에 피톨처럼 숨어있는
문명에 중독된 문자들이
왜 수많은 나무들 사이를 오가는지
그때마다 근질근질 제 몸이 왜 자꾸 가려운지
곰곰이 생각한다.

태양이 지구를 쉽게 떠나지 못하는 건
지구가 가려운 제 몸을 북북 긁고 있는 것이
애처롭게 느껴지기 때문이다.

-『이불 속의 쥐』(문학과 경계, 2005) 중에서

* 이 책의 저자와 동명이인이다.

─────── 철학, 중독에게 말 건네다 ───────

각각의 시대에는 그 시대를 대변하는 키워드가 있기 마련이다. 그렇다면 현대사회를 대변하는 키워드는 무엇일까. 물론 이는 관점에 따라 매우 다를 수도 있지만 지금 우리가 중독을 이야기하는 까닭은 현대사회 전 영역에 중독이 매우 광범위하게 퍼져 있기 때문이다. 특정한 영역에, 일정한 사람에 제한된 문제가 아니라 사회 전반에 걸쳐 중독이 만연되어 있다는 것은 그 어느 누구도 중독으로부터 자유롭지 못하다는 것을 의미한다. 그 이유는 뭘까. 혹시 과학기술의 발전이라는 명목하에 추진되는 기술의 습득과 이를 소비하며 살아가는 생활, 그리고 이를 독려하는 사회의 가치와 구조 내지는 형태 때문일까. 아니면 이를 대하는 사람들의 태도일까. 어찌 되었든 현대사회에서는 대다수 많은 사람들이 중독으로 인하여 어려움을 겪고 있는 것이 사실이다. 그렇다면 이에 대해 우리는 무엇을 어떻게 해야 하는가.

점점 더 분업화되고 전문화되어 가는 현대사회에서 무한경쟁과 속도전에 내몰리며 소위 전문가라는 이름으로 특정 일에 매진하도록 강요받는 우리. 다시 말해 지식 추구라는 이름하에 전문적인 앎을 요구받으며, 편중되고 편협된 삶을 강요하고 또 강요받는 우리는 너나 할 것 없이 일정 부분 중독된 삶을 살아간다. 과학기술의 발전으로 인해 물리적 노동에서는 벗어났다 하여도 시간과 성과에 내몰린 사람들은 미처 자신의 삶에 의미와 가치를 사유하고 추구할 기회도, 여유도 갖기 어려운 것이 현실이다. 때문에 무언가에 몰두하며 자신의 삶의 의미와 정체성을 찾고 형성하며, 그것에 대한 가치와 윤리적 물음을 물어 나가는 존재인 사람은 이로 인한 삶의 무의미와 가치와 윤리의 부재에 시달리게 된다. 보다 나은 삶을 위함이 오히려 사람들의 삶을 황폐시키는 아이러니. 이에 대해 우리는 다시금 생각해 보지 않을 수 없다.

중독은 이처럼 단순히 반복된 습관과 편중된 기술의 문제이기에 앞서 삶의 의미와 가치, 윤리가 하나로 병합된 문제로, 철학적인 문제와 맞닿아 있다. 우리가 중독을 단순하게 논할 수 없는 이유이기도 하다. 그럼에도 우리는 중독을 단순한 기술적 병리 현상으로만 치부하고 이에 대해 다각적인 성찰과 연구를 하지 못한 것이 사실이다. 중독이 치유하기 어려운 만성적 질병처럼 여겨지며 반복되어지는 까닭이 여기에 있다. 우리는 중독사회를 살아가는 지혜가 필요하다.

새로운 기기와 기술의 습득도 필요하지만, 이로부터 적절한 거리

두기 또한 매우 중요하다. 자칫 잘못하면 우리는 오히려 그것에 종속되는 삶을 살 수 있기 때문이다. 특히 4차 산업혁명이라 명명할 만큼 점점 가속화되고 있는 AI 시대에서는 더욱더 그러하다. 이제 이 시대의 중독은 한 개인의 기호의 문제이기보다 한 사회의 존립을 가름하며 미래 인류의 향방을 결정하는 매우 중요한 문제가 되었다.

이 책은 이러한 문제의식에서 출발하여 중독에 대해 철학적으로 성찰하며 보다 근본적이고 실질적인 방안을 제시함으로 미래사회를 위한 예방 교육의 역할을 다하고자 하는 데 있다. 이를 위해 우리는 다음과 같이 논의를 이어 가려 한다. 먼저, 철학적 관점에서 중독에 대한 전반적인 문제를 가다머의 시선에서 살펴보고, 그다음으로 스피노자를 중심으로 중독과 소외 그리고 자유의 문제를 다룬다. 세 번째로 기호자본주의 시대에서 소비 중독의 문제를 보드리야르를 비롯한 현대철학자들과 함께 논하면서, 네 번째로 하이데거를 중심으로 스마트폰을 비롯한 기기 중독에 대해, 다섯 번째는 교육적인 차원에서 몸과 중독과의 관계 문제를 다루고, 여섯 번째로는 니체적 관점에서 우상과 중독의 문제를, 일곱 번째는 장자의 입장에서 가상현실과 중독의 문제를, 그리고 여덟 번째는 불교 철학의 시선에서 게임 중독을, 아홉 번째는 사르트르의 철학으로 자유와 중독의 문제를, 그리고 열 번째는 레비나스의 향유의 개념으로 중독을 고찰해 보며, 마지막 열한 번째는 성형 중독의 문제를 노자의 멈춤의 지혜와 더불어 규명해 보도록 한다. 물론 이 외에도 다른 철학적 사유를 통해서도 다른 많은 문제들을 논해 갈 수 있지만, 그것은 독자들의 몫으로 남겨 두기로 한다.

이 책의 저자들은 다양한 철학을 전공한 〈희망철학연구소〉 교수들로, 철학의 토대 위에서 통합적 치유의 길을 모색해 보고자 실제로 다양한 중독의 구체적 현장에서 수년 동안 경험을 축적해 온, 그리고 또 앞으로도 이를 위해 노력하고자 하는 이들이다. 우리는 이 일이 각 개인은 물론 우리 사회에, 미래에, 인류에 조금이라도 기여할 수 있기를 바라며, 같은 마음으로 정성스럽게 손길을 보태 준 세창출판사 여러분에게 대신 감사를 전한다.

2020년 가을

희망철학연구소

차례

1부

중독, 무엇이 문제인가

과잉과 결핍 사이에서 가다머와 함께 답하다

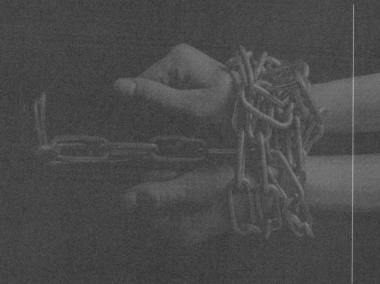

박남희

묻다

　　중독의 문제는 우리가 어떤 존재인가에 따라 그 원인과 목적, 그리고 해결 방향도 달라질 수밖에 없다. 즉 우리의 존재성을 어떻게 인지하고, 규정하고, 이해하고, 실현하는가에 따라 중독을 대하는 우리의 태도도 달라지기 마련이다. 그런데 사람은 단순히 그저 존재하거나 단지 사유하기만 하는 것이 아니라, 늘 무언가를 행하며 있는 존재이다. 일정한 시간과 공간 안에서 일정한 형태를 가지고 사는 사람은 이를 존속하기 위해 늘 무언가를 행하며 있다. 그런데 무엇을 한다는 것은 일정한 시간을 그 일과 더불어 함께하는 일로, 우리는 그 일에 익숙해지고 길들여진다. 여기서 어떤 일에 익어진다는 것은 그 일에 관심과 열중과 몰입을 하는 것으로, 우리는 이를 통해 삶의 즐거움과 성취의 기쁨을 누리기도 하고 삶의 의미와 가치를 부여하기도 하며, 그 일로 삶을 영위해 가기도 한다. 우리가 공부를 하고, 기술을 익히고 습득하기 위해 많은 시간을 보내고 애쓰는 까닭도 여기에 있을 것이다. 그렇다면 나는 무엇을 하며 시간을 할애하고 허비하고 애쓰며 있나.

시간과 더불어 살아가는 우리는 그 시간에 따라 이런저런 사람이 되기 마련이다. 시간 속에서 우린 때론 기술자가 되기도 하고 전문가, 실력가가 되기도 하며, 때론 중독자가 되기도 한다. 그리고 때론 적절함과 적합함을 강구하며 가장 바람직한 상태를 낳는 예술가가 되기도 한다. 이처럼 우리는 무언가에 집중하고 열중하고 몰입하기도 하지만 때론 나의 의지와는 관계없이 매몰되기도 하고 또 절제와 인내를 통해 최선을 발휘하기도 한다. 우리를 이렇게 달리 살게 하는 관심과 집중과 열중과 몰입, 그리고 매몰은 어떤 차이가 있는 것일까. 우리는 무엇에 근거하여 이를 가름하며 우리는 이런저런 사람이 되어 가는가.

우리는 이를 행위의 주체성과 관련하여 먼저 생각해 볼 수 있다. 즉 관심과 집중과 열중이 '나'라는 주체성에 의해서 행해지는 정도의 차이에 따른 행위라 한다면, 몰입은 그것과 나의 경계가 사라지는 주체와 대상의 하나 됨, 즉 나의 사라짐을 일컫는다. 반면에 매몰은 거기에서 더 나아가 대상과 주체가 전도되는, 즉 내가 하는 행위가 아니라 그것에 내가 몰아(沒我) 되는 상태를 말한다. 우리는 이런 상태를 중독이라 한다. 그래서 특정한 사물이나 일에 지나치게 매몰되어 일상생활을 영위하기 어려운 상태가 되는 것을 우리는 일반적으로 중독이라 부른다.

이런 면에서 중독은 대상도 중요하지만 그것을 행하는 주체성의 유무가 더 중요하다고 하겠다. 물론 그것이 무엇인가에 따라 이를 대하는 태도가 달라질 수도 있지만, 대상 그 자체보다는 행위자의 주체적 행위, 즉 '어떻게'가 관심과 집중과 열중과 몰입, 그리고 매몰을 가름하는 중요한 접점이라 하겠다. 우리는 여기에서 중독의 문제와 이를 다루는 한 방안을 강구해 볼 수 있다. 즉 우리는 '어떻게'라는 정도의 문제를 가지고 중독을 완화해 가는 길을 모색해 볼 수가 있다. 바로 여기에서 우리는 '무엇'보다는 '어떻게' 해야 하는가 하는, 보다 구체적인 문제에 직면하게 되는바, 우리의 고민도 있게 된다. 이에 대한 문제는 뒤의 '철학이 답하다'에서 보다 구체적으로 논하기로 하고, 우리는 이를 열정과 중독의 문제로 먼저 궁구해 보자.

────── • **그것은 열정인가 중독인가**

우리는 어떤 존재이기에 한편으로는 그 무언가에 붙들리어야 하고, 또 그 붙들림 때문에 문제가 되는 것일까. 어느 시인의 말처럼 봄이 되면 꽃이 피고, 철새가 다시 돌아오고, 지구가 태양의 주위를 변함없이 돌아오는 것도 그 시간에, 그 공간에, 그 관계에 붙들리고 길들여졌기 때문일까. 그렇다면 이런 붙들림과 매임 없이 이 세상 모든 것들이 어떻게 유지되고 운행되며 존재할 수 있나. 불처럼 대지를 물들이고, 떠날 듯하다가도 되돌아오고, 언제나 같은 자리를 지키고 있는 것들이 있기에 우리도 존재하고 살아가는 것이 아닌가.

우리가 이렇게 살아가고 있는 것도 실은 삶에 붙들리고 길들여진 것이라 한다면, 우리는 어떨 때 이를 열정이라 하여 독려하고, 또 어떨 때 중독이라 하며 문제 삼는가. 도대체 열정과 중독은 어떻게 같고 다른가. 이 둘은 혹 샴쌍둥이처럼 하나를 바라보는 다른 두 시선인가, 아니면 어떤 것을 대하는 우리의 주체적 태도의 차이에 따른 구별인가. 우리는 일반적으로 어떤 일을 행할 때 발휘되는 풍요로운 힘을 열정으로, 지나치게 매몰되어 일상적 삶을 어렵게 하는 부정적 의미의 힘을 중독으로 이야기한다. 그렇다면 열정과 중독은 전혀 다른 상반되는 것인가. 이 둘은 구분은 하지만 분리하기는 어렵다. 어쩌면 우리는 열정과 중독 사이에서 살아가는 '사이 존재'일지 모른다.

그런데 우리가 열정을 가짐은 그것이 좋아서일까. 아니면 그것이 좋은 것이어서일까. 그것도 아니면 그것에 익숙하기 때문일까. 우리는 어떤 것에 익숙해져 싫증을 내기도 하지만 익숙해서 좋아하기도 한다. 그런데 좋아해서 잘하는 것인지 잘하기에 좋아하는 것인지. 우리는 이를 아름다움과 연결해 가기도 한다. 내가 그것을 좋아하는 것은 잘하기에 좋아하는 것일까, 아님 좋은 것이기에 잘하는 것일까. 그리고 좋기 때문에 아름다운 것일까, 아름답기에 좋아하는 것일까.

때론 지나친 관심과 열중과 몰입은 집착을 낳고, 집착은 결국 생활의 불편함을 넘어 삶에 황폐함을 가져오기도 한다. 그렇기에 우리에겐 지나침도 아닌, 모자람도 아닌, 적절함을 강구하는 일이 아주 먼 고대에서부터 현재에 이르기까지 늘 중요한 덕목으로 이야기되었다. 비록 조화, 적합함, 중용, 균형, 아름다움, 선, 덕 등으로 이름은 달리하여도 한결같이 강조하는 것은 바로 이 적절함을 강구하는 '어떻게'의 문제라 하겠다. 그만큼 '어떻게'가 우리의 삶에 매우 중요한 일이기 때문일 것이다. 그것은 우리가 제한된 시간 안에 살아가야 하는 존재이기에 일정한 시간에 무엇을 얼마나 어떻게 하며 있는가가 중요했을 것이다. 그래서 '무엇'과 더불어 '시간' 그리고 '어떻게'를 중요하게 여기지 않을 수 없었을 것이다. 이러한 문제가 오늘날에는 시대의 특성상 중독의 문제로 부상된 것이라고 할 수 있다.

그런데 모자람은 학습과 숙련을 통해 가능성을 도모하는 반면, 지나침은 시간의 불가역성 때문인지 사람들은 오래전부터 모자람보다는 지나침을 더 문제시하며 이에 대한 거리 두기를 철학이라는 이름으로 궁구해 왔다. 관조를 이야기하는 고대철학에서부터 구체적 행위의 적절함을 강조하는 현대철학자들에 이르기까지 모자람에 대한 강조는 크게 다르지 않다고 할 수 있다. 문제는 현대에서는 모자람, 궁핍함, 결여가 아니라 지나침, 과잉, 잉여가 문제라는 점이다. 그것을 단면적으로 보여 주는 것이 중독이다. 열정이 적절함의 다른 표현이라면 중독은 지나침의 문제로, 중독은 현대사회의 지나침을 한마디로 대변한다고 하겠다.

──────● 개인의 책임인가 사회구조적 문제인가

과잉으로 초래된 중독은 그렇다면 개인의 책임의 문제인가, 아니면 사회구조적 문제인가. 개인의 자유가 신장되고 과학이 발전하면서 얻어진 물질의 풍요는 사람들에게 필요소비가 아닌 기호소비를 하게 하면서 남용과 오용이라는 문제를 야기한다. 이는 결국 더 많이, 더 빨리 얻고, 소비하고, 누리기 위한 잉여생산과 잉여소비를 촉발하며, 사람들로 하여금 더 많은 시간 동안 노동에 매진할 것을 요구한다. 그리고 전문화, 분업화라는 이름으로 강요된 무한경쟁은 사람들로 하여금 특정한 일에 지나치게 헌신케 하면서 사람들을 과로에 시달리게 만든다. 이로 인해 누적되는 피로는 삶의 의미를 찾기 힘들게 한다. 다양한 상황 속에서 다양한 것들과 관계하며 늘 달리 새롭게 자신을 실현해 가는 존재 생성의 주체가 되어야 하는 사람들이 단지 성과를 내기 위해 더 많이 생산하고 소비하는 일에 내몰려지는 살아짐을 당하는 까닭이다. 다시 말해 사람들은 자신의 삶에 주인이 아닌, 잉여생산과 소비를 위해 잉여노동을 하는 단순한 노동자로 부림당하며 있는 것이다. 보드리야르의 말처럼 사람들은 자유로운 선택과 결단을 하는 사유하는 주체가 아니라, 단지 잉여생산과 잉여소비를 위해 자신의 모든 힘을 쏟아붓는 소비의 주체가 되는 것이다. 바로 이것이 오늘 여기를 사는 사람들의 자화상이라 하겠다.

무한경쟁 속에서 무시와 과시의 인정 투쟁을 벌이며 특정한 일에 편중되고 편애하면서 매진하고 매몰되어 사는 사람들은 이를 견딜 수 있는 무언가를 찾아 나서기 마련이다. 다시 말해 삶에서 주어지는 피로와 무의미를 회피하거나 망각할 수 있는 대체물을 찾아 사람들은 다양한 행위 중독과 약물 중독에 빠져드는 것이다. 그래서 자신이 왜 그러는지, 왜 하는지에 대한 자각 내지는 인식조차도 하지 못한

| 무한경쟁과 피로 사회. 현대인은 중독의 위험에 무방비로 노출되어 있다.

채로 특정한 일과 약물 내지는 기기 또는 행위에 의존하며 사람들은 자신의 삶을 허비하며 있는 것이다. 경제 성장과 성공 신화에 가려 정작 한 사람으로서 살아가는 데 필요한 것들을 외면할 수밖에 없도록 사회에서 사람들은 자신의 정체성을 망각할 만큼 과로와 피로에 시달리고 있는 것이다. 때문에 이를 무마하기 위해 다양한 대체물을 찾는 사람들은 자신이 소실될 때까지 그 강도를 점점 높여 가며 다양한 중독에 빠져든다. 바로 여기에 오늘날의 위기가 있다.

이처럼 현대사회의 중독은 단순히 개인의 선호나 기호에 의한다기 보다는 사회구조적인 면에서 촉발되고 강화된다는 데 문제의 심각성이 있다. 중독이 개인을 넘어 사회 전반적으로 행해지고 있는 것은 중독을 유발하는 원인이 단순히 개인의 차원을 넘어 사회구조적인 문제와 밀접하게 연관되어 있음을 말해 준다. 더욱이 4차 산업혁명으로 인하여 점점 더 강화되고 결집되는 기계화, 전문화, 분업화 속에서 가중되고 있는 기기 중독은 일부의 문제이기보다 한 사회의 존폐를 가름할 만큼 심각한 문제로 대두되고 있다. 그런 의미에서 중독 예방 교육은 미래사회, 모든 인류를 위하여 매우 중요한 일이 아닐 수 없다.

그렇다면 철학은 이런 시대에 중독에 대해 어떤 답을 줄 수 있는가. 지성이란 마주하는 현실을 회피하지 않고 그것이 내포하고 있는 문제가 무엇인지, 그 원인과 현상 그리고 결과에 대해 나름 숙고하면서 이에 대해 다양한 방안을 강구하고 노력하는 데 있다. 그런 차원에서 우리는 철학이 어떻게 중독에 대해 답할 수 있는지 궁구해 보아야 할 것이다.

●── 철학이 답하다

　　사람은 사유하는 존재이고, 철학은 바로 사유하는 일을 다루는 학문이다. 그것도 삶에 적절함을 구하는 지혜의 학문이 철학이다. 그런 차원에서 우린 철학함을 통해 중독의 문제를 적절하게 해소해 갈 수 있는 길을 모색해 볼 수 있다. 철학은 자기가 처한 현실을 마주하며 자신에게 주어진 문제가 무엇인지 스스로 인식하고, 파악하고, 이해하며, 모든 것들과 하나로 융합하면서 자신을 새롭게 만들어 가는 일과 관계있다. 할 수 없음과 할 수 있음 사이에서 자신이 무엇을 어떻게 해야 하는지를 스스로 성찰하며 이전과 달리 새롭게 자신을 만들어 가는 일, 그것이 철학 하는 일이다. 그런 까닭에 자신이 누구인지, 무엇을 어떻게 해야 하는지. 그리고 현재 자신이 어디에 있으며 무엇이 문제인지를 자각하고, 인지하고, 달리 실행해 갈 수 있는 힘을 우리는 철학 함과 더불어 습득하고 배양하며 고취해 갈 수 있다.

　　철학은 단순히 사념을 하는 학문이 아니라 구체적으로 자신을 정립하고자 하는 존재 생성의 학문이다. 우리는 그냥 존재하는 것이 아니라 무엇을 하며 있는 것이고, 무엇을 한다는 것은 그냥 하는 것이 아니라 어떤 생각하에 그렇게 하며 있는 것이다. 즉 그것이 좋고, 옳고, 재밌고, 유익하다고 생각하기에 그렇게 하며 있는 것이다. 그러므로 우리는 무엇보다 먼저 생각할 수 있어야 하고, 자신을 돌아보고, 문제를 인식하며, 자신을 시정해 나가고자 하는 의지를 발휘하고, 이전과 다른 자신을 만들어 가야 할 것이다. 그런 의미에서 철학은 중독을 다룸에 자율적으로 문제 해결의 의지와 효율성, 그리고 지속성을 독려할 수 있다. 본래 자유로운 존재인 사람은 자유롭게 선택할 수 있을 때에야 그 일에 의미를 가지고, 그 일에 의미가 있어야 열심을 낼 수 있고, 열심을 낼 수 있어야 재미와 흥미를 가지고 지속적으로 자신을 달리 만들어 간다. 이때 중독은 중독이 아닌 열정이 된다.

또한 사람이 스스로 만들어 간다는 것은 시간 속에서 자신을 길들여 가는 존재라는 것을 말한다. 여기에서 우리는 행위 중독을 치유함에 있어 철학의 역할을 시간과 더불어 논할 수가 있다. 즉 사람은 시간과 더불어 자신을 만들어 가는 존재 생성을 한다는 면에서 무엇보다 중독은 지속적인 노력, 시간을 요한다. 중독은 어떤 면에서는 자신에게 익어진 시간의 습관이기에 반드시 그런 것은 아니라 해도 특정한 행위나 습관이 익어진 만큼의 시간을 필요로 한다. 우리는 여기에서 왜 중독의 문제는 기다림과 인내가 중요한지 알 수 있다. 이뿐만 아니라 중독이 깊이 내면화, 습관화되기 전에 예방 교육이 얼마나 중요하고 필요한지도 알 수 있을 것이다.

그러나 무엇보다 중독에서 왜 그런 행위를 하게 되었는지에 대한 이해가 선행되어야 한다. 그리고 이는 그 원인을 어디까지 깊이 물어 나갈 수 있는가가 중요하다. 여기에 물음과 응답이라는 철학의 사유의 방식이 왜 도움이 되는가가 밝혀진다. 중독은 단순히 습관과 행동이라는 측면으로만 다룰 수 없는 다양한 문제들이 관여되어 있기 때문이기도 하다. 때문에 우리는 철학을 통해 중독의 본질과 문제들에 대해 보다 근본적이고 다각적인 논의를 이어 갈 수 있어야 한다. 그럴 수 있을 때 중독의 이유와 태도에 대한 변경이 실제로 가능하게 된다.

이러한 면에서 철학은 중독을 치유하는 일의 처음에서부터 마지막에 이르기까지 중요한 역할을 수행할 수 있어야 한다. 즉 중독에 대한 개념 규정에서부터 무엇을 어떻게 해야 하는지 전체적인 틀을 규정하고 구체적인 방안을 강구하며 시행하는 내용에 이르기까지 하나하나가 다 철학 하는 일 속에서 이루어져야 한다. 즉 사람에 대한 이해에서부터 사유와 존재 생성을 등가적 관계로 놓고, 사람은 그냥 존재하는 것이 아니라 사유하며 자기를 스스로 만들어 가는 행위의 주체임을 분명히 해야 한다. 사유란 곧 그렇게 존재하는 것이라는 사실을 통해 우리는 무엇을 어떻게 사유할 것인가 하는 철학적 물음을 제기하며, 자신을 달리 새롭게 만들어 가는 자유로운 선택과 결단을 구하는 책임 있는 주체로 다시 마주할 수 있도록 할 수 있다.

철학은 이와 같이 존엄성을 훼손당하지 않으면서 오히려 존중과 배려 속에서 우리 스스로를 정위하고 정립하며 달리 실현해 가도록 돕는 장점이 있다. 자유로운 존재인 사람은 스스로 인지하고 시정하며 기꺼이 자신을 달리 만들어 가나, 동의하지 않는 일에는 오히려 저항한다. 우리는 이를 통해 중독에서 부작용 내지는 반복되고 만연되고 상습화되는 까닭이 어디에 있는지를 엿볼 수 있다.

그러면 구체적으로 철학적인 논의를 어떻게 이어 가야 하는지 살펴보자. 먼저, 철학은 "What is this?" 그것이 무엇인지 스스로 인지하도록 한다. 어떤 일에 대해 미처 인식을 하지 못하는 상태에서 행하는 중독에 대해서는 특히 그것이 무엇인지 제대로 인지할 수 있도록 하는 데에서 출발한다. 철학은 알 수 없는 것에 대해 알고자 하는 호기심과 탐구의 정신에서 출발하여 그것이 무엇인지를 인지하고 인식하도록 돕는다.

어쩌면 이 문제는 사람에게 가장 오래된 철학의 물음이기도 하다. 자연에 대해 묻고 자연을 통해서 답을 구해 갔던 자연 시대 철학자들은 눈에 보이는 온갖 자연물들에 대해 그것이 무엇인지를 물었다. 즉 그것이 무엇인지를 알기 위해 사람들은 그것이 왜 없지 않고 있는지, 왜 모든 것은 그대로 있지 않고 변화하며 있는지, 그리고 변화하는 만물 속에서 변화하지 않는 참다운 것은 어떤 것인지를 실재라는 이름으로 물으며 무엇이 실재하는지, 그것은 하나인지 여럿인지, 그리고 그것이 변화하는 동인은 내부에 있는지 외부에서 주어지는지를 물어 나갔다. 이뿐만 아니라 이를 묻고 있는 자신들은 누구인지, 자신과 그러한 자연은 어떻게 같고 다른지를 물으며, 사람들은 자신이 누구인지를 보다 명료하게 밝혀 나간다. 그리고 그런 사람들 사이에서 존립하는 사회에 대해, 그리고 지도자에 대해, 학문에 대해, 진리에 대해, 보다 완전을 추구하며 신에 대한 물음까지 이어 간다. 그리고 그런 신적 존재는 어디에 있는지, 우리가 과연 그런 존재를 알 수 있는지에 대해서도 지속적으로 물어 나갔다. 사람들은 이런 물음 속에서 존재하는 것이 무엇인지. 우리는 어떻게 해야 바람직한 삶을 살수 있는지. 이를 위해서는 어떤 노력을 해야 하는지 등을 묻는 가운데 자신들의 문제를 점차 해소해 갔던 것이다.

중독도 이들의 논리와 논지 그리고 논의와 더불어 물어 나갈 수 있다. 그동안 잊고 잃어버린 것들이 무엇인지 물어 나가며, 자신에 대해, 자신의 문제에 대해, 자신이 처한 현실에 대해, 그리고 자신이 관계하는 일들에 대해 스스로 규명해 나가도록 한다. 이러한 물음은 자신을 객관화함으로 무엇이 문제인지를 인식하게 하고, 그에 대한 자신의 태도를 스스로 달리 정위해 가도록 돕는다. 이뿐만이 아니라 다양한 삶의 의미와 힘에 대해서도 물어 나가며 자신을 스스로 새롭게 실현해 갈 수 있다.

이처럼 철학은 급변하는 환경 속에서 물러남도 쫓아감도 아닌, 그리고 내몰림도 내몲도 아닌, 주체적 삶을 살아가는 한 사람으로서 어떻게 해야 하는가를 생각할 수 있는 기회를 얻게 하여 문제를 해소해 가도록 돕는다. 그러나 이때 해결 방향이 지나친 도덕이나 윤리로 흐르거나 강제적이 되어서는 곤란하며 자신이 스스로 참여하고 깨달을 수 있도록 하여야 한다. 그런 면에서 철학은 그 어떤 영역보다도 주재하는 역할자로서의 소임이 중요하다. 역할자는 통찰적 사유를 할 수 있는 경험이 풍부한 사람이어야 함은 물론, 다양한 사람들을 마주하는 자세와 상황에 대한 풍부한 이해, 그리고 예측할 수 없는 사태에 대한 대처능력이 있어야 한다. 반드시 시간적으로 오래된 경험을 필요로 하는 것은 아니라 해도 주재자는 불가능성을 가능성으로 대처하는 능력이 있어야 한다.

이를 위해 철학은 병행하는 프로그램에 이론적 근거를 가지고 다양한 프로그램이 일관된 목적과 내용을 가지고 나갈 수 있도록 일정한 방향을 지속적으로 제시해 줄 수 있어야 효과적이다. 물론 그 내용은 미래지향적이고 자기의 삶에 자신이 주체적일 수 있도록 모든 일에 동기를 부여할 수 있는 의미가 있어야 할 것이다. 이처럼 철학은 중독에 대한 개념 규정에서부터 무엇을 어떻게 해야 하는지 전체적인 방향을 가지고 구체적인 방안을 강구하며 시행하는 하나하나가 다 철학 하는 일이어야 한다. 그런 의미에서 철학은 중독 치유의 시작과 마지막의 매 순간까지 모두 관여하지 않을 수 없다. 다시 말해 철학은 다양한 것들을 어떻게 하나로 통합하여 치유해 가야 할지에 대한 방향과 방법을 조정하고 관찰하는 역할자로서 전체를 관망하는 일과, 또 대상이나 정도 그리고 내용에 따른 역할에 실질적으로 응할 수 있는 프로그램의 내용으로서의 철학을 이야기할 수 있다. 이

때 철학은 모든 프로그램에 적합함을 도출해 낼 뿐만 아니라 프로그램을 유연성 있게 조절하는 역할은 물론 매 과정이 실제로 어떻게 진행되고 있는지 점검하면서 실시간으로 상황에 따른 변화를 줄 수 있어야 한다. 물론 급박하게 일어나는 일들에 대해서도 대응할 수 있는 능력과 또 모든 일들이 목적대로 잘 이루어졌는지를 평가하고 다음 프로그램을 이어 가는 일에 이르기까지 철학은 일관성을 가지고 관장해 나갈 수 있어야 한다. 이럴 수 있어야 프로그램이 체계적으로, 그리고 유연하게 운영될 수 있고 그때 비로소 소기의 목적을 이룰 수 있다.

물론 프로그램을 준비하기 전에 고려해야 하는 상황은 대상이 누구인지. 어떤 중독 현상을 보이는지 그리고 정도가 어느 정도인지, 나아가 중독에서부터 벗어나고자 하는 의지가 있는지, 자발적으로 참여하는 것인지 하는 등만이 아니라 이들의 환경이 어떠한지를 알 수 있다면 이까지도 고려한 다양한 프로그램을 만들어 가는 데 도움이 된다. 물론 이들이 함께하는 수와 사람, 관계성, 그리고 기간도 고려할 사항이다.

그러나 철학적 접근을 하기 위해 가장 중요한 것은 중독에 처한 주된 원인이 무엇인가를 파악하고 이에 따라 적합한 물음과 답, 즉 그에 합한 사상과 텍스트를 준비하는 것이다. 이때 프로그램은 [시작-전개-발전-마무리-성찰]이라는 단계를 따르는 것이 바람직하다. 그러나 이는 상황에 따라서는 진행자의 판단하에 생략 또는 병행할 수도 있다. 대상이 결코 정형화될 수 없듯이 모든 프로그램도 정형화되기보다는 유연성을 가지고 능동적으로 대처해 가는 것이 필요하다. 어떤 경우에도 모든 프로그램의 중심은 대상자들 자체가 되어야지 프로그램이 되어서는 안 된다. 그리고 누가 뭐라 해도 그들이 나와 같은 그러나 나와 다른 사람이라는 사실을 잊지 않고, 변화 가능성을 믿어야 한다. 그런 의미에서 프로그램은 그때그때 상황을 읽으며 유연성을 가지고 변형, 활용, 실행되어야 한다. 우리의 목적은 프로그램에 있는 것이 아니라 실질적 치유가 일어나도록 하는 데 있기 때문이다. 이를 위해 진행자는 모든 가능성을 열어 두고 혹시 발생할 수 있는 돌발 상황에 대비하여 다수의 자료를 준비하는 것도 필요하다. 물론 사람들의 흥미와 관심이 다른 곳으로 향하지 않도록 주변 챙기기를 게을리하지 않아야 하는 것도 중요한 문제가 아닐 수 없다.

이를 위해 프로그램은 대상에 따라, 상황에 따라 그리고 인지능력이나 연령 등을 고려하여 정도를 조정하고 일정을 조정하며 일일에서 이틀, 삼 일 등의 [단기-중-장기]를 연결하여 활용하며, 다른 문화예술과 연계시켜 행하기도 한다. 수업시간 역시 명수에 따라, 또는 학년에 따라, 또는 그날그날 사람들의 태도나 상황에 따라 탄력성을 가지고 50분 내지는 1시간 반에서 2시간 안쪽으로 진행자의 능력으로 융통성 있게 실행한다. 일례로 중독이 자기가 아닌 다른 것에 지나치게 의존적인 것이 문제라는 면에서, 문제를 인식하고 스스로 다시 조절해 가려는 의지와 능력을 배양해 가는 '자기조절능력 향상'을 위한 프로그램을 [사유하기-대화하기-달리기기], 또는 '내 삶의 순서 정하기' 등으로 진행할 수도 있다.

이는 연령과 정도에 따라 그리고 관심 영역에 따라 분반을 나누기도 하지만 집단교육은 아동과 청소년을 지도하고 있는 선생이나 부모 등 가족이 다 함께 참여함으로 문제에 대해 서로 이해를 도모하고 바람직한 환경을 조성해 줄 수 있는 협심체(協心體)를 만들어 갈 수 있다는 이점이 있다. 그러나 중독의 정도에 따라, 그리고 관심과 지적 정도에 따라 장르별로 나누어 행할 수도 있고, 심층적이고 심화된 철학의 대화가 필요한 이들을 위한 특별반을 활용할 수도 있다. 물론 어떤 경우에도 아이들이 당면한 문제를 주제화하고 아이들의 눈높이에서 그들의 언어로 자신들이 스스로 사유할 수 있도록 이끌어 가는 것이 중요하며, 그럴 수 있어야 아이들이 문제의식에 대한 집중도를 도모할 수 있다.

이처럼 철학은 중독에 다양한 방법으로 관여할 수 있다. 사유한다는 것은 행위와 다른 것이 아니라 오히려 행위를 정립하고 정향(定向)하고 실현해 가도록 한다. 철학자들의 앞선 성찰을 통해 당면한 중독에 대해 자신을 달리 만들어 가는 주체로 거듭날 수 있도록 철학은 이끌 수 있다. 독일의 현대철학자 하이데거와 가다머가 이야기하듯이 사람은 일정한 시간과 공간 안에 거하는 세계 내 존재로, 비록 일정한 시간과 공간 안에 제한된 삶을 살아가지만, 자신과 같은, 그러나 자신과 다른 이들과의 관계 속에서 이를 넘어 새로운 삶을 기획하고 만들어 살아가는 실현의 주체이다. 프랑스의 실존주의 철학자 사르트르도 사람은 태어나는 것이 아니라 만들어지는 것이라며 사유를 통해 자신의 삶을 새롭게 만들어 간다고 하듯이, 우리에게 가장 중요한 것은 역시 사유하는 가운데 스스로 만들어 가는 능력, 이를 위한 자유로운 선택과 결단의 실천력이 아닐 수 없다. 사유는 사념에 빠지는 것이 아니라 최고의 선, 최선의 적합성 등을 물으며 자신의 삶의 의미와 목적을 찾아가는 건강한 이성의 활동으로, 우리는 우리보다 앞서 살았던 철학자들의 사유 속에서 그들이 헤쳐 나간 길과 방법, 힘을 익히고 적용해 볼 수 있다. 그래서 이로부터 마음의 근력, 이성의 냉철함, 감성의 풍부함, 오성의 비판과 판단력을 습득하고 활용함으로써 중독으로 초래된 다양한 문제에 대처해 갈 수 있다.

중독은 단순히 신체적인 문제가 아니라 정신적인 문제, 그리고 병원체의 침입과 상관없는 환경이나 습관, 그리고 세계를 어떻게 이해하는가 하는 인식의 문제와 밀접하게 연관되어 있다. 바로 여기에 중독에서 철학이 함께해야 하는 이유가 있다. 그러나 안타깝게도 모든 것이 기계화, 자동화되어 가는 급변하는 사회에서 우리는 이러한 사유의 기회를 점점 잊고, 잃어버리고 있으며, 이런 현상은 점점 더 가속되고 있다. 그런 탓에 우리는 다른 것에 매몰되기도 하고 또 기기에 현혹되기도 한다. 그러나 우리의 환경이 어떻게 바뀌든 우리가 사람이라는 사실은 달라질 수 없듯이, 우리가 사유하는 사람이라는 우리의 정체성은 변하지 않는다. 그런 까닭에 무엇보다 각자 사유하는 자기의 존재성을 다시금 체현하고 경험하면서 자기를 재정립해 가는 일이 우리에게 있어야 한다.

　사람은 단순히 몸을 가진 존재가 아니라 이성과 감성과 오성을 하나로 하며 스스로 의미를 찾아 행위하는 존재이기에 우리는 중독을 기존의 약물 중심 치유에서 벗어나 다른 다양한 방법과 병행하거나 접목하면서 통합 치유해 가는 것이 지극히 마땅하다. 사람은 자신이 어찌할 수 없는 주어진 모든 것들과 더불어 이를 새롭게 만들어 가고자 노력하며 기획투사하고 있다. 그런 사람에게 발생하는 문제는 언제나 어떤 하나에 제한되기보다는 그 사람이 처한 모든 실존적 상황과 연관성을 가지고 이루어지기 마련이다. 사람은 단순히 무엇이 있고 없고가 아니라, 의미가 있는가 없는가에 따라 달리 살아가는 존재로, 중독은 단순히 약물로 해결될 수 있는 문제가 아니다. 중독은 다각적인 관점에서 다양한 것들을 함께 고려하는 통합적 접근이 필요하며 그것이 중독에 대한 이 시대 철학의 역할이기도 하다.

2부

내가 세상에서 제일 편할 때는?

중독, 소외, 자유 그리고 스피노자

정대성

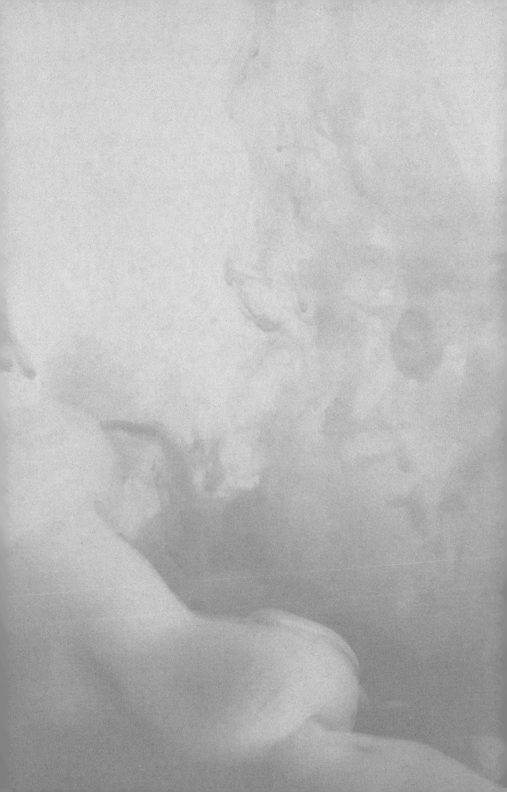

　　몇 년 전 우리를 분노하게 하고 또 슬프게 한 사건
이 있었다. 젊은 엄마와 아빠가 게임에 빠져서 아이들을 거의 돌보지
않았을 뿐 아니라, 게임 중에 생후 1개월 된 아이가 배고파 칭얼댄다
는 이유로, 아빠가 장이 파열될 정도로 배를 가격하여 아이가 사망한
사건이다. 네 살 형과 두 살 누나도 거의 돌봄을 받지 못해 영양 상태
가 심각하게 좋지 않았고 또래 아이들에 비해 신체발달도 현저히 떨
어져 있었다. 부모는 돈이 생기기만 하면, 심지어 구청에서 받는 양
육비가 입금되기만 하면, 컴퓨터가 있는 게임방으로 가서 4시간에서
13시간 동안 게임을 즐겼는데, 그사이 아이들은 홀로 집에 방치되어
있었다고 한다. 머리에는 온통 컴퓨터 게임밖에 없었고, 그래서 그들
의 삶 역시 현실의 공간이 아니라 가상의 공간에 머물러 있었다. 현
실의 아이를 양육하는 것보다 가상의 아이인 게임 속 캐릭터를 양육

하는 일에 온 힘을 쏟았다.

우리의 판단력을 현저히 떨어지게 하는 것, 지금 해야 할 중요한 일을 다른 중요하지 않은 일처럼 미루거나, 아예 하지 않는 상황이 반복되는 것. 그것은 질병이고, 경우에 따라 무서운 범죄로 이어진다. 그중 하나가 바로 중독이다. 중독은 무엇이 중요하고 그렇지 않은지를 판단하는 이성능력의 상실을 의미하며, 현실적 삶을 현저히 방해하는 현상이다. 지금부터 중독의 문제를 근대의 위대한 철학자 스피노자의 시각에서 살펴보자.

─────● 들어가며

우리 시대 미디어에 가장 자주 오르내리는 단어 중 하나는 '중독'일 것이다. 정치인, 법조인, 연예인, 예술가, 스포츠 스타, 교수, 종교인 등 유명인들의 이름이 심심찮게 중독과 관련된 사건에 연루되어 등장할 뿐 아니라 일반시민과 학생들에 대해 이야기할 때도 이 단어는 빈번히 등장한다. 일 중독, 성취 중독, 약물 중독, 게임 중독, 도박 중독, 거식증, 포식증, 관음증, 알코올 중독 등, 온갖 종류의 육체적, 심리적, 정신적 중독 현상이 우리 사회를 지배하고 있다. 3일 동안 식음을 전폐하고 게임만 하던 사람이 그 자리에서 죽었다는 보도는 이런 중독 현상의 극단적인 예이다.

중독 현상은 연령, 성별, 인종을 불문하고 보편적으로 등장하며, 그런 점에서 중독은 특정한 개인의 문제라기보다 사회의 문제, 심지어 문명의 문제라고 해야 할지도 모르겠다. 어느 시대에도 중독이 없지는 않았겠지만, 오늘날처럼 광범위하게 이 문제가 우리의 관심사가 된 적은 없었다. 우리는 이 시대를 중독의 시대, 혹은 중독사회라고 불러도 될 듯하다.

중독은 특정한 것에 자신의 삶을 [거의] 전적으로 의탁함으로써 욕망의 충족인 쾌락에 도달하고자 하는 일종의 의존 현상이다. 인간은 특정한 것에 의존하지 않고 자신의 실존을 유지할 수 없지만(예컨대 인간은 일, 사랑, 인정 등에 의존한다), 인간의 전 인격이 오로지 하나의, 혹은 몇 개의 요소에 전적으로 의존한다면 이를 중독이라 할 수 있다. 이 말에는 인간의 인격은 다층의 구조로 이루어져 있다는 것, 말하자면 이성과 의지, 감정 등이 관계하는 다양한 활동영역과 관계하고 있다는 사실이 전제되어 있다. 인격의 이러한 특성에도 불구하고 이 인격이 한두 요소에 의존한다면 이것은 질병이다. 쾌락의 탐닉이라 할 수 있을 이 의존 현상은, 불편함이나 고통을 감수할 수 있어야 할 사회적 삶을 근본적으로 불가능하게 하거나 적어도 방해한다.

현대의 기획: 이성과 자유에 기초한 인간해방

현대는 자율적 인간, 계몽된 인간, 자유로운 사회 등, 한마디로 인간해방을 추구해 왔다. 여기서 핵심 개념은 이성과 자유이며, 이에 대비되는 개념은 본능과 억압이다. 여기서 본능이란 자연이 인간에 부여한 욕망, 혹은 인간 내면의 자연이다. 스스로 사유할 수 있는 능력으로서의 이성과 스스로 행위할 수 있는 능력으로서의 자유는 현대를 설명하는 키워드이다. 자유는 내적 강제이건 외적 강제이건 간에 어떤 강제가 없는 상태를 지칭한다. 예를 들어 죄수는 자기 맘대로 움직일 수 없는 감옥, 즉 외적인 강제 장치에 놓여 있기에 자유롭지 않고, 조현병 환자는 자신을 합리적으로 통제할 수 없는 불안, 즉 내적 강제에 놓여 있어서 자유롭지 않다. '강제 없음'이라는 부정적 표현은 '원하는 것을 함'으로 긍정적으로 표현하기도 한다. 즉 자유란 자기가 '원하는 것을 하는 것'이라고 사람들은 이해한다.

그런데 '강제 없음'과 '원하는 것을 함'은 전혀 다른 성격의 말이다. 왜냐하면 우리가 하고자 하는 많은 일이 사실은 어떤 강제에 의해서 이뤄지기 때문이다. 우리가 하고자 하는 일이 어떤 심리적, 정신적, 경제적 혹은 사회적 강제에서 온 것이라면, 비록 행위하는 사람이 스스로 소망한 것이라고 하더라도 자유로운 행위라고 할 수 없다. 예를 들어 어떤 노숙자가 마포대교 밑에서 밤을 지새우는 대신 서울역 지하도에서 밤을 지새우기로 결정했다고 하자. 그의 선택은 자신의 소망에서 온 것이지만, 그 결정은 돈이 없어서 숙박 시설에 갈 수 없는, 혹은 집이 없어서 집에 갈 수 없는 경제적 강제에서 온 어쩔 수 없는 선택이기 때문에 자유로운 행위라고 할 수 없다. 또 게임에 중독된 사람이 아이를 돌보는 대신 게임하는 것을 소망하고 그 소망에 따라서 행동했다고 하자. 이 선택은 자신도 의식하지 못하는, 혹은 의식하지만 통제할 수 없는 어떤 심리적 강제에 따라 행동한 것이기 때문에 역시 자유로운 행위가 아니다. 그런 점에서 '원하는 일을 하는 것'이 반드시 자유로운 행위는 아닌 경우가 많다. 중독은 이를 분명히 드러낸다.

자유로운 인간, 이성적 인간 등을 목표로 전진해 온 현대의 기획은 도대체 어쩌다가 이렇게 의존성으로 특징되는 중독사회로 귀결되었는가? 이성적 인간과 합리적 사회를 목표로 추구해 왔지만, 이성과 합리성의 이름으로 단죄되었던 '욕망'과 그 결과인 '쾌락'의 개념이 우리 시대의 화두가 된 이유는 무엇인가? 애초에 현대의 기획이 잘못된 것인가, 아니면 이 기획을 실행하는 방법이 잘못된 것인가?

마르크스(Karl Marx)는 현대의 기획이 잘못 수행된 것이라고 진단한 최초의 현대인 중 한명이다. 그는 자연과 환경에서 독립해 있는 이성을 인간의 본성으로 설정하여 인간의 본능과 여기에서 나오는 욕망을 억누르려 한 현대의 기획이 실패할 수밖에 없다고 말한다. "의식의 존재구속성"이라는 그의 주장은 이를 설명하는 하나의 수단이다.

인간의 의식, 즉 인간의 이성은 그가 속한 환경과 자연(본능)에 의존해 있다는 것이다. 말하자면 인간의 이성은 어떠한 조건과도 상관없이 자유로운 것이 아니라, 그 조건 아래에서만 자신의 능동성과 창조성을 이뤄 낼 수 있다는 것이다.

현대인들은 인간해방이라는 현대의 기획을 이끌어 온 자율적 이성이 자연과 본능을 철저히 지배할 수 있는 절대적 지위를 갖는다고 생각해 왔다. 중세에는 신이 자연과 세계를 통제했다면, 현대에는 이성이 그 자리를 대신한다. 인간의 내적 자연으로 이해되는 본능과 욕망은 그런 점에서 철저히 이성의 통제와 제어의 대상이 된다. 그런데 철저히 억압의 대상이 되는 인간의 욕망은 어떤 방식으로든 표출될

| 카를 마르크스

수밖에 없다. 왜냐하면 그것이 바로 인간의 본성, 인간의 자연이기 때문이다. 자연은 어떤 식으로든 드러나게 되어 있다. 인간의 본능을 억압할 경우 그 본능은 이상한 방식으로, 인간 자신에게 낯선 방식으로, 혹은 소외된 방식으로 등장한다. 마르크스가 청년기에 소외 개념을 끌어들이는 배경에는 이런 철학사적 맥락이 있다.

청년 마르크스의 주된 주제인 소외(Entfremdung)는 '낯설게 됨'을 의미한다. 내가 만든 것은 나에게 친숙한 것이어야 할 텐데, 어떤 상황에서 그것이 나에게 아주 낯설게, 나와 무관한 것으로 등장할 수 있다. 예컨대 천민자본주의사회에서 노동자의 산물은 자기와 상관없이 전적으로, 혹은 대부분 고용주의 것이기에, 이런 사회에서 노동자의 노동은 '자기실현'의 행위가 아니라 '자기상실'의 행위가 될 수 있다. 자기실현이란 나의 생각을 대상에 각인하는 행위이다. 예를 들어 조각가가 자신의 아이디어를 대리석에 각인하여 작품으로 만들었다면 그 작품은 조각가의 자기실현이라고 할 수 있다. 그런데 대상에 자신을 각인하는 행위인 노동이 특정 조건에서 자기상실이 되기도 한다. 아무리 일을 해도 자신의 삶을 경제적으로 책임질 수 없는 사회에서, 혹은 자신의 삶을 위해 삶의 대부분을 경제적 행위에 헌신하는 사회에서 인간의 노동은 역설적이게도 자기상실로 나타날 수 있다. 마르크스는 임금노동자가 겪는 최악의 삶의 현실을 목도하면서 이러한 생각을 구체화시켰다. 이것을 그는 노동의 소외라고 말한다.

이성, 말하자면 질서와 절제가 지배하는 사회에서는 욕망을 경시하는 풍조가 만들어진다. 그러나 욕망은 인간의 본성에 속하기 때문에 발현되지 않을 수 없다. 따라서 어떤 욕망이 배제되거나 지나치게 통제될 경우 그 욕망의 충족은 사회적으로 비난의 대상이 되며, 따라서 음성적인 방식, 혹은 왜곡된 방식으로 욕망이 표출된다. 몇 년 전 한국사회에 많은 이야깃거리를 제공한 영화 〈아가씨〉(박찬욱, 2016)에서는 사회적 요구에 충실히 따르는 신사가 등장한다. 그는 사람들 앞에서 자신의 위신과 명예를 내세우는 자이며, 그래서 자신의 개인적 욕망을 숨기고 질서에 충실히 따르는 사람처럼 행세한다. 하지만 그는 사디즘(sadism)이나 마조히즘(masochism)과 같은 성도착증에 빠져 있다는 사실이 드러난다. 영화는 자신의 위신이나 명예 때문에 자신을 지나치게 억압할 경우, 성적 욕망이 왜곡되고 아주 잘못된 방식으로 표출될 수 있음을 잘 보여 주고 있다. 인간의 성적 욕망이 철저하게 무시되는 중세의 수도원에서는, 그 욕망이 인간의 본능인 한 결코 없앨 수 없었기에, 결국 왜곡된 성애(性愛)로 욕망이 표출되는 경우가 많았다. 자기가 자기에게 낯선 사람이 되어 버리는 이런 현상이 곧 자기 자신으로부터의 소외이다. 자기에게서 낯선 모습을 발견하는 것, 혹은 자신을 스스로 낯설게 여기는 이런 현상은 특정한 욕망에 대한 억압이 강하게 나타날 때 발생할 수 있다.

마르크스의 진단은 건강한 인간적 삶이 수행되기 위해, 혹은 의미 있고 가치 있는 삶을 살기 위해 인간을 총체적으로 볼 필요가 있음을 시사한다. 그는 인간을 한 방향으로 몰아갈 경우, 예컨대 성과중심, 업적중심의 사회로 몰고갈 경우, 한정된 영역에만 매진하도록 만들기 때문에 인간적인 삶의 다른 부분들이 왜곡될 수 있음을 보여 준다. 이런 문화 현상이 중독사회를 전적으로 만들어 냈다고 할 수는 없지만, 어느 정도는 분명한 책임이 있다.

그런데 이러한 문제의식은 마르크스 이전에 이미 스피노자가 분명하게 보여 주고 있다. 중독을 개인의 문제가 아니라, 사회와 문화의 문제로 볼 수 있는 눈을, 현대의 가장 위대한 철학자 중 한 사람, 그것도 합리론자로 알려진 스피노자가 제공한다는 사실은 놀라운 일이다. 마르크스는 인간의 인성이 경제적인 문제와 연관이 있다고 본 반면, 스피노자는 사회·문화와 연관이 있다고 본다.

오늘날 대중과 지식인들 사이에서 인기를 얻고 있는 이론의 하나가 욕망이론이다. 욕망이론은 현대의 지나친 합리주의를 비판하는 하나의 대항이론이다. 스피노자는 합리주의의 가장 첨단을 달리는 철학자이다. 그런데 그의 이론에는 오늘날 비합리주의자들의 중요한 이론적 결과물인 욕망이론이 내재한다. 간단히 말하자면 인간 욕망의 건전한 충족을 위한 사회·문화적 조건의 창출이, 그가 주장하는 인간론의 핵심을 이룬다. 그의 이론을 살피기 전에 욕망에 대한 전통적 견해를 간단히 살펴보고자 한다.

욕망충족에 대한 전통적 사고

　　욕망이라는 단어는 대체로 부정적인 의미로 사용된다. "그 사람은 욕망덩어리야!"라는 말은, 그가 돈이나 성애, 혹은 권력만을 추구하는 인간이라는 경멸적인 의미를 담고 있다. 이 말은 또한 오늘날처럼 소비사회에서 자신의 경제적 능력을 넘어 과도한 사치로 자신을 드러내는 자들을 지칭하기 위해 사용되기도 한다. 자신의 본능에 지나치게 복종하는 것, 혹은 자신의 능력 이상을 추구하는 것 등을 지칭하기 위해 욕망이라는 단어를 사용하는 것이다. 이 말에는 인간은 욕망 이상의 존재, 예컨대 이성적 존재, 영적 존재, 도덕적 존재이며, 욕망은 인간을 인간 이하로, 혹은 동물적 존재로 머물게 하는 것이라는 가치평가가 담겨 있다. 여기에는 본능과 이성, 자연과 정신의 대립이 전제된다.

　인간은 욕망 없이 살 수 없고, 대체로 욕망에 따라 살고 있음에도 불구하고 욕망에 대한 우리의 태도는 부정적이다. 그 이유는 위대한 철학과 종교, 그리고 도덕적 가르침들이 일반적으로 욕망에 대해 부정적으로 평가해 왔기 때문이다. 인간의 삶의 규범들을 제시하고 이끌어 왔던 학문과 도덕과 제도들의 부정적 묘사로 인해, 인간의 사회적 유전자에 이미 욕망에 대한 부정적 인식이 각인되었는데, 감히 어떻게 욕망을 정면으로 응시할 수 있었겠는가?

　철학 역시 전통적으로 욕망에 대해 아주 부정적이었는데, 서양 철학의 출발점인 플라톤(Plato)의 철학에서 이미 극명하게 드러난다. 플라톤에 의하면 인간의 영혼은 '이성'과 '기개'와 '욕망'으로 나뉜다. 영혼이 이처럼 삼분되어 있다고 해서 이 세 부분이 동등한 지위를 갖는 것은 아니다. 이성은 가장 인간적인 영혼의 순수한 부분이고, 기개와 욕망은 인간이 육체를 가지고 있기에 발생하는 영혼의 열등한 부분이다. 인간은 동물에게도 공유되고 있는 부분인 기개나 욕망 때문이 아니라 인간에게만 있는 이성 때문에 그 독보적 지위를 인정받으며, 그래서 인간을 이성적 존재라고 부른다. 플라톤은 기개와 욕망이 이성의 인도를 받아야 인간이 행복하고 또 자신을 온전히 실현하게 된다고 한다. 여기에서 보듯 욕망은 인간의 한 부분으로서 충족의 대상이 아니라 언제나 이성에 의해 통제되고 절제되어야 하는 것으로 이해되었다.

현대철학에서도 욕망은 대체로 부정적으로 평가된다. 현대철학의 아버지라고 불리는 데카르트(René Descartes) 역시 욕망에 대해서는 전통적 사고에서 크게 달라지지 않았다. 데카르트는 합리론의 창시자이긴 했으나, 목적을 정립하는 정신과 스스로를 창조하는 토대가 되는 자유의 개념을 포기하지 않았으며, 그래서 수학적 법칙이 지배하는 자연의 영역 외부에 정신의 영역이 있음을 인정하는 이론을 만들었다. 그런 점에서 정신과 자연은 전혀 별개의 것이다. 그리고 인간은 자연과 정신으로 이뤄져 있는데, 인간의 육체와 이 육체로 인해서 생겨나는 충동, 욕망, 감정 등은 모두 자연에 속하는 열등한 것이며, 이성적 통찰능력, 신에 대한 신앙, 도덕법 준수의 의지 등은 모두 정신 영역에 속한다고 보았다. 인간의 본질은 사유이고 이성이기 때문에(cogito ergo sum, 나는 생각한다. 그러므로 나는 존재한다) 정신이 육체를, 사유가 욕망을 지배하는 것이 당연하다는 전통적인 금욕주의적 윤리가 데카르트에게도 지속된다.

하지만 현대에 이미 욕망에 대한 긍정적인 입장이 점차 등장하기 시작한다. 가장 대표적인 사람이 스피노자이다. 오늘날의 포스트주의(포스트모더니즘, 포스트구조주의, 포스트마르크스주의 등)자들은 욕망에 관한 다양하고 긍정적인 시각을 보여 주는데, 이들이 스피노자를 주요한 참조점으로 이용하는 것은 그리 놀라운 일이 아니다.

| 르네 데카르트

스피노자와 욕망이론

스피노자(Baruch de Spinoza)는 철학사적 관점에서 합리론자로 분류된다. 합리론이란 자연이 수학적, 물리학적, 생물학적 법칙으로 구성되어 있다고 믿는 사조이다. 그런데 스피노자는 데카르트보다 더 철저한 합리론자였다. 그 말은 존재하는 것은 자연 이외에 아무것도 아니며, 따라서 신이라는 정신적 실체 역시 자연과 다르지 않다는 말이었다. 데카르트는 존재하는 것이 두 가지가 있다고 했다. 하나는 정신이고 다른 하나는 자연이다. 자연은 철저히 기계법칙, 즉 자연법칙에 종속되는 것이고 정신은 기계법칙으로 환원할 수 없는 자유의 영역이다. 하지만 스피노자는 정신의 순수한 자유의 영역을 인정하지 않고, 모든 것을 기계법칙이 지배하는 자연이라고 한 점에서 데카르트보다 훨씬 더 합리론에 경도되어 있다.

스피노자에게 신은 곧 자연이다. 신은 전통적으로 가장 비자연적이고 순수 정신적인 존재로 간주되었으나, 스피노자에게선 둘이 그렇게 구분되는 것이 아니었다. 이 말은 전통적인 인식처럼 신이 철저히 능동적이기만 한 존재가 아니라는 것, 그리고 자연이 수동적이기만 한 존재가 아니라는 것을 의미한다. 자연의 능동적 부분을 신이라 할 수 있고, 신의 수동적 부분을 자연이라 할 수 있다는 것, 즉 자연(혹은 신)은 그 자체로 능동적이면서 수동적이라는 것을 의미한다. 이 때 능동적이라 함은, 자연을 유지하는 힘이 자연 자체에 있다는 것이

| 바뤼흐 스피노자

며, 수동적이라 함은 자연이 자신을 지배하는 법칙에 의존한다는 것
을 의미한다. 자신을 지배하는 능동적 힘과 자신이 따라가는 수동적
인 힘이 스피노자에게서는 그렇게 엄격하게 구분되는 것이 아니다.

　이제 존재하는 모든 영역은 자연의 법칙이 지배한다. 따라서 데카
르트가 자유를 위해 남겨 두었던 정신이라는 영역이 하나의 독립적
영역으로 존재한다고 주장하는 것은 가상일 뿐이다. 말하자면 인간
을 자연과는 다른 독특한 존재로 만들었던 정신, 혹은 사유의 영역이
가졌던 독자성은 가상일 뿐이고, 이로부터 나온다고 하는 의지의 자
유 역시도 하나의 가상일 뿐이다. 인간이 자연의 일부라면, 지금까지
인간의 이성능력의 이름 아래서 부정적으로 평가되던 인간의 욕망은

인간의 본질을 이루게 된다. 그래서 스피노자에게 인간의 본질은 사유나 로고스, 정신이 아니라 욕망이다. 욕망은 정신의 능동성과 자연의 수동성을 모두 갖춘 능력으로서, 이제 욕망충족을 부정적으로 보는 대신, 욕망이 인간의 삶을 어떻게 더 건강하게, 혹은 인간의 생동성의 역량을 증대시킬 수 있는지의 문제로 탐구의 초점이 이동하게 된다.

자연성과 정신성의 통일로 이해되는 욕망에도 자연에 내재한 법칙이 작동하게 된다. 자연의 일차적 특성은 '자기보존'이다. 자기보존의 법칙은 자연 안의 모든 존재가 자신의 현 상태를 유지하려는 힘으로 나타난다. 이 힘을 스피노자는 코나투스(conatus)라고 부른다. 이 코나투스가 물리적 대상에 적용될 경우, 움직이는 물체는 계속 움직이려 하고, 멈춰 있는 물체는 계속 멈춰 있으려고 하는 관성으로 나타난다. 관성은 운동 중에 있는 물리적 대상이 계속 운동하려고 하는 자기보존의 힘이다. 이 관성의 힘은 현재의 상태를 변형시키는 다른 외부의 힘이 작용할 때까지 지속된다.

코나투스는 생명체에서도 자기보존의 힘으로 나타난다. 생명체는 그 본성상 계속 생존하고자 한다. 코나투스는 생명을 보존하고자 하는 생명체의 힘이다. 그리고 욕망은 코나투스가 발현된 특수한 형태이다. 물론 코나투스가 자기보존의 힘이긴 하지만 그 발현태인 욕망이 언제나 생명체의 자기보존에 공헌하는 것은 아니다. 운동하는 물체가 이를 정지시키는 외부의 힘에 의해 자신의 원래 상태를 포기하고 운동의 방향을 바꾸거나 운동이 전혀 없는 정지 상태로 바뀔 수 있듯이, 인간의 욕망 역시 외부의 힘의 영향으로 생명력을 감소시키는 방식으로 발현될 수 있다.

물리적 대상은 스스로 움직이는 것이 아니라 어떤 다른 대상의 작용에 대해 반작용으로 운동하게 된다. 예를 들어 멈춰 있는 당구공은 스스로 움직이지 않고 다른 당구공이 접촉하면 움직이게 된다. 따라서 모든 자연 대상은 독자적으로 움직이는 것이 아니라, 타자에 의존적인 움직임을 갖는다. 작용은 특정한 반작용을 낳고, 이 반작용은 다시 작용으로서 다른 반작용을 낳는 연쇄가 곧 자연현상이다. 이때 작용은 능동적인 힘이고 반작용은 수동적인 힘인데, 이 두 힘은 하나의 힘이 가진 서로 다른 두 측면으로 볼 수 있다. 움직이는 대상이 다른 힘에 의해 정지하게 되듯이, 생명체의 자기보존의 힘인 욕망 역시 외부의 특정한 작용에 의해 발현되는데, 이 욕망은 생명력을 강화할 수도 있고 감소시킬 수도 있다.

여기서 두 가지 사실을 지적할 수 있다. 인간 역시 자연의 일부로서 자연의 법칙에 종속되며, 따라서 자유라는 것도 가상에 불과하다는 것이 첫 번째 지적사항이다. 그럼에도 불구하고 자유를 말하고자 한다면, 인간 역시 자연의 일부이며 자연에는 자연법칙이 지배한다는 사실을 통찰하는 것, 즉 필연성에 대한 통찰이 곧 자유라 할 수 있다. 그런 점에서 자유는 철저히 인간적인 것, 그것도 자연의 필연성을 통찰하는 자에게 주어지는 하나의 가치이다. 사람들은 자신의 욕망을 의식하기는 하지만, 그 욕망이 어쩌다 생겼는지는 모르기 때문에 마치 자신이 자발적으로 특정한 것을 욕망한다고 착각한다. 즉 전통적으로 이성적 인간을 특징지었던 자유의지란, 원인을 알지 못한 욕망에 붙여진 이름에 불과하다. 누군가에 의해 떨어뜨려지는 돌은 자신이 누군가에 의해 떨어뜨려졌다는 사실을 모를 때 스스로 떨어지고 있다고 착각하며, 배고픈 아이는 배고픔 때문에 울고 있음에도 그것을 모를 때 자유롭게 울고 있다고 착각할 수 있다.

두 번째 지적사항은 인간의 욕망이 타자와의 관계에서 생겨난다면, 인간의 생명성과 역량을 강화시키는 긍정적 욕망을 만들어 내기 위해서는, 그러한 욕망을 만들어 내는 환경과 조건이 중요하게 된다는 점이다. 주체를 둘러싼 특정한 조건과 환경이 특정한 욕망을 만들어 내기 때문에 주체의 역량을 강화시킬 수 있는 환경의 창조, 특히 사회·문화적 환경의 창조가 중요하다. 이렇듯 욕망은 어떤 행위 주체의 자의적인 힘이 아니라, 타자와의 관계에서, 즉 특정한 메커니즘으로부터 발생한다는 사실을 알 수 있다.

─────● **나가며**

스피노자의 욕망이론에는 우리 시대의 중독 현상을 설명하고 해결할 수 있는 실마리가 들어 있다. 욕망은 기본적으로 인간의 자기보존의 힘인 코나투스의 특수한 발현태이지만, 인간 자신을 소멸시키는 방식으로 작용할 수도 있다. 예컨대 무엇인가에 중독된 사람은 자신의 전인격을 전혀 고려하지 못하거나 고려하더라도 통제하지 못하는데, 그의 쾌락 의존성은 결국 자신을 소멸시키는 방식으로 작동한다.

오늘날 우리 사회에서 '치유' 혹은 '힐링'은 가장 흔히 언급되는 개념이다. 그만큼 우리 사회에 심리적, 정신적 고통이 심각하다는 것을 보여 준다. 심리분석, 음악치료, 미술치료, 독서치료, 철학치료 등은 상징적 개념이 아니라 실제로 임상적으로 적용되는 영역이다. 자신의 게임 때문에 자식의 굶주림도 돌보지 않고 결국 죽음에 이르게 한 부모는, 한편으로는 범죄자이지만 다른 한편으로는 중독에 빠진 환자이다. 그 중독에서 빠져나오도록 돕기 위해 여러 방식의 심리치료가 필요할 것이다.

하지만 우리가 스피노자의 이론을 진지하게 고려한다면, 치유의 대상이 임상적 치료를 필요로 하는 환자 개인에 국한되어서는 안 된다. 그건 대증요법에 불과할 수 있다. 우리는 그에게 전과 다른 환경을 제공할 수 있다. 예를 들어 스포츠를 하며 땀을 흘리게 하거나, 독서토론 모임에 참여하여 자신을 드러내며 토론하게 할 수 있다. 혹은 봉사단체나 시민사회단체 등에 가입하여 활동하도록 돕는 것도 중독으로부터 헤어 나오게 하는 방법일 것이다. 환경이 그의 욕망충족의 방식을 상당하게 결정하기 때문이다.

좀 더 거시적으로는, 게임 외에 삶을 즐기거나 전념할 수 있는 기회를 거의 제공하지 않는 우리 사회의 일 문화나 놀이 문화, 혹은 여가 문화 역시 치유의 대상이 될 수 있다. 구직 행위를 중단해 버릴 만큼 일할 기회를 제공하지 않는 사회, 일을 하더라도 개인을 오로지 일하는 기계로 만들어 버리는 직장 문화, 승진을 위해 자신을 혹사시키면서 매진하지 않으면 안 되는 피로사회 등, 개인의 취미생활을 통해 스트레스를 해소할 기회를 거의 제공하지 않는 조건에서, 인간의 욕망은 기형적으로 충족될 가능성이 많고, 또 특정한 것에 중독된 인간을 양산할 가능성이 많다. 인간의 욕망충족이 사회 문화의 조건에 깊은 영향을 받는다면, 한 가지 일에 매몰되기보다 전인격적 발전을 가능하게 하는 제도와 문화를 조성하는 일이 중요할 것이다.

인간은 근본적으로 타자와의 관계(그것이 자연의 대상이건 다른 인간이건 간에)에서만 자기 자신으로 존재할 수 있다. 그런데 중독은 오로지 자기관계만을, 타자와 관계하더라도 자기 쾌락을 위한 도구적 관계만을 추구하기 때문에 결국 자기상실로 이어질 수밖에 없다. 스피노자의 욕망이론은 이러한 종류의 사유를 가능하게 한 중요한 이론적 선구로 받아들여진다.

3부

기호자본주의 시대와 중독

소비 중독과 진화론

박일준

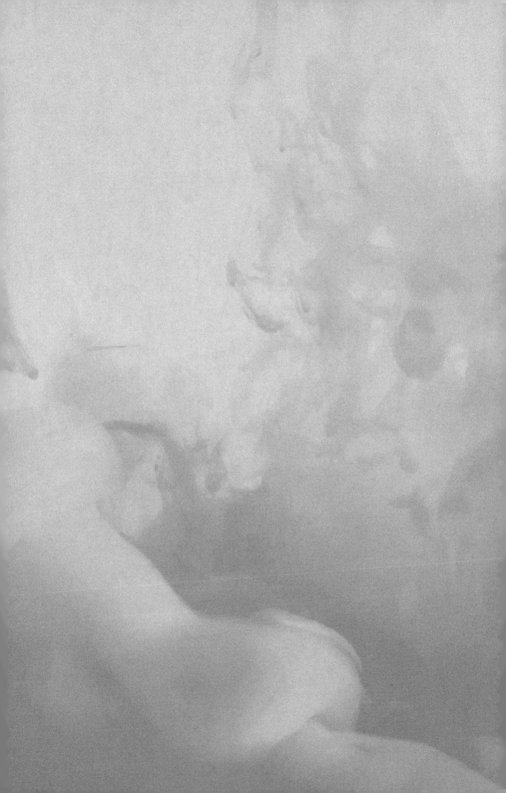

이른 아침 급한 업무 처리 때문에 출근한다. 책상 앞에 앉아 컴퓨터를 켜고, 커피를 내리고, 인터넷 웹 브라우저를 켜서, 어제부터 들어온 새로운 뉴스들을 살펴본다. 급한 일 때문에 일찍 나왔지만, 매일 아침 책상 위에서 펼쳐지는 이 '루틴'을 우회하지 못한다. 이리저리 클릭하면서 야구와 축구 경기 결과를 보다, 영국 프리미어 리그의 맨유와 첼시의 경기 하이라이트 영상이 올라온 걸 보고, 클릭을 한다. 10분짜리 하이라이트. 이런저런 클릭질과 마우스질을 하다, 드디어 일을 시작하기까지 어언 1시간. 본인도 안다. 이 한 시간을 이렇게 허비하지 않는다면, 일의 능률이 더 오르고 오후 시간이 한결 여유로워진다는 걸. 하지만 끊을 수가 없다. 그렇다고 딱히 인터넷 서핑을 통해 어떤 쾌감이나 즐거움이 주어지는 것도 아니다. 그저 일어나면, 컴퓨터를 켜고, 자신의 뇌신경을 컴퓨터 스크린을 매개로 네트워크에 접속하여 끊임없이 클릭해야 한다는,

'충동'도 아니고 '강박'도 아닌 어떤 거역할 수 없는 '루틴'이 작동한다. 내 존재의 경계가 더 이상 생물학적 피부의 경계와 맞아 떨어지지 않고, 네트워크를 통해 한없이 확장되어 살아가는 기호자본주의 시대, 아마도 클릭 수가 자본을 만들어 내는 '숫자'임을 직감하고 달라붙는지도 모른다.

우리는 현재 살아가는 시대를 더 이상 산업자본주의나 금융자본주의, 혹은 소비자본주의라 칭하기보다는 '기호자본주의(semiocapitalism) 시대'라 칭하기 시작했다. 기호의 흐름이 자본을 창출하는 시대, 우리의 클릭들이 자본을 창조한다. 인공지능이 기계학습능력을 장착한 이후, 우리들의 클릭하는 성향에 따라, 각 사용자의 창에 맞춤 광고가 등장하고, 클릭하는 흐름들을 통합하여 빅데이터를 형성해, 자본의 흐름뿐만 아니라 사람들의 소비패턴, 생각하는 흐름 등을 검색하기 시작하는 시대가 되었다. 거기서 나는 영화 〈매트릭스〉(워쇼스키 자매, 1999)의 가상 주체들처럼 주어진 흐름과 패턴을 쫓아 살아가면서, 마치 내가 주체적으로 선택한 결정들을 통해 삶을 창출해 나간다고 착각한다. 하지만 알 수 없는 공허와 공복이 올라와 느껴지면, 알 수 없는 반복적인 강박 행동을 반복한다. 무의미한 반복임을 알고 있는데도 말이다. 반복적이고 강박적인 중독증상은 내가 네트워크의 한 노드에 불과한 것이 아니라, 전 우주의 네트워크를 내 안에 통합하고 있는 주체임을 감히 선포하고 싶은 디지털 자본주의 체제에 대한 저항 아닐까?

알고리즘의 오작동으로서 중독

중독이란 진화가 인간 두뇌에 설치한 알고리즘이 환경변화에 따라 오작동을 일으키는 것이다. 인간의 두뇌는 생존과 번식이라는 최고 중요한 문제를 우선적으로 해결하기 위해 삶의 환경과 상호작용할 수 있는 알고리즘을 설치하였다. 하지만 수렵과 채집의 환경을 전제로 설치된 알고리즘이 산업혁명 이후 급속히 진행된 인공적 산업도시 환경과 21세기 디지털 가상 환경 속에서 오작동을 일으키게 되었고, 그 증상의 일부가 중독이라는 현상으로 나타나는 것이다. 이는 부분적으로 ―중독의 원인들은 사회적 혹은 심리적 원인들도 포함하기 때문에 생물학적 원인은 전체의 일부를 구성한다는 점에서― 인간의 두뇌가 클루지(kluge)로 구성되었기 때문이다. 유기체란 '알고리즘'을 기반으로 구성된다. 하라리(Yuval Noah Harari)에 따르면, 알고리즘이란 "계산을 하고, 문제를 해결하고 그리고 결정에 도달하기 위해 사용될 수 있는 방법론적으로 정해진 절차들"이라 할 수 있다.[1] 즉 알고리즘은 "특정한 계산이 아니라, 계산을 할 때 따르는 방법"인 것이다.[2] 예를 들어 두 숫자 사이의 평균을 내기 위한 알고리즘을 사용한다면, ①두 숫자를 더하라. ②그 합을 2로 나누어라.

---

1   Harari, Yuval Noah, 2015, *Homo Deus: A Brief History of Tomorrow*. London: Harvil Secker, p.83.

2   Harari, Yuval Noah, 2015, p.83.

이런 식의 알고리즘을 사용해서 우리는 두 숫자 사이의 평균을 구할 수 있다고 하라리는 설명한다.[3] 이보다 복잡한 알고리즘으로 우리는 "요리법"을 들 수도 있다.[4] 또한 감정들도 "모든 포유류들의 생존과 번식에 필수적인 생화학적 알고리즘들"이다.[5] 알고리즘은 급박한 어떤 생존의 문제가 발생하였을 때, 자동적으로 실행되는 생존과 번식의 매뉴얼이다. 그런데 바로 이 알고리즘적 구성 때문에 인간은 '중독 현상'이라는 문제에 당면하게 된다. 왜냐하면 이 알고리즘은 사물인터넷 시대의 기호자본주의적 상황을 살아가는 현대인을 위한 알고리즘이 아니라, 수렵과 채집으로 살아가던 시절의 호모사피엔스가 생존과 번식이라는 과제를 효율적으로 수행하기 위해 만들어진 진화론적 '클루지'이기 때문이다. 클루지란 당면한 문제에 대한 해결책이지만, 최적의 자원을 가지고 설계된 해법이 아니라, 기존 자원을 가지고 임기응변으로 조잡하게 대처한 것을 말한다.[6] 인간의 마음은 세계에 최적화된 이상적인 설계를 통해서 등장한 것이 아니고, 유기체의 기존 생물학적 도구들을 바탕으로 인간 유기체의 생존과 번식을 강화시키기 위해 만들어졌다는 말이다.

기본적으로 수렵과 채집 시대의 환경을 전제로 구성된 것이기 때

---

3   Harari, Yuval Noah, 2015, p.84.

4   Harari, Yuval Noah, 2015, p.84.

5   Harari, Yuval Noah, 2015, p.83.

6   Marcus, Gary, 2009, *Kluge: The Haphazard Evolution of the Human Mind*, Boston: Mariners Book, p.2.

문에, 인간의 마음 기제는 21세기 도시 환경을 살아가는 많은 이들에게 많은 오작동들을 동반한다. 예를 들어, '분노'라는 감정은 현대인에게 많은 부정적인 결과들을 야기한다. 참아야 하는 상황에서 감정의 분출을 제어하지 못하고 터져 나오는 분노는 관계를 해치며, 더 나아가 그의 삶의 양식들에 위해를 야기한다. 하지만 이 '분노'라는 감정은 본래 쓸모없는 것이 아니라, 공격적으로 싸워야 하는 상황에서 인간 유기체가 공격 본능을 회복하도록 실행되는 알고리즘의 일부이다. 문제는 현대 도시 문명에서는 수렵과 채집 시절 전투하는 방식으로 싸움이 전개되지 않는다는 데 있다. 공격성을 표출하는 알고리즘적 도구로서 감정은 상대방이 나에게 위협을 느껴 물러나도록 하거나 싸울 의지를 상실하게 만드는 것이지만, 21세기 문명의 상황에서 그런 감정적 표현은 타인을 위해하는 방식으로 간주되어 법적으로 금기시된다. 초콜릿이나 콜라와 같은 단맛에 대한 중독도 본래 단것을 먹을 수 있는 기회가 무척 제한적이었던 수렵과 채집 시절에 두뇌에 설치된 알고리즘에 기인한다. 과일류나 꿀을 통해서만 섭취할 수 있었고, 기회도 제한적이었기 때문에 인간의 두뇌는 단것에 대한 이끌림을 제어할 알고리즘을 갖고 있지 않다. 하지만 산업혁명 이후 화학적 인공물로 사탕과 같은 단것들을 대량생산해서 판매하는 시대가 도래한 이후, 우리는 이런 것들을 무절제하게 섭취하면서 당뇨와 같은 현대병에 직면하고 있다.

| 과거에는 단것을 절제해야 할 이유가 없었다.

중독이란 "일정한 효과를 유지하려면 점점 많은 양을 흡수해야 하고 끊었을 때 상당한 신체적 괴로움을 수반하는 신체적 의존증"을 가리킨다.[7] 보다 강한 자극적 쾌감을 만끽하기 위해 "정제된 아편을 주사기로 주입하는 것이 중독의 전형적인 사례"이다.[8] 이는 주로 뇌에서 생산되는 엔도르핀의 작용과 맞물려 있지만, 이 엔도르핀 효과를 일으키는 것이 아편과 같은 약물만 있는 것은 아니다. 지방과 당분이 많이 든 식품을 섭취하는 것도 엔도르핀 효과를 일으키며, 에너지를

7　게리 크로스 · 로버트 프록터, 『우리를 충족시키는 것들에 대하여: 병, 캔, 상자에 담긴 쾌락』, 김승진 역, 동녘, 2016, p.29.

8　게리 크로스 · 로버트 프록터, 2016, p.29.

주입시켜 준다. 엔도르핀은 "뇌에서 자연적으로 생성"되며, "통증완화 효과를 지닌 아편성 단백질의 총칭"으로서, "안락함과 안정감"을 가져다준다.[9] 그래서 우리의 뇌는 그런 엔도르핀 효과를 일으키는 것을 추구하도록 알고리즘적으로 세팅이 되어 있다. 이런 맥락에서 보았을 때, 사실 '중독'이라는 것을 무엇이라고 규정하기는 어렵다. 왜냐하면 중독을 작동시키는 모든 알고리즘이 사실은 그 해당 유기체의 생존을 위해 진화적으로 배선된 것이기 때문이다. 따라서 잠재적으로 모든 사람은 '중독자'이고, 다른 한편으로 모든 사람은 '정상'인 셈이다. 오히려 우리의 중독 패턴은 생물학적 욕망의 알고리즘을 통해서 비롯된다. 우리의 감각은 개체 유기체의 생존을 강화시키는 방향으로 알고리즘화되어 있다. 예를 들어, "우리가 밝은 색이나 특정한 형태, 특정한 동작 등에서 쾌감을 느끼는 것은 먹을 것, 위험한 것, 짝짓기 상대 등을 멀리서도 알아볼 수 있어야 했던 선사시대의 필요성에 뿌리를 두고 있다."[10] 이제 도시화되고 소비자본주의화된 우리의 주변 환경은 그러한 우리의 생물학적 알고리즘을 잔뜩 자극하는 수많은 기제들로 꽉 차 있다. 그러니 중독은 개인의 문제가 아니다. 구조의 문제이다. 즉 개인의 도덕적 자제력을 향상시키는 노력만으로 중독의 문제를 해소할 수 있는 것은 전혀 아닌 셈이다.

---

9 게리 크로스 · 로버트 프록터, 2016, p.28.
10 게리 크로스 · 로버트 프록터, 2016, p.15.

필자는 중독과 연관하여 중독을 일으키는 두 가지 정서를 주목해 보고자 한다. 쾌락과 불안. 엔도르핀 효과를 추구하는 알고리즘이 뇌에서 작동하게 되는 것은 어떤 대상이나 행위 혹은 물질이 그것을 일으키기 때문일 것이다. 그래서 뇌는 인간 유기체가 그 엔도르핀 효과를 유발할 행위나 대상을 추구하도록 유도한다. 다른 한편으로 모든 중독적 현상이 반드시 이런 쾌(pleasure)의 추구를 통해서만 도래하지는 않는다는 사실을 유념해야 한다. 때로 중독은 불안과 걱정으로부터 유발될 수도 있다. 즉 불안과 걱정을 안정시키고 안심시키기 위해서, 뇌가 엔도르핀 효과를 필요로 할 수도 있다는 말이다. 따라서 '중독(addiction)'이란 현상 혹은 증상이다. 어떤 것의 현상이 그 원인을 담지하고 있을 수도 있지만, 많은 경우 현상과 원인은 전혀 별개의 것일 수 있다.

감각적 쾌락을 통한 중독 현상

중독은 쾌감(pleasure)를 통해서 야기될 수 있다. 즉 '중독(addiction)'은 인간의 생물학적 알고리즘 속에서 '무조건 즐기라'고 입력된 것을 문명과 기술의 도움으로 무한정 충족할 수 있게 되면서, '즐기라'는 알고리즘적 명령이 본래의 목적을 이탈한 것이라 말할 수 있다. 생물학적 알고리즘이 '즐기라'고 배선한 욕망은 본래의 맥락에서 "충족시킬 기회가 희소"했지만, 몸과 정신에 좋은 효과가 있는 욕망이었기 때문이다.[11] 따라서 '즐기라'는 명령으로 배선된 알고리즘은 그 본래의 상황, 즉 신석기 시대의 인류에게는 거의 또는 전혀 문제를 야기하지 않았다. 즐길 수 있는 대상과 기회 자체가 무척 희소했기 때문이다. 신석기 시대의 사람들은 우리와 같은 욕망의 알고리즘을 갖고 있었지만, 그들에게는 비만이란 현상이 전혀 없었다. 먹을 것이 기본적으로 풍족한 세상이 아니었기 때문이다. 먹을 것이 충만하지 않던 시절, 우리 인간의 유전 알고리즘에는 먹을 것을 "게걸스럽게 탐닉"하라는 알고리즘이 배선되었다.[12] 풍족한 세계가 아니었기 때문에 탐닉 자체가 인간의 삶을 위협하는 일은 거의 없었다. 그리고 탐닉이 "인간의 신체, 정신, 사회성에 미치는 영향도 제한적"이었다.[13]

그런데 근대 산업혁명기 이후 이어진 여러 기술적인 발명들이, 즐기라는 욕망의 알고리즘이 담지한 희소성의 한계를 극복하게 만들어 주었고, 이 과정에서 신기술들은 단지 "만족의 강도만 높여 준 것이 아니"라, "훨씬 쉽게, 그리고 끔찍하게 과도한 정도로 충족되게 만들기도" 했다. 이는 특별히 산업혁명이 진행되면서, "포장된 쾌락의 혁명"이 가능해졌기 때문이다. 욕망하는 것을 포장하여 먼 거리로 배

---

11 게리 크로스 · 로버트 프록터, 2016, p.12.

12 게리 크로스 · 로버트 프록터, 2016, p.20.

13 게리 크로스 · 로버트 프록터, 2016, p.20.

달할 수 있는 기술과 체계가 확립된 탓으로, 이제 소비자들은 과잉된 탐닉거리를 소비할 수 있게 되었다. 한때는 사치품으로서 고가였던 먹을거리들이 이제 도처에 풍족해지다 못해 과잉되게 넘쳐나, 우리의 탐닉을 자극하고 있다.

우리가 기본적으로 먹을거리를 통한 욕망의 자극에 취약한 이유는 바로 인간이 "열량이 높은 먹을거리를 추구하도록 진화해 왔다"는 사실로부터 비롯된다.[14] 현재 우리가 과잉의 쾌락을 추구하도록 추동되는 먹을거리들은 사실 먹을거리가 풍족하지 못하던 시절 우리 인간 유기체의 "생존 가능성을 높여" 주던 먹을거리들이다.[15] 산업혁명기 이전에는 고열량의 식품들을 인위적으로 만들어 내기가 거의 불가능했다. 그래서 우리에게는 이런 음식들에 대한 절제력이 유전적 알고리즘으로 설계되어 있지 않은 것이다. 선사시대에 인간이 단맛을 맛볼 수 있는 기회는 과일 섭취뿐이었다. 그래서 과일을 섭취하는 동물들의 신경에는 "단맛 나는 식물과 과일은 먹어도 되며 영양가도 높다는 정보가 각인"되어 있다.[16] 하지만 이런 음식들은 철에 민감하고, 풍족하지도 않았기 때문에 이런 음식들을 절제하라는 생물학적 알고리즘을 장착할 이유가 전혀 없었던 것이다. 그런데 기술발달로 이 희소성이라는 자연적 한계를 극복하고, 과잉된 공급이 넘쳐난 이

---

14 게리 크로스 · 로버트 프록터, 2016, p.13.

15 게리 크로스 · 로버트 프록터, 2016, p.13.

16 게리 크로스 · 로버트 프록터, 2016, p.14.

시대에는 이 알고리즘이 심각한 문제를 야기한다.

… 대부분의 쾌락에는 상대적 희소성이라는 맥락이 필요하다. 선사시대에는 이 맥락이 자연스럽게 주어졌다. 꿀은 아주 드물게만 얻을 수 있었고 사냥감을 쫓는 기회도 흔하지 않았다. 하지만 먹을거리를 조리하고 보존하면서, 그리고 더 나중에는 찰나의 감각 경험을 재생산과 전파가 가능한 쾌락의 꾸러미로 만들기 시작하면서, 인간은 쾌락거리들을 남을 만큼 생산하고 저장하는 능력을 더 발달시켜 나갔다. 초코바, 탄산음료, 종이담배는 물론, 사진, 축음기, 영화도 그런 사례다. 그리고 이 모두가 19세기 '포장된 쾌락의 혁명' 시기에 등장했다.[17]

인용문에 언급된 바대로, 문제는 산업혁명 이후 기술발달과 대량 생산 기술의 발전으로 양과 가격 면에서 이런 먹을거리들이 과잉되게 풍족해졌다는 것이다. 즉 "산업 테크놀로지는 인간의 생물학적 욕구와 자연의 희소성 사이에 존재했던 균형을 끊어 내고 무너뜨렸다."[18] 비록 사냥이 가능한 생물 종으로 진화하기는 했으나, 초기 인류에게 사냥을 통한 먹을거리의 획득은 간단한 일이 아니었다. 인간이 잡식성으로 진화한 것은 이유가 있었다. 다른 포식자들처럼 인간

---

17 게리 크로스 · 로버트 프록터, 2016, p.20.
18 게리 크로스 · 로버트 프록터, 2016, p.14.

은 먹이사슬의 최상위에 위치할 만큼 강건한 육체를 갖고 태어나지 않았다. 그래서 육류를 통한 지방의 섭취는 그리 흔한 일이 아니었고, 그래서 가능하면 기회가 있을 때 잔뜩 지방을 섭취하는 생존 전략이 내장되어 있다. 하지만 오늘날 공장식 농장에서 생산되는 육류들은 지방의 함량도 높을 뿐만 아니라, 우리 시대 생활 패턴은 열량이 높은 지방 성분 음식을 섭취하고 에너지 소비를 많이 하는 스타일이 아니다.

결과적으로 이제 더 이상 인간은 생물학적으로 유전적 알고리즘을 통해 작동하는 욕망을 따라 사는 것이 부적절해졌다. 말하자면 "희소한 세상에서 생겨난 욕망이 풍요로운 세상에서도 우리를 건강과 행복으로 이끌어 주는 것은 아닌" 상황이 도래한 셈이다.[19]

당과와 음료를 소비하는 현대인들은 농촌에 살던 선조들보다 더 강도 높게, 혹은 더 긴 시간 일을 하고 통근에 더 긴 시간을 들인다. 빨라진 삶은 빠르게 준비해 먹을 수 있는 음식을 촉진했다. 그리고 포장된 쾌락의 소비자들은 '개인의 선택'에 지고의 가치를 부여하는 문화에 푹 빠져 있었기 때문에, 표준화된 정크푸드를 먹으면서 기껏 자신이 선택하는 것이라고는 '언제'와 '어디서'밖에 없는 처지에서도, 자신이 자유로운 선택을 하고 있다고 생각했다. 싸고 단 포장 식품들은 분명히 욕구를 충족시켰지만, 욕구

---

19 게리 크로스 · 로버트 프록터, 2016, p.15.

의 표현을 제약하기도 했다.[20]

　　결국 중독을 유발하는 쾌감은 결여와 희소성을 추구하려는 알고리
즘으로부터 비롯되었다. 인간이 진화해 온 대부분의 시간 동안 풍족
함을 누리고 살았던 적은 거의 없었다. 따라서 쾌락을 추구하려는 인
간의 본능, 혹은 알고리즘은 인간 유기체와 집단과 사회에 큰 해를
끼친 적이 거의 없었다. 개별적으로 그러한 탐닉이 과도하게 추동될
경우, 문제를 일으켰을 수 있지만, 그러한 문제를 유발하는 개체는
결국 자연스럽게 도태될 것이기 때문에 사회 혹은 집단 전체적으로
보면 큰 문제가 아니었다.

　　중독과 연관하여 눈여겨볼 것은 중독을 방지하기 위한 금지가 때
로 중독을 유발하는 강력한 동기가 되기도 한다는 것이다. 예를 들
어, 쾌락의 만끽은 모든 사람들에게 동등하게 허용된 일이 아니었다.
쾌락을 추구할 수 있다는 것은 사회적으로 그만한 능력이 있다는 것
을 의미하는 것이다. 그래서 인류 역사 속에서 귀족층들은 쾌락을 만
끽하는 향연과 파티를 통해 자신의 힘을 과시하는 한편, "가난한 사
람들이 먹고 입고 즐기는 것을 제한하려 들면서 그들의 쾌락을 방해
했다."[21] "쾌락에 접근하는 것" 자체가 바로 "권위와 권력의 표현"이

20　게리 크로스 · 로버트 프록터, 2016, pp.192-193.

21　게리 크로스 · 로버트 프록터, 2016, p.22.

었기 때문이다.[22] 하지만 그러한 금지 혹은 금기가 절대적일 수는 없었다. 그래서 종교적 축제가 방탕한 쾌락을 탐닉하는 장이 되곤 했다. 그리고 이 축제의 기간이 끝나면, 절제와 단식의 시간이 시작된다. 그러한 방탕과 절제의 사이클은 곧 "식생활의 균형을 맞추는 자기조절적 메커니즘"이었다.[23]

문제는 우리 시대 이 '쾌락의 균형을 맞추는 자기조절적 메커니즘'이 더 이상 작동하지 못하게 되었다는 것이다. 그것은 쾌락에 중독되는 개별 인간 유기체의 문제가 아니라, 과잉된 쾌락의 대상들을 끊임없이 생산함으로써, 자본을 무한히 증식시켜야만 하는 우리 시대의 시스템의 문제이다. 넘쳐나는 과잉된 쾌락의 자극물들로 우리가 살아가는 삶의 환경을 구성해 놓고서는 그것을 즐기면 안 된다는 문화적 명령을 실행하는 지금의 자본주의적 시스템은 결코 중독을 해소하거나 극복하게 만들지 못한다. 오히려 자본주의적 과잉생산은 중독이라는 기제를 필요로 하는지 모른다. 그래야 구조의 문제보다는 개인의 도덕적 절제력 부족을 중독의 원인으로 지목할 수 있기 때문이다.

사실 유전적 알고리즘이 중독을 추동한다는 것은 우리의 감각적 쾌락이 "진화적 적응을 통해 얻은" 보상이며, 이 보상들이 "뇌 쾌락중

---

22   게리 크로스 · 로버트 프록터, 2016, p.22.

23   게리 크로스 · 로버트 프록터, 2016, p.22.

추의 복잡한 회로에 각인"된 탓이다.[24] 생존의 위협에 끊임없이 시달리며 걱정과 불안으로 경계심을 최대한 높이며 긴장하며 살아가던 신석기 시절 쾌락의 추구는 결코 나쁜 일이 아니었다. 오히려 쾌락을 느끼는 것은 인간 유기체가 주변 환경에 적응하는 데 상당한 도움을 주었고, 또한 "사회적 결속에 필요한 역량을 만들어 내기도" 했다.[25] 절대적으로 제한된 상황 속에서 (축제를 통해) 이따금씩 만끽하는 과잉의 경험은 사람들의 삶과 몸과 마음을 보다 건전하고 건강하게 만드는 효과가 있었다.

문제는 과잉된 쾌락이 포장되어 대량으로 공급되면서, 그러한 쾌락에 대한 감각이 점점 무뎌지고, 점점 더 강한 자극을 원하게 된다는 것이다. 더 심각한 것은 이 쾌락적 자극을 더욱더 강렬하게 느끼도록 우리 사회의 시스템이 총체적으로 작동하고 있다는 것이다. 자본주의란 부를 창출해야 하고, 그것도 항상 더 많이 창출해야 한다. 끝없이 성장하지 않으면 안 되는 자본주의 시스템에서 부를 더욱 창출할 방법은 사람들의 소비 욕구를 끊임없이 만들어 내는 것이다. 그러면서 우리의 감각에 대한 자극들도 매일매일 더 강해지고 있다. 단지 쾌락의 자극이 강해지는 것뿐만이 아니라, 보다 더 정교해지고 치밀해지고 있다. 대표적인 것이 바로 게임이다.

---

24 게리 크로스 · 로버트 프록터, 2016, p.19.

25 게리 크로스 · 로버트 프록터, 2016, p.19.

불안과 걱정을 통한 중독 현상

중독을 일으키는 두 번째 정서는 불안과 걱정이다. 기호자본주의 시대 노동자들은 불안이라는 일반적 조건에 종속되어 있다. 이 불안은 단지 노동조건의 불안정성만을 의미하지 않는다. 도리어 이것은 기호자본주의의 영토가 디지털화되면서 일어나는 일이다.

노동과정이 디지털화되면서 생겨난 주요한 변화는 일에 대한 사적인 연속성의 파편화, 그리고 시간의 프랙탈화(fractalization)와 셀룰러화(cellularization)이다. 사람으로서의 노동자는 사라지고 그 자리를 시간의 추상적인 파편이 대신한다. 글로벌 생산이 이루어지는 사이버 공간은 탈인격화된 인간의 시간이 막대하게 확장된 것으로 볼 수 있을 것이다.[26]

디지털 가상공간의 네트워크로 연결된 노동시장에서 이제는 평생 고용, 혹은 정규직 고용이 크게 창출되지 않는다. 왜냐하면 그럴 필요가 없기 때문이다. 오히려 자본은 노동자를 찾는 대신 "교체 가능하며 간헐적으로 존재하는 노동자들로부터 분리된 시간의 패킷을 산다."[27] 노동시장의 유연성이 가상공간의 네트워크를 통해 실현되는

26   프랑코 '비포' 베라르디, 『죽음의 스펙터클: 금융자본주의 시대의 범죄, 자살, 광기』, 송섬별 역, 반비, 2016, p.173.

27   프랑코 '비포' 베라르디, 2016, p.174.

장면이다. 조각조각 시간 단위로 떨어지는 일을 얻기 위해 "인간 기계는 대기 중인 두뇌처럼 맥박을 울리며 가용 상태로 기다린다."[28] 가상공간의 보편적인 연결성 속에서 역설적으로 각자가 고립된 채 자본의 부름을 기다리는 노동자의 정신은 극도의 긴장감을 겪게 된다. 그렇게 "정보 자극의 조밀화를 유발하고 사회적 두뇌로부터 개인의 두뇌로 정보 자극을 전송"하는 디지털 네트워크 속에서, 노동자들은 학자금 대출을 갚기 위해 더욱더 자본에 종속된 불안한 삶을 연명하게 된다.[29] 잠을 잃은 노동자의 생활 사이클은 잠재된 불안을 더욱 가속화시키며, 위기감을 불러일으킨다. 이런 상황 속에서 우리가 네트워크로 나아가는 문인 스크린에 더욱더 중독되는 이유는 분명하다. 그것은 곧 돈을 만들어 줄 통로이면서, 동시에 (게임을 통해) 이 불안정하고 불만족스러운 현실을 탈출하는 유일한 출구인 것이다. 이때 문제는 "계급적 증오"가 아니라, "무력감"이고 "절망감"이다.[30]

디지털 가상공간으로 연결된 포스트휴먼 시대의 인간 정신은 특별히 스크린의 시각적 자극에 취약하다. 엄밀히 말하자면, 뇌의 관점에서, 우리가 보고 경험하는 모든 것은 '가상(virtual)' 실재들이다. 뇌는 감각이 없다. 따라서 뇌가 현실 세계를 접촉할 직접적인 어떤 수단이 없는 것이다. 그래서 뇌는 실재를 접촉할 인터페이스를 사용한다. 그

---

28 프랑코 '비포' 베라르디, 2016, p.175.
29 프랑코 '비포' 베라르디, 2016, p.179.
30 프랑코 '비포' 베라르디, 2016, p.257.

것이 바로 유기체의 몸이다. 몸의 감각을 통해 실재를 경험하는 뇌는 인터페이스의 한계 내에서 현실을 구성하거나 혹은 실재를 가상적으로 구현한다. 가상 세계에 사람이 쉽게 몰입하게 되는 이유들 중 하나이다.

스크린의 중독성을 우리는 달리 설명할 수도 있는데, 우리의 시각 기제가 4차원의 시공간 실재를 3차원으로 환원하여 인식하도록 되어 있기 때문이다. 즉 공간만을 고려한다면 우리가 인식하는 공간은 3차원으로 구성된다. 그런데 우리는 3차원을 그대로 인식하지 못한다. 우리가 3차원의 공간을 그대로 인식한다는 것은 전지한 관점(omni-perspective)을 갖는다는 것을 의미한다. 우리가 피카소의 그림을 보고 느끼는 당혹감은 바로 그런 것이다. 피카소 그림이 당혹스러운 여러 이유들 중의 하나는 바로 시점(perspective)을 하나 이상 담고 있기 때문이다. 우리의 시각 인식능력은 언제나 한 시점을 중심으로 대상과 주변 환경을 인식하도록 되어 있다. 그래서 얼핏 우리가 입체를 인식한다고 느끼면서, 3차원을 지각하고 있다는 것은 잘못된 표현이다. 우리는 그 3차원 실재를 특정 시점에서 2차원 평면으로 환원하여 인식하면서 입체감을 느낀다. 영화관 스크린을 통해 보는 영화가 생생하게 느껴지는 이유는 바로 여기에 있다. 사실 스크린 속에서 모든 화면은 2차원적으로 재생되어지지만, 우리는 그 2차원 평면 속에서 입체감을 "느끼며" 영화가 말하는 이야기 속으로 빨려 들어간다.

조지 부시(George W. Bush) 대통령의 선거 전략가였던 칼 로브(Karl

Rove)는 이런 말을 한 적이 있다. "우리가 행동을 하면, 우리만의 현실이 창조됩니다."[31] 스펙터클의 시대를 가장 압축적으로 요약하는 말인 듯하다. 1991년 1월 발발한 걸프전은 지금까지 인류 역사상 유례를 찾아볼 수 없는 스펙터클의 전쟁이었다. 전쟁의 시작을 알리는 바그다드 폭격 장면이 폭격기에 설치된 카메라를 통해 전국으로 방송된 것이다. 그러면서 폭탄의 폭발이 일으키는 화염의 불꽃들을 '아름답다'고 느꼈을지도 모를 전쟁이었다. 그 아름다워 보이는 화염의 불길 아래 얼마나 많은 무고한 생명이 죽어 가고 있었는지도 상관없이 말이다. 이제 전쟁은 영화가 되었고, 게임의 한 장면이 된 것이다.

참으로 이제 현실은 게임이 되었고, 게임은 현실이 되었다. 말하자면, 게임과 현실의 구별이 가상현실의 도입으로 불투명하고 애매해졌다. 게임과 현실이 중첩되는 이 시대, 기호자본주의는 현실을 시뮬라크르로 "승화"시켰다. 여기에 "기호자본주의, 즉 자본의 가치증식이 정보 흐름의 끊임없는 발산에 기반을 두는 오늘날 생산 체제의 정수"[32]가 있다. 다시 말해서, 현실은 기호자본주의 시대 네트워크를 시각적으로 연결하는 스크린을 통해 무한복제되어 생산되며, 그 스크린에서 이루어지는 우리의 클릭 행위들 하나하나가 자본을 창출하는 시대가 되었다는 말이다. 이는 시뮬라시옹[33]의 발생에 기반한 자

---

31 프랑코 '비포' 베라르디, 2016, p.35 재인용.
32 프랑코 '비포' 베라르디, 2016, p.36.

본주의를 말하는데, 이는 "정보 흐름이 공적 담론과 상상력의 모든 공간에 침투할 때" 일어난다.[34] 우리의 시각인지 기능은 진화적으로 스크린에 중독성을 갖는다. 그래서 기호자본주의 시대 컴퓨터 스크린에서 펼쳐지는 가상의 세계가 현실로 체감될 수 있는 것이다. 그래서 강자만이 살아남는 게임의 세계가 이제 컴퓨터 스크린의 가상 세계 속에서 현실로 이주하게 된다. 그리고 기호자본주의는 자본이 네트워크상에서 무한히 동원될 수 있는 시스템을 이미 구축하였다. 그러한 자본주의적 흐름 속에서 돈은 "가치의 척도가 아니라 동원(mobilization)의 요소"가 된다. 즉 이제 "노동, 생산, 교환은 경쟁만이 그 유일한 법칙인 전쟁터로 변"한 것이다.[35] 게임 속에서 이루어지는 생존 전투가 이제 현실에서 그대로 무한히 복제되어 일어나는 것이다.

우리 모두의 불안정한 삶이 경쟁이라는 하나의 명령에 복종하게 되었다. 우리의 집단적 에너지는 전부 하나의 목표, 즉 살아남기 위해 모든 타인과 싸운다는 목표에 징집당했다.[36]

---

33 프랑스 철학자 장 보드리야르의 개념으로, 시뮬라시옹(simulation)은 실재가 그 본래와는 다른 가상 실재 혹은 파생 실재로 전환되는 것을 가리키는 말이며, 이로 인해 인위적으로 대치된 실재의 복사물을 '시뮬라크르(simulacre)'라 한다.
34 프랑코 '비포' 베라르디, 2016, p.37.
35 프랑코 '비포' 베라르디, 2016, p.38.
36 프랑코 '비포' 베라르디, 2016, p.38.

이렇게 자본의 전쟁터에 강제징집당한 영혼은 "광기에 굴복하고, 궁극적으로 공황으로 이어"지며, 그다음 "우울증"을 겪게 된다.[37] 기호자본주의의 흐름 속에서 사람들은 먹고 살기 위해 빚을 지게 되고, 빚을 갚느라 다시 돈을 빌린다. 학자금 대출로 학교를 졸업하고, 진척되지 않는 취업에 저임금 일자리를 돌아다니는 것은 빚을 갚아야 하기 때문이다. 그래서 "가치의 척도여야 할 돈은 타락해서 이제 완전한 복종을 위한 도구로 기능"하며, 이 빚은 기호자본주의 체제 속에서 "형이상학적 저주"가 되어, 우리의 깊은 무의식 속에 "죄의식"을 잠재시켜 놓게 된다.[38] 기호자본주의 시대를 살아가는 우리들의 불안의 원천이 여기에 있는 셈이다.

이러한 시대에 대한 불안이 불만으로 발전해 나아가고, 그러한 불만은 출구를 찾는다. 하지만 정상적인 방식으로는 그 불만의 표현조차 용납되지 않는다. 사회의 패자들에게 불만의 표현이란 기껏해야 패배의식의 발로로 간주될 뿐이기 때문이다. 대중미디어와 SNS의 시대에 이러한 억압된 불만은 대중학살(mass murder)로 표현되기도 하는데, 이들은 공통적으로 자신의 범죄를 실행하기 전 대중미디어, 즉 방송사나 SNS 혹은 유튜브에 자신의 계획과 동기를 사전에 공지하는 공통성을 갖는다. 이는 바로 불만의 표출인 것이다. 중독과 연

---

37   프랑코 '비포' 베라르디, 2016, p.38.
38   프랑코 '비포' 베라르디, 2016, p.39.

관하여 불안과 우울의 이런 측면들을 살펴볼 수 있는 중요한 사건이 바로 1999년 4월 20일 일어났던 '콜럼바인 고등학교 총기난사 사건'이다. 그 사건의 가해자들인 에릭 해리스(Eric Harris)와 딜런 클리볼드(Dylan Klebold)가 비디오 게임에 중독되어 있었다. 그들은 당시 유행하던 컴퓨터 게임 〈둠(Doom)〉에 몰입해 있었는데, 이처럼 폭력적인 게임의 전체 스토리는 언제나 단순하다. 약자들은 죽고, 강자만 살아남는다. 여기서 필자는 가해자들의 비디오 게임 중독이 그런 끔찍한 학살을 자행하도록 만들었다고 주장하는 것이 아니다. 게임을 즐기는 모든 사람이 극단적인 중독 현상을 보이는 것도 아니며, 중독 현상을 보이는 모든 이가 이런 살인들을 저지르는 것이 아니기 때문이다. 오히려 이런 폭력적 게임 중독을 통해 정신의 탈감각화가 초래된다고 해서, 비디오 게임을 이 폭력적 비극의 원인으로 몰아가는 것은 "디지털 환경에 장기간 몰입할 때 일어나는 인지적이며 심리적인 변이를 고려하지 않은 것"이다.[39] 탈감각화를 일으키는 것은 "게임의 내용이 아니라 자극 자체"라는 사실을 간과하는 것이다.[40] 필자가 주목하고자 하는 것은 바로 '디지털 환경이 초래하는 환경 변화'인 것이다. 이는 게임을 통해서만 초래되는 변화가 아니다. 우리 시대를 필자가 자꾸 '기호자본주의'라 칭하는 이유는, 게임이 아니더라도 우리들의

---

39   프랑코 '비포' 베라르디, 2016, p.63.

40   프랑코 '비포' 베라르디, 2016, p.63.

삶과 노동의 환경이 디지털 환경으로 급격히 바뀌었음을 지적하려는 것이다.

미디어 기기만을 접하면서, 타인들과의 접촉 없이 자라나는 포스트휴먼 시대의 세대들에게는 직접적인 대화나 만남보다는 가상공간을 통한 간접적 소통이 더 익숙하고, 따라서 감수성(sensitivity)에 큰 변화가 생긴다. 감수성이란 "의미를 이해하고 교환할 수 있는 비언어적 능력의 신체적이며 성애화된 측면"으로서 "타인에 대한 공감적 인식을 가능케 하는, 사람과 사람 사이의 얇은 막"과 같은데, 문제는 공감(empathy)이 "자연적인 정서가 아니라 갈고 닦아야 길러지는 심리적 상태"라는 것이다.[41] 타인에 대한 접촉이 유지되지 않는다면, 공감능력이 길러지기 어렵다.

결여된 공감능력과 승자 독식의 이데올로기를 게임을 통해 주입받고 자라난 세대가 자신의 불만을 타인들을 무작위로 학살함으로써 자신의 메시지를 던지려 한다는 것은 어찌 보면 자연스러운 귀결이 될 수도 있다. 이러한 승자 독식의 이데올로기가 정당성을 얻게 되는 맥락은 바로 우리가 살아가는 신자유주의적 구조이다.

계급투쟁 말기, 신자유주의의 선전포고 이후 남아 있는 계급은 승자와 패자가 전부다. 이제 자본가도 노동자도 없고, 착취자와 피착취자도 없다.

---

41   프랑코 '비포' 베라르디, 2016, pp.65-66.

강하지도 똑똑하지도 않은 자는 끔찍한 대가를 치르게 된다. … 다중살인 자는 사회라는 게임에서 적자이자 강자가 살아남을 권리가 있다고 믿는 동시에, 자신이 적자도 강자도 아니라는 사실을 알거나 감지하고 있다. 그 래서 그는 자신이 할 수 있는 단 한가지의 보복이자 자기주장을 택한다. 바로 죽이고, 죽는 것이다.[42]

즉 게임에 승자만이 살아남는 이데올로기가 주입된 것은 결국 승 자 독식의 자본주의적 구조가 게임 속의 세계에 투영되었기 때문이 아닌가? 과거의 자본주의는 "물리적 에너지의 착취에 근거"했다면, 기호자본주의는 "사회의 신경성 에너지의 예속에 기반을 둔다."[43] 끊 임없이 성장하고 무한히 팽창해야 하는 자본의 세계 속에서 이제 부 를 창출할 수 있는 마지막 미지의 영토는 바로 "두뇌의 생산성"이 다.[44] 디지털 자본주의는 인공지능을 수단으로 게임과 가상네트워크 를 통해 두뇌를 자극하고 착취하여 자본을 수확하는 시스템을 이미 갖추고 있다.

두뇌가 생산의 도구로 엮여 들어간 여파로 이제 우리는 항우울제 인 프로작의 시대를 맞이하고 있다. 이제 프로작 없이 우리는 작업을 지속할 수 없다. 우리의 "집중력, 정신적 에너지, 감수성"이 자본의

---

42   프랑코 '비포' 베라르디, 2016, pp.68-69.

43   프랑코 '비포' 베라르디, 2016, p.70.

44   프랑코 '비포' 베라르디, 2016, p.71.

착취 대상이 되어 버린 탓에 우리는 "탈진"조차 허락되지 않는다. 탈진은 곧 소멸을 의미한다.

정보노동자들이 수행하는 정신적인 과업의 수가 늘어남에 따라 주의 지속 가용시간은 계속 줄어들었다. 성행위에서 전희에 사용할 시간이 없어지자 비아그라를 복용했다. 늘 기민하고 빠르게 반응할 수 있는 상태를 유지하려고 코카인을 복용했다. 노동 활동과 삶이 가진 무의미를 인지하지 않으려고 프로작을 복용했다.[45]

우울증을 앓는 사람은 "행동하라는, 에너지를 동원하라는 압박으로 포화 상태가 된 환경 속에서 경쟁할 수 없고, 경쟁하더라도 승리할 수 없기 때문에 죄책감"을 느끼게 되고, 그 죄책감으로부터 탈출하는 유일한 방법은 "폭력적 방식"밖에 없다고 느낄 가능성이 높아지게 된다.[46] 이러한 상황 속에서 나이키의 광고 "Just Do It!"은 새로운 함의를 갖는다. 극도의 불안이 극단적인 불만 표출의 시점에 이르게 되었을 때, 'Just Do It!'이라는 말이 어떻게 들리지를 연상하기란 그리 어려운 일이 아니다. 그것은 "폭력을, 폭발을, 자살을" 그저 실행하라는 말로 들릴 수도 있다.

---

45   프랑코 '비포' 베라르디, 2016, p.72.
46   프랑코 '비포' 베라르디, 2016, p.73.

오늘날에는 과잉자극, 그리고 신경에너지의 지속적인 동원으로 이루어진 정신병적 틀이 사람들, 특히 사회적으로 주변화되었으며 불안정한, 영향 받기 쉬운 젊은이들을 새로운 종류의 행동화로 내몬다. 바로 자아의 공격적이고 살인적인 폭발로 끝맺는 에너지의 폭발적인 증명, 신체의 폭력적 동원이다.[47]

가상현실에 장시간 지속적으로 노출되면서, 타인과의 실체적 접촉이 결여되는 것은 "오늘날 일어나는 심리인지적 변이의 가장 중요한 원인 중 하나"이다.[48] 하지만 이 노출 자체가 "필연적으로 병적 상태와 소외를 불러오는 원인이라고 주장"하는 것은 증상과 원인을 혼동하는 격이다.[49] 오히려 오늘날의 사람들은 어떤 인지심리적 고통을 사회의 구조와 체제로부터 겪고 있으며, 이에 더하여 "가상 활동에 시간과 정신적 에너지를 어마어마하게 투자하는 상황이 결합"될 경우, "탈사회화라는 분열과 함께 소외감이 심화되고 물리적 정동적 상호작용의 공유 공간에 대한 잘못된 인식이 증대되는 결과"를 낳게 된다.[50] 오늘날 가상공간은 정보의 민주화를 초래한 것이 아니라 정보의 홍수 속에서 "수용자 파편화(audience fragmentation)"를 더 초래하고

---

47 프랑코 '비포' 베라르디, 2016, p.74.

48 프랑코 '비포' 베라르디, 2016, p.146.

49 프랑코 '비포' 베라르디, 2016, p.147.

50 프랑코 '비포' 베라르디, 2016, p.147.

있다.[51] 즉 사람들은 자신들이 듣고 싶어 하는 정보만 편취함으로써, 오히려 더 넓고 다양한 세계로 나아가는 것이 아니라 자신들만의 편견과 선입견의 세계로 더 움츠러들고 있는 것이다. 소위 '가짜뉴스'를 통해 정보를 편취하는 이 세대의 정신이 극도의 불안을 겪다가, 그 불안과 불만을 게임에서 했던 방식으로 분출하는 병리적 상태를 유발할 수 있다는 사실이 여기서 더욱더 섬뜩하게 다가온다. 여기서 우리는 중독이라는 증상을 근원적으로 처방하고 치유해야 할 분명한 이유를 갖는다.

●——— 중독은 증상(symptom)이다

중독은 뇌신경의 알고리즘이 일으키는 오작동에 기인한다. 여기서 '오작동'이라는 말을 무조건 잘못된 것, 혹은 나쁜 것으로 등가시키지 말아야 한다. 인간의 지성도, 그리고 그 지성을 통한 문명의 창출도 근원을 따지고 보면 오작동으로 인한 것이다. 마음의 본래 기능은 유기체가 당면한 생존과 번식의 문제를 해결하는 것이지, 추상적 개념과 예술품들을 만들어 내는 것이 결코 아니었다. 중독은 어쩌면 뇌신경이 갖고 있는 기본 역량 중 '집중력'과 관계있는지도 모른다. 무언

---

51 프랑코 '비포' 베라르디, 2016, p.148 재인용.

가에 몰입할 때면, 다른 모든 것을 잊고 오직 그것에 집중하는 능력이 때로 문명의 천재적인 발명들을 낳아 왔고, 그것이 문명의 발전을 일구어 왔다. 하지만 모든 집중력이 언제나 선한 것만을 만드는 것은 아니어서, 우리는 그러한 집중력의 부작용을 '중독'이라는 말로 정의하고, 이를 치료하고자 한다. 문제는 중독을 특정 현상에 한정시켜 실체화하고, 이 실체화된 증상만을 치료하는 해법만을 줄곧 모색한다는 점이다. 그런데 중독이라 규명된 증상이 시간이 지나면서, 사람들의 적응력으로 인해 치명적인 해를 끼치지 않는 일반적인 현상이 되는 일이 빈번히 발생한다.

새로운 테크놀로지가 등장할 때면 항상 비판이 따랐다. 비판자들은 과도하게 만족을 느끼는 소비 대중이 통제력을 잃고서 노동과 가족에 대한 책임을 저버리게 될 것이라고 우려했다. 하지만 실제로 기술이 사회에 미친 영향은 그런 우려와는 꽤 달랐다. 최적화된 쾌락 때문에 소비자들이 노동을 하고 규율에 복종하고자 하는 의지가 줄어든 경우는 별로 없었다. 일부가 우려한 신경과 지각의 손상도 거의 발생하지 않았다. 오히려 영화, 과자, 음료, 담배 등을 누리는 데 쓸 돈을 벌어야 한다는 새로운 필요성에서 새로운 노동 윤리가 생겨났다. 시간이 가면서, 그리고 대체로 짧은 시간 안에 상업화된 즐거움들은 인간 감각의 두 번째 본성이 되었다. 우리가 먹고, 숨쉬고, 보고, 듣고, 느끼는 일반적인 방식으로 자리 잡은 것이다.[52]

그렇다면 중독이란 그냥 내버려 두면 자연스레 해소되는 현상인가? 그렇지는 않다. 두뇌 알고리즘의 오작동으로 인한 부작용이기 때문에 때로 개체 유기체에게 치명적으로 해로울 수 있다. 다만 '중독(addiction)'이라는 범주의 창출 자체가 대중민주주의 도래 이전 귀족과 평민과 노비의 신분제가 살아 있던 무렵, 귀족들이 자신들의 권위와 권력을 유지하는 시스템을 작동시키기 위해 쾌락을 억압했던 일의 반복일 수도 있음을 유념하자는 것이다. 때로 권력이 민주화되지 못한 사회에서 부정의한 사회구조로 인해 생기는 부작용들을 '중독'이라는 증상으로 규정하여, 국민의 주의와 불만을 돌리려는 시도가 있다는 것이다. 그래서 때로 '중독'은 정치적 범주에 속하기도 한다.

그러나 이를 통해 오해하지 말 것은 '중독'이란 현상이 문제가 전혀 없다는 뜻이 아니다. 개별적으로도 집단적으로도 그것은 문제이다. 하지만 중독이란 현상은 '증상(symptom)'이지, 증상의 원인이 아니다. 증상을 치료하기 위해서 증상을 억제하는 것은 아편 효과밖에 가져오지 않는다. 아편은 적절히 사용하면 매우 요긴한 약물이다. 진통제이기 때문이다. 하지만 이 진통제를 치료제로 사용하게 되면, 병은 악화된다. 왜냐하면 진통제는 치료 기능이 없기 때문이다. 따라서 우리가 '중독치료'라는 범주를 창출하고 시행하기 위해서는 우리의 개념적 전환이 필요하다.

---

52   게리 크로스 · 로버트 프록터, 2016, p.33-34.

그래서 필자는 이 글에서 중독의 생물학적 근거와 사회·경제적 토대를 함께 살펴보고자 했다. 특별히 초반부에는 '중독'이란 환경변화에 따른 두뇌 알고리즘의 오작동이라고 언급하면서, 중독 현상의 생물학적 기초를 살펴보았다. 매 시대마다 인간의 주변 환경이 급속도로 변하고 있음을 고려한다면, '중독'이라는 현상은 매 시대 다른 모습으로 출현할 것이다. 필자는 그래서 중독을 실체화하는 담론, 예를 들어, 인터넷 중독, 게임 중독, 도박 등의 용어를 사용하는 데 동의하지 않는다. 시대 환경이 바뀌면, 증상은 다른 모습으로 나타날 것이기 때문이다. 오히려 이 알고리즘의 오작동이 치명적인 부작용을 일으키게 되는 것은, 건강하지 못한 정치·경제적 사회구조와 연동하게 되면서부터이다. 그래서 글의 후반부에 기호자본주의가 창출하는 중독의 조건들을 주목해 보았다. 우리는 이미 산업자본주의 시대를 벗어나 기호자본주의 시대를 살아가고 있다. 24시간 우리의 뇌신경을 직접 가상네트워크에 접속하며 살아가는 시대, 이제 불안이 불만으로, 그리고 폭력으로, 그리고 혐오 정치로 번져 가는 시대를 맞이하고 있다. 문제가 발생하는 근원은 기호자본주의가 양산하는 불안정성, 그로 인한 불안과 걱정임을 설명하였다. 중독을 야기하는 구조적인 문제를 주목하지 않은 채, 개별 증상들만을 치유하기 위한 처방의 확산은 결국 문제를 곪게 만들 뿐이다. 증상에 주의를 빼앗겨, 증상의 원인을 치유하고 제거하는 노력을 하지 않을 경우, 문제는 심화될 것이다. 그래서 필자는 중독 현상을 이해하는 데 생물학적 근거와 사회구조적 토대를 살피는 다중학문적 시각이 필요함을 강조하고자 하였다. 이러한 설명이 특정 중독증상에 대한 정확한 해결책이나 치료법을 제시하지는 못한다. 하지만 '중독'이라는 증상 일반의 기초적인 원인과 부작용을 이해하는 것은 우리가 그 증상을 어떻게 치유해 나갈지에 대한 올바른 방향성을 잡는 데는 매우 중요하다고 생각한다.

참고문헌

베라르디, 프랑코 '비포', 『죽음의 스펙터클: 금융자본주의 시대의 범죄, 자살, 광기』, 송섬별 역, 반비, 2016.

크로스, 게리 · 로버트 프록터, 『우리를 충족시키는 것들에 대하여: 병, 캔, 상자에 담긴 쾌락』, 김승진 역, 동녘, 2016.

Harari, Yuval Noah, 2015, *Homo Deus: A Brief History of Tomorrow*, London: Harvil Secker.

Marcus, Gary, 2009, *Kluge: The Haphazard Evolution of the Human Mind*, Boston: Mariners Book.

4부

접속과 접촉 사이에서 살아가기

스마트폰과 하이데거

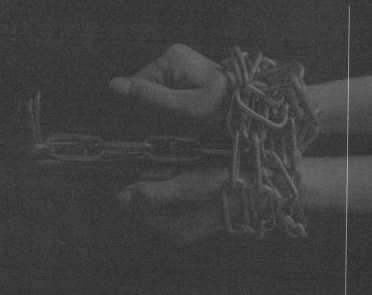

서동은

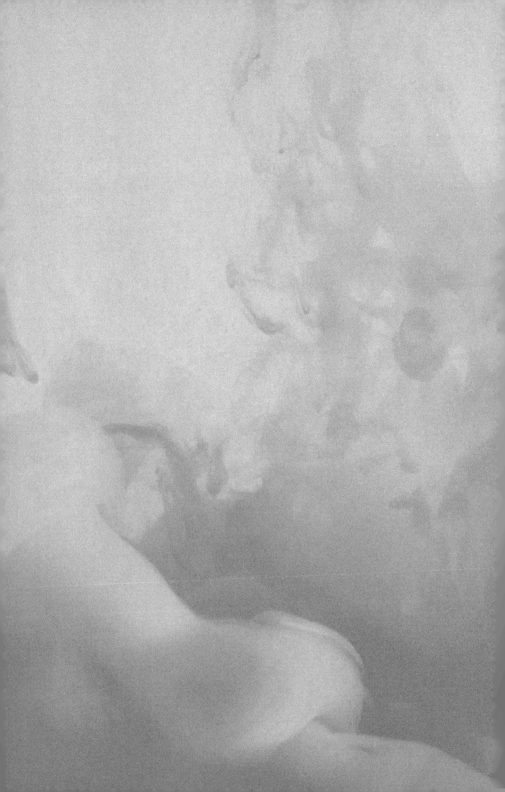

한국과학기술개발원에서 진행한 테스트에 따르면 우리나라에서 스마트폰 중독에 빠진 사람은 39.8%, 위험하다고 판단되는 사람은 19.5%라고 한다.[53] 이미 상당수가 스마트폰 중독에 빠져 있는 상태이다. 그러나 자신이 중독인지 아닌지 답하게 한 평가에서는 단 1퍼센트만이 스스로를 스마트폰 중독이라고 답했다고 한다. 이는 우리나라에만 국한된 현상이 아니다. 미국에서도 성인 3분의 1이 스마트폰을 다른 어떤 것보다도 중요시하고 있다는 설문조사 결과가 나왔다. 이것이 바로 마약이나 도박과 같이 스마트폰에도 '중독'을 붙일 수 있는 이유이다. 다른 어떤 것보다 스마트폰이 가장 소

---

53 권선미, "스마트폰 중독, 남 일 아냐… 자가진단 해보기", 헬스조선, 2014.09.28. (http://health.chosun.com/site/data/html_dir/2014/09/26/2014092602494.html)

중하게 느껴지고, 다른 일을 하는 시간보다 스마트폰에 매달리는 시간이 지나치게 많으며, 스마트폰이 없을 때 불안을 심하게 느끼면 스마트폰 중독을 의심해 봐야 할 것이다. 현실 세계에서 어렵게 얻어야 했던 것들이 스마트폰과 인터넷을 통해서는 쉽게 해결되므로, 점점 더 이것에 집착하게 되고 결국 중독에 이르게 된다고 볼 수 있다. 스마트폰 중독에 이르면 가상공간에서 쉽게 만족을 느낄 수 있겠지만, 현실의 나는 점점 더 인간다움의 삶을 느끼지 못할 것이고, 가상공간에서의 '나'와 현실 '나' 사이의 괴리와 간극은 점점 더 커질 것이다. 오늘날 스마트폰이 없으면 불안한 현실을 지칭하는 말로 노모포비아(nomophobia: no mobile phobia)라는 말이 있다. 이 말은 스마트폰이 없거나 사용할 수 없을 때 불안해하거나 두려워하는 증상을 뜻한다.

세계를 대상으로 파악한 세계상의 시대

조금 과거로 거슬러 올라가면 오늘날 현대의 기술은 서양 근대의 과학기술과 무관하지 않다. 철학자 하이데거(Martin Heidegger)가 보기에 근대의 과학기술의 이러한 특징은 주체와 객체가 엄밀하게 양분되어 이해되는 현상과 맞물려 있다. 학문을 연구하는 연구자는 대상을 '앞에 세우는 작업(vor-stellen)'을 하는 사람이 되고, 그 대상을 앞에 세우는 사람은 대상과 마주한 주체(subjekt)가 된다. 하이데거에 따르면 이러한 주체-객체의 엄밀한 분리에 따라 나와 세상을 이해하려고 했던 대표적인 철학자가 바로 데카르트이다. 그는 니체를 포함하여 모든 근대의 철학이, 기본적으로 데카르트가 주장한 존재자와 진리에 대한 해석의 궤도 속에서 움직이고 있다고 본다. 사람들은 보통 근대의 성과가 중세의 구속에서 벗어나 개인의 해방을 성취했다고만 보는 경향이 있는데, 하이데거는 이러한 관점을 피상적인 고찰에 불과하다고 본다. 인간해방과 함께 근대가 주관주의와 개인주의를 가져왔고, 이와 더불어 객관주의를 가져왔다는 것이다. 따라서 인간이 종래의 속박에서 벗어나 스스로를 해방시켰다는 점보다는 인간이 주체가 됨으로써 오히려 인간의 본질 그 자체가 변화했다는 사실에 주목할 필요가 있다고 하이데거는 말한다. 그에 따르면

| 마르틴 하이데거

주체를 뜻하는 subjektum이란 단어는 원래 대상을 바라보는 개인으로서의 주체를 뜻하는 단어가 아니었다고 한다. 이것은 원래 어떤 것의 근거가 되는 것, 어떤 것의 '앞에 놓여 있는 것(das vor-liegende)'을 뜻하는 단어였는데, 이 단어가 근대에 이르러 대상을 인식하는 개별적 주체로 해석되었다고 한다.

하이데거가 보기에 근대에는 세계가 대상(Gegen-stand: 이 말은 독일어로, 글자 그대로 풀이하면 '마주 섬'이라는 뜻)으로서 주체 앞에 놓여 있는 것으로 파악되기에 이른다. 그에 따르면 우리는 근대 이전의 세계 속에서 이렇게 대립되어 있는 세계를 경험하지 못했다. 세계는 '나'와 떼어서 생각할 수 없는 유기적인 전체 속에서 파악되었을 뿐, 특정한 조건에서 실험하고 대상화할 수 있는 대상으로 이해되지 않았다. 근대에 이르러 세계는 인간 주체가 마음대로 조작하고 다룰 수 있는 대상이 되었다. 특별히 고대 그리스인들에게 세계는 대상이 될 수 없었다. 세계는 주체와 떼어 생각할 수 없는 드러냄과 감춤의 역동적인 세계였으며, 결코 대상으로 표상될 수 없었던 것이다. 중세의 세계상에서 인간은 신의 피조물로 인식되었다. 고대와 중세와는 달리 근대 세계에서는 더 이상 신이 존재하지 않으며, 지배하고 다룰 수 있는 두 개의 대상만이 존재하게 되었다. 하나는 인간이라는 대상이고, 다른 하나는 자연이라는 대상이다. 근대적 인간은 그래서 존재를 표상하고 재현하는 자로 이해된다. 하이데거에 따르면 근대적 세계관에는 존재와 사유의 일치, 곧 대상과 그 대상을 파악하는 인간 존재의 상호 역동적인 관계가 망각되어 있다. 이 상호역동적인 관계는 고대 그리스 철학자들이 경험했던 '존재이해'에 가깝다. 따라서 서양에서 근대로의 이행은 이러한 근원적인 존재에 대한 존재망각으로의 이행과 맞물려 있다.

세계가 대상으로 파악됨과 동시에, 대상을 파악하는 인간도 하나의 대상이 되기 시작했는데, 하이데거에 따르면 근대에 이르러 휴머니즘이 부각된 것도 우연이 아니다. 인간 그 자체를 연구 대상으로 삼고, 인간학이라는 분과가 나오게 되고, 이에 따라 철학적 인간학이라는 분과도 생겨나게 되었다고 한다. 이는 구체적으로 '도구 연관 세계' 가운데서 존재를 경험하는 현존재의 삶에서 떼어 낸 인간 그 자체를 다루는 것에 다름 아니다. 인간은 데카르트가 말하는 것처럼 사유하는 하나의 사물(res cogitans)로 존재하는 것이 아니라, 주변 세계와 접촉하며 도구 연관 관계로 얽혀서 살아가는 존재이다. 지금 이 글을 쓰고 있는 나는 컴퓨터 앞에 앉아 글을 쓰고 있고, 이 글이 마무리가 되면 곧 출판사에 보낼 것이다. 이때 나는 컴퓨터라는 도구를 매개로 주위 세계와 관계 맺고 있으며, 이 관계는 타자(예를 들면 출판사, 독자 등)와도 연결되어 있다. 인간 현존재는 이렇게 외부와 단절된 '사유하는 어떤 것'으로 파악될 수 없다. 하이데거가 인간 현존재를 분석할 수밖에 없는 이유는 바로 여기에 있다. 하이데거에 따르면 근대 이전의 사람들에게 개별적이고 주관적인 체험은 존재하지 않았다고 한다.

근대에 이르러 주관적 체험이 등장하게 되고, 세계를 대상으로 정복하는 과정이 일어나게 되었다고 한다. 근대의 학문은 이제 사물들을 계산하고, 계획하고, 재배하고 무제한적인 힘을 행사할 수 있는 수단이 되었다.

잘 알려져 있듯이 근대의 학문적 성취 덕분에 먼 거리가 점차 좁혀지게 되었다. 비행기에 의해 먼 거리가 사라지고, 라디오 방송 등에 의해 낯선 세계들이 간단한 조작만으로도 임의적으로 표상되는 식으로 다가온다. 하이데거는 이러한 근대의 세계를 공허하다고 하거나 맹목적이라고 비판하는 것은 피상적이라고 말한다. 각각의 시대는 다른 시대에 비하여 저마다 다른 방식으로 위대한 업적을 성취하고 있기에, 각 시대 나름의 '위대함'을 갖는다고 한다. 이러한 시대를 단순히 거부하거나 도피하고자 하는 것은 역사적 상황에 눈감아 버리는 일이 될 것이라고 한다. 그렇다면 이렇게 세계가 대상으로 파악되는 세계상의 시대 한복판에서 우리는 어떻게 살아야 할까? 하이데거는 존재자와 존재 사이, 곧 '존재론적 차이' 안에 머물며 살아야 함을 암시하고 있다. 오늘 우리는 하이데거와 살았던 시대와는 다른 시대에 살아가고 있다. 하이데거는 비행기와 라디오를 예로 들어, 먼 거리가 점차 좁아진다고 했지만, 현대인은 인터넷을 통해 그 시대의 거리와는 현저하게 다른 거리 개념을 가진 시대에 살고 있다. 근대의 과학기술을 받아들여서 오늘날 우리가 편리한 생활을 하고 있는 것은 틀림없다. 그렇지만 근대의 과학기술이 편리함만 주는 것은 아니다. 근대 과학기술이 지닌 문제점도 많이 있다. 따라서 우리는 근대 과학기술의 편리함 이면에 있는 부정적인 측면을 함께 생각해 볼 필요가 있다. 서양 근대 과학기술적 사고의 산물로 나온 스마트폰 기술은 오늘 우리에게 편리함을 가져다줌과 동시에 세상과 사회적, 육체적으로 세상과 고립된 삶을 가져왔다. 그렇다면 이렇게 세계가 대상으로 파악되는 세계상의 시대 한복판에서 우리는 어떻게 살아야 할까? 하이데거는 존재자와 존재 사이 곧 '존재론적 차이' 안에 머물며 살아야 함을 말한다.

──────────● **접속과 접촉에 따른 존재 경험의 차이**

오늘날 우리는 인간 주체와 대상을 엄밀하게 구분하던 시대와 달리, 스마트폰을 비롯한 인공지능과 연결되어 하이데거가 명확하게 설정한 주체-객체의 엄밀한 구분이 불가능한 시대에 살고 있다. 우리는 사물인터넷 시대에 살면서, 하이데거가 말하는 현존재의 범위를 새로운 차원에서 생각해야 하는 시대에 살고 있다. 즉 우리는 스마트폰을 통해 이전과는 다른 공간 세계에 살고 있다. 하이데거가 살았던 시대에는 오늘날처럼 인터넷이 발전하지 않았던 시대였다. 그가 살았던 시대는 근대의 과학기술이 점차 발전하여 자연을 더 이상 자신의 환경 세계(Umwelt: 독일어의 이 단어는 '환경'이라는 단어로도, '주위 세계'라는 단어로도 번역 가능하다)의 차원에서 숙고하지 않고, 단지 수단으로 삼아 대상화했던 시대였다. 하이데거가 멂/가까움(Ferne/Nähe)을 이야기했을 때의 가까움은 단지 라디오나 TV를 통한 가까움이었다. 지금은 인터넷과 스마트폰의 발달로 세계가 그보다 훨씬 더 가까워진 시대가 되었다. 바야흐로 접속의 시대가 된 것이다.

존재자에 따른 사물이해 방식이 발전하여, 새로운 사물인터넷이라는 가상 세계에 살게 된 것이다. 하이데거는 존재자에 따른 사물이해 방식과 관련해서 이론적인 지식, 곧 관조(觀照)를 뜻하는 그리스어 Theoria에 관심한 비 있다. 오늘날 이론(theory)으로 번역된 이 단어는 본래 '한 발 물러서서 봄'이라는 의미였지만, 근대에 이르러 특정한 학문이나 특정한 세계를 바라보는 편협한 틀로 이해된다. 관조의 의미에서 이론으로 의미가 변하면서 발생하는 것이 바로 사물에 대한 파편화이다. 이론에 의해서 만들어진 가상 세계로의 파편화는 이러한 세계에 대한 의미 변화와 무관하지 않다. 존재자 중심의 세계관은 필연적으로 이러한 가상 세계로 귀결될 수밖에 없다. 근대의 수학을 통해 지구인의 관점을 벗어나 우주에서 지구를 바라보는 관조의 관점, 곧 이론화의 관점이 수립된 이후, 세계는 인간 개인의 시선을 망각하고, 그 누구의 시선도 아닌 보편적 시선을 만들어 갔다. 그래서 세계를 경험하는 주체도 사라지고, 이와 더불어 세계도 사라지게 되었다. 하이데거는 이렇게 주체-세계가 나뉘면서 사라진 시대 속에서 두 개의 대상으로 나누어지기 이전의 구체적인 존재 경험이자 매

순간 존재 사이에 거주하며 거기에 있는 Da-sein, 즉 존재에 참여하고 있는 인간을 이야기하고자 했다. 이에 따라서 오늘 우리는 스마트폰을 이용한 사물인터넷 시대의 존재이해를 새롭게 이해할 필요가 있다. 이 이해과정에는 인간과 도구 연관의 변화와 함께 접속 중독의 문제도 포함된다. 접촉의 존재론과 접속의 존재론 사이의 '존재론적 차이'에 주목하면서, 이전에는 존재하지 않았던 문제를 새로운 관점에서 조명할 필요가 있다. 오늘 우리의 맥락에서 볼 때, 하이데거가 말하는 '존재론적 차이'는 스마트폰을 통한 접속의 가상세계로서의 존재자와 자신의 몸으로 주변 사람들과 접촉하는 현실 세계로서의 존재의 차이로 분류할 수 있을 것이다. 하이데거가 말하는 존재자와 존재의 존재론적 차이와 연관하여 이를 도식화하면 다음과 같다.

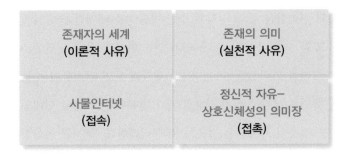

접속의 시대가 가져온 것

① 허무

오늘날 우리는 근대의 이론적 지식이 극대화된 환원주의적 세계 가운데 살아가고 있다. 사실 이러한 세계는 존재하지 않는다. 우리가 만들어 낸 허구의 세계일 뿐, 우리가 경험하는 실제의 경험 세계는 의미의 장에서 드러나는 통일성의 세계이다. 우리가 살아가는 실재의 세계는 다양한 해석을 통해서 다층적으로 드러난다. 그런데 오늘날 사물인터넷의 세계는 우리가 경험하는 다층적 세계를 인터넷이라는 매개체를 활용해서 인위적으로 만들어진 세계이다. 가상 혹은 허구의 세계가 주는 장점은 이전과 다른 수많은 정보와 편리함과 단순함이다. 그러나 이때의 정보는 피상적인 정보이고, 이때의 편리함은 몸의 경험의 주는 다양성을 배제한 순백의 편리함이라고 할 수 있다. 모든 것을 쉽게 얻는 만큼, 사물과 연관된 의미연관은 그만큼 가벼워질 수 있다. 잘 생각해 보면 편리함이 주는 긍정적인 측면은 생각하지 않음[無思惟]과 연결된다. 오늘날 현대인이 경험하는 접속의 가까움은 접촉의 멂과 비례한다. 문제는 이러한 접속의 증가와 더불어 발생하는 것은 접촉이 주는 존재감의 상실이다. 정신뿐 아니라 몸으로 살아가는 인간이 자신이 살아 있음을 느끼는 순간은 몸을 통한 공감의 과정에서인데, 이 공감의 과정이 빠지면서 접속의 세계에 몰두하는 삶의 극단은 자주 허무주의에 빠질 수 있다.

허무주의에는 두 가지가 있는데, 구약성서 전도서 저자의 말처럼 모든 것이 헛되다고 외칠 때의 허무와 도피로서의 허무가 있다. 도피로서의 허무는 공허(vanitas)로서의 허무에서 나온다. 현대인은 몸으로 사는 경험 세계가 주는 친숙함에 공허함을 느낄 때, 쉽게 가상 세계에 빠진다. 현대인은 인간관계가 단순화되어 원자화되고, 피상적으로 변해 가면서 사람들은 점차 가상 세계라고 하는 자기만의 동굴로 칩거해 들어간다. 이 과정에서 사람들과의 관계가 몸이 참여하는 소통에서 몸이 배제되는 소통의 관계로 변화한다. 직접적인 시선이 배제되고, 가상의 시선 안의 자유로 도피하면서 사람들은 자유 아닌 자유를 일시적으로 누린다고 생각한다. 신이 최고의 가치였던 시대가 사라지면서 사람들은 새로운 의미를 찾아 나선 것처럼, 오늘날 현대인들은 자연 및 타인과의 관계 가운데서 누렸던 가치를 잃어버리고 사물인터넷의 세계에서 안식을 얻는다. 하지만 인간은 사유하는 정신이자 몸이다. 이 가치를 상실할 때, 인간은 진정한 의미에서 더 이상 인간이 아닐 것이다. 접속의 증가와 접촉의 상실이 주는 또 하나의 현상은 주의력장애이다.

② 주의력장애

　스마트폰의 등장과 더불어 현저하게 많이 드러나는 현상은 주의력장애이다. 주의력장애란 한마디로 한 가지 일에 오래 몰두하지 못하고, 지속적으로 생각이 흩어져서 의미 있는 대화와 체계적인 담론에 들어오지 못하는 현상이다. 어떤 사람의 이야기도 집중해서 들을 수가 없고, 자신의 생각을 체계적으로 구성하여 발표하는 능력도 떨어진다. 한 가지 주제에 대해서 이야기하다가도 순식간에 자신이 꺼낸 주제와 관계없는 다른 주제로 이동하여, 자신이 처음에 어떤 주제로 이야기하고 있었는지조차 망각하는 사람도 점차 늘어난다. 클릭에 의한 정보 획득은 다분히 점적(點的)이고 순간적인 정보들의 집합 그 이상이 아니다. 이런 방식의 정보 습득은 정보에 대한 비판적 분석은 물론이고 정보와 정보 사이의 유기적인 연결 고리를 발견할 수 없는 기계적인 정보 저장에 불과하다. 이러한 방식으로 획득된 정보들은 뇌 속에 저장되어, 잠시 머릿속에 떠올리고(vor-stellen) 사라지는 정보들이다. 이때의 앎이란 지극히 피상적인 앎에 불과하다.

이와 아울러 생각해 볼 점은 주입식 교육 방식의 문제점이다. 많은 학생들이 주입식 교육으로 인해, 정보를 맥락화해서 이해하지 못한다. 학생들은 몸을 매개로 하여 구체적인 세계와 접촉하면서 지식을 습득하지 않고, 머리로 정보를 습득한다. 그들은 마치 인터넷의 가상 세계에서 정보를 습득하듯이, 추상적인 정보들을 어둠상자에 저금하듯이 집어넣어 암기하고 있다가, 언젠가 이 상자를 열어 풀어헤치길 고대한다. 이들이 이렇게 '공부'하는 목적은 단 하나, 출세(돈 잘 버는 것)다. 이 말은 경제적으로 안정되고 남들에게 인정받는 세계로 나간다는 말이다. 구체적으로 말하면, 남들이 선망하는 직업을 얻고, 그에 따른 고소득의 수입을 올리는 상황에 도달하는 것을 말한다. 중·고등학교 시절의 모든 공부의 초점이 이 출세에 맞추어져 있다. 다른 모든 배움의 과정은 이러한 과정에 비해 부차적이다. 이 과정에서 배제되는 것은 몸을 통한 배움의 과정이다. 이론적 지혜는 배우지만, 생각하고 실천하는 지혜는 거의 배우지 않는 것이다.

사물과 교섭하고 타인과 사귀며, 자신이 가진 정보와 지식이 어떤 맥락에서 작용하는지를 모르는 채, 추상적으로 정리된 지식만을 암기하기에, 학생들은 알고리즘에 의해 작동하는 로봇과 같은 삶을 살아간다. 로봇처럼 자신의 생각이 없고, 로봇처럼 부모님이나 선생님이 시키는 것만 한다. 한국 학생들의 삶 속에는 이 공부 이외에 인터넷이라는 가상 세계가 하나 덧붙여진다. 생각하는 정신과 몸이 기반이 된 학습을 하지 않는 학생들은, 암기를 통한 정보저장고의 일에 지쳐서 가상 세계에서의 휴식 공간을 발견한다. 그들은 공부의 현실을 도피하는 방식으로 가상 세계에 접근한다. 이들은 평균화되고, 질적 가치를 지니지 않은 정보의 바다 속에 표류하면서 살아간다. 말 그대로 바다에 표류하는 난민들처럼, 그저 가상 정보 세계의 바다 위를 표류하며 정착하지 못한다. 표류한다는 것은 돌아갈 방향도 없고, 목적도 없고, 그에 따라 자신의 삶에서 무엇이 중요하고 무엇이 중요하지 않는지에 대한 분별력이 없이, 시간 죽이기(Zeitvertreib)나 하면서 지낸다는 것을 의미한다.

③ 자유의 이중성

스마트폰을 통한 정보검색과 사회연결망(SNS)을 통한 타인과의 접속은, 한편으로는 눈에 보이는 타자의 시선으로부터는 자유이지만, 다른 한편으로는 스스로의 속박이자 외부와의 단절이다. 이는 공간적으로는 멂/가까움이라는 차원에서도 살펴볼 수 있는데, 우리의 삶은 어느 한쪽으로의 가까움이 곧 다른 한쪽에 대한 멂을 수반하면서 진행된다고 할 수 있다. 즉 사람들은 스마트폰으로 다양한 사람들과 만나서 더 많은 소통을 하면서 자유를 누릴 수도 있지만, 다른 한편으로는 몸으로 만날 수 있는 접촉과 대화의 자유는 덜 향유하게 된다. 그렇다면 스마트폰의 접속이 주는 자유와 일상 접촉이 주는 자유에는 어떠한 차이가 있을까? 크게 보면 양자 사이에는 차이가 없다. 도구의 변화만 있을 뿐, 우리는 언제나 특정한 도구가 지배되는 시대 안에서의 자유를 경험하기에 예전과 다를 바 없다고 생각할 수도 있다. 단지 과거에 텔레비전의 등장으로 가족과의 대화가 상실되었고, 라디오 및 텔레비전과의 대화가 관계의 중심을 차지했던 시대에서 스마트폰이 중심이 되는 시대로 변화한 것일 뿐, 인간 삶의 자유에는 커다란 변화가 없어 보인다.

그렇지만 두 개의 자유에는 현격한 차이가 있다. 전자의 자유는 다분히 폐쇄회로에 갇힌 정신의 자유에 가깝다. 말 그대로 신체의 속박과 타자의 시선에서 벗어나 마음 놓고 자신의 정신세계에 빠져들어 누리게 되는 자유이다. 이러한 자유에 더 잘 빠져드는 이유는 일상에서의 몸을 매개로 한 타자와의 접촉에서 즐거움을 찾지 못하기 때문이다. 영화 〈her〉(스파이크 존즈, 2013)에서 '그녀'는 주인공에게 보통 일상에서 만나는 오프라인 세계에서의 '그녀'보다 나를 훨씬 편하게 해 주고 큰 자유를 주는 듯하다. 그러나 이러한 자유는 두 가지 차원에서 진정한 자유와 구별된다. 진정한 자유에는 분명히 인간의 몸의 자유가 있다. 몸의 자유는 근본적으로 접속을 통해서 보다는 접촉을 통해서 획득할 수 있는 자유이다. 인간이 근본적으로 느끼는 자유는 이러한 몸의 속박과 연관해서라고 할 수 있다. 이 원천적인 자유에 비해서 앞에서 말하는 정신의 자유는 피상적이라고 할 수 있다. 물론 여기서 몸의 자유를 느끼는 것은 결국 뇌나 정신의 느낌에서 비롯되기 때문에 자유란 근본적으로 정신 혹은 뇌의 의식과 떼어서 생각할 수 없다. 그렇지만 이때의 정신이란 정교한 기계의 조작에 의해서 구성된 인과적인 측면이 강하기 때문에, 스스로 선택하고 자기반성적 의식의 계기를 포함하지 않는다.

바로 이 점에서 정신의 자유가 지닌 진정한 측면이 고려되어야 한다. 인간의 자유란, 사르트르가 『실존주의는 휴머니즘이다』에서 말했듯이 선택의 자유와 더불어 특정한 세계관을 받아들이거나 받아들이지 않을 수 있는 자기반성적 자유여야 한다. 사르트르는 인간은 자신의 선택을 통해서 자기 자신을 만들어 가는 '되어 감의 존재'로 파악한다. 인간은 자신과 주변의 일들에 의문을 제기하고 이를 새로운 시선으로 바라보며, 자기반성적 사유를 하는 존재이다. 인간은 더 이상의 사유가 필요 없는 전능한 존재도 아니고, 동물처럼 본능에 따라 살아가는 존재도 아니다. 클릭으로 진행되는 정해진 틀 안에서, 규칙적으로 반복되는 삶속에서는 진정한 의미에서의 정신의 자유를 기대할 수 없다. 인간의 자유는 늘 자기를 넘어서 자기와 자기 주변을 바라보며 사는 가운데 드러나는 자유이다. 이러한 자유가 창출되려면 어떻게 해야 할까? 이제 스마트폰 중독의 세계에서 벗어나는 방법을 알아보자.

─────● 접촉의 시대를 살아가기 위하여

①물음을 통해 정신의 자유 회복하기

우리는 질문을 '불온시'하는 시대에 살고 있다. 우리는 그 이유를 입시 및 취업 위주의 공부 방식에서 찾을 수 있고, 정보가 지니는 가치와 의미에 대해 비판적 접근 없이 피상적인 정보를 그대로 받아들이는 모습에서 찾을 수 있을 것이다. 외워서 시험을 치러야 하는 학생들에게 궁금증, 호기심에서 나오는 질문은 허용되지 않는다. 정보의 홍수 시대에 사람들은 그 정보가 사실에 근거한 정보인지 아닌지 묻지 않는다. 오히려 비판적인 질문을 던지고 문제를 제기하는 사람들을 피곤해하며 피한다. 특별히 자신과 직접적인 관련이 없는 사안이라면, 특정 정보가 가질 수 있는 왜곡 가능성에 대해서는 그다지 신경 쓰지 않는다.

잘 생각해 보면, 물음이 없다는 것은 실질적으로 자유가 없다는 것을 의미한다. 노예나 기계는 묻지 않는다. 그냥 일방향적인 명령과 실천, 입력과 산출만 있을 뿐이다. 질문한다는 것은 자유를 전제로 한다. 하이데거가 『존재와 시간』에서 현존재라는 말을 통해 인간을 규정했을 때 말하고자 했던 것도 바로 이러한 자유이다. 질문한다는 것은 또한 능동성을 전제로 한다. 질문과 대답을 통해서 타인과 소통할 수 있기 위해서는 몸으로 타인과 접촉하며 대화하지 않으면 안 된다. 질문한다는 것은 정해진 답, 정해진 삶에 안주하지 않는 것이다. 자신과 주변 사안에 대해 지속적으로 질문을 던지지 않고 사는 삶은 진정한 의미에서 인간다운 삶은 아닐 것이다. 질문이 없는 상태에서는 문제 해결의 실마리가 존재할 수가 없다. 이미 주어진 정보를 수평적으로 받아들이는 과정에서는 기계적인 수용의 과정이 있을 뿐이다. 질문한다는 것은 주어진 현재에 머물지 않고, 현재를 거슬러 과거를 기억하여 보존함과 동시에, 현재의 사안을 미래에 대한 조망 가운데서 파악한다는 것을 뜻한다. 질문한다는 것은 생각처럼 쉽지 않다. 자신이 이미 알고 있는 것이 무엇인지, 자신이 모르는 것이 무엇인지 정확하게 알고, 주어진 상황을 자신의 관심 방향에 맞추어 새롭게 볼 수 있는 비판적 안목이 필요하다. 현재와 같은 정보의 수용만 있는 상태에서는 사태를 논리적 인과관계에 따라 파악하기 어렵다. 그 결과 사람들은 사안을 다차원적으로 보지 못하고, 일차원적으로

만 받아들인다. 질문하지 않고, 질문하는 법을 모르는 사람은 현재에 머물러 있어서, 과거와 미래 지평을 열어 가는 진정한 자유의 세계에 살 수가 없다.

② 접속의 시대에 접촉 일깨우기

앞에서 말했듯이, 오늘날 우리가 인공지능을 이야기하고 가상 세계 가운데서 살아가게 된 것은 서양의 인간이해와 무관하지 않다. 즉 인간의 조건이 몸이 아니라, 정신이라고 본 서양의 전통과 무관하지 않다. 플라톤에게 인간의 몸에 의한 감각은 오류 그 자체였고, 정신의 자유를 방해하는 감옥에 불과했다. 그에게는 육체의 감옥을 벗어나 자유로운 정신의 세계에 사는 것, 그것이 진실한 삶이고, 최고 좋은 것이었다. 기독교 전통에서도 역시 육체는 감옥에 가까웠다. 금욕적인 삶이 가치 있는 삶으로 평가되고, 인간의 욕망은 반드시 버려야 할 유산이었다. 니체(Friedrich Neitzsche)는 이러한 기독교적 가치의 전복을 꾀한 바 있다. 그는 서구 금욕주의 전통에 반기를 들고, 이성이 아니라 욕망의 가치를 강조했다. 또한 인간의 몸에서 나오는 구체적인 가치가 아니라 추상적인 가치를 지나치게 추구하면 반드시 허무주의가 도래할 것이라고 예언했다. 기존에 중요한 가치가 전복되면서 사람들은 그것을 대체할 새로운 가치를 추구하게 되고, 놀거리나 오락에 몰두하거나 집단에의 동조에 빠진다. 오늘날 사람들이 인터넷의 가상 세계에 몰두하고, 몸을 벗어난 사이버 세계에서 탈출구를 찾는 것은 이러한 도피로서의 허무주의 현상에 가깝다고 할 수 있다. 니체는 이러한 허무주의에 빠지지 않기 위해, 인간 몸의 한계를 인정하고 인간적 한계를 견디어 내는 초인이 되라고 역설했다. 니체의 이 말은 현대적으로 인터넷에 떠도는 여론에 휘말리지 말고, 가상 세계에 접속하여 인간의 몸이 주는 한계를 쉽게 벗어나려 하지 말며, 있는 그대로의 몸이 주는 자연스러운 현상을 수용하여 한계를 극복하라는 말로 풀이할 수 있다.

하이데거는 서구의 이론적 지혜에 대항하는 실천적 지혜를, 니체는 기독교의 금욕주의에 대항하는 욕망을 강조한 바 있다. 인간은 무엇보다도 앞서서 몸으로 세상과 살아가는 존재이다. 후설(Edmund Husserl)은 상호주관성(intersubjektivität)을 말한 바 있는데, 이 말을 메를로-퐁티(Merleau-Ponty)의 관점에서 말하자면 상호신체성(intercorporéité) 이다. 그런데 오늘날 인터넷의 사이버 세계에서는 이러한 상호신체성이 실현되지 않는다. 상호신체성이란 개인이 자신의 몸을 매개로 하여 타인과 관계하는 방식이다. 우리는 자신의 몸을 매개로 하여 타인과 거리를 두기도 하고, 때로는 친밀하게 다가가기도 한다. 대체적으로 부모의 성향에 따라 이러한 거리두기를 습득하고 배우게 되는데, 이 거리두기의 관계란 한마디로 자기 몸의 축소·확대 기제의 발동이라고 말할 수 있다. 친한 사물이나 사람에게는 기꺼이 친해지려고 가까이 다가가서 마침내는 자신의 몸의 일부로 지각하기도 하고, 때로는 이러한 것들과 멀리 떨어져서 일정한 거리를 유지한다. 상호

신체성이 주는 삶은, 사이버 세계에서 주는 단순한 정보의 수집이나 나열이 줄 수 없는 공감 및 공명과 의미를 가져다준다. 인간은 몸을 매개로 하여 중요한 것과 중요하지 않는 것, 필요한 것과 필요하지 않는 것을 구분하여 자신만의 세계를 구축한다.

이러한 메를로-퐁티의 상호신체성 개념은 인간의 정체성의 단위가 몸을 매개로 한 지각에 있다는 것을 설명해 준다. 이는 정신, 곧 생각하는 사물로서 정체성의 단위를 상정한 데카르트의 근대적 주체와 구별된다. 물론 현대 사이버 세계는 다양한 커뮤니티 공간에서 다양한 인격으로 세계 여러 사람과 정보를 동시적으로 공유하고 있기에, 근대적 주체에서 벗어난 삶이라 할 수 있다. 그러나 이러한 삶은 현실 세계의 정체성이 아니라, 가상 세계에서의 정체성일 뿐이다. 사이버 세계는 몸의 장소성과 일회성이 주는 제약을 극복하고, 여러 공간에 동시적으로 존재할 수 있는 가능성을 제공해 준다. 그래서 거리를 극복하고, 현실 세계에서는 이룰 수 없는 것들을 성취하게 해 준다. 원격 강의와 정보 수집 등이 그 대표적인 사례이다. 신체를 긍정한다는 것은 몸을 통한 공감적, 맥락적 이해, 삶의 경험을 파편화시키지 않고 의미의 장 안에서 받아들이기, 타인과 더불어 산다는 것을 의미한다. 매 순간 인간이 몸을 통해서 자신을 파악하는 작용이 없다면, 더 이상 인간됨의 가치는 존재하지 않는다. 이 원초적 관계가 없으면, 인간 삶의 현실성은 증발되어 버릴 것이다.

| 메를로-퐁티

　메를로-퐁티는 육화(incarnation)라는 말을 썼는데, 이 육화는 한마디로 몸을 매개로 세계에 의미를 부여하는 작용이라고 말할 수 있다. 이 말은 원래 기독교에서 신이 인간의 몸을 입고 세상에 온 사건을 지칭한다. 기독교의 근본적인 진리를 지칭하는 이 말은 메를로-퐁티에게 있어 인간 몸의 근원적인 진리이다. 이 점에서 보면 이성, 정신 등으로 대변되는 서구 전통에서의 정체성의 강조는 전도된 것이다. 오늘날의 세계는 두 개의 세계로 구분된다 하나는 탈(脫)신체화된 정보 고속도로의 허무주의 현실의 세계, 곧 접속의 세계이고, 다른 하

나는 신체화되어 맥락화된 관계의 세계, 곧 접촉의 세계이다. 탈신체화된 세계는 데카르트가 말한 코기토(cogito)의 '가상현실'에 해당한다. 이러한 세계는 지속적으로 잡담과 호기심이 지배하고, 대중에 영합하는 퇴락이 지배한다. 이와는 달리 신체화된 맥락의 세계는 고통과 열정, 결단, 의미, 용기 등이 있으며 때로는 실패하고 좌절하는 진짜의 삶이 있다고 할 수 있다.

우리는 정신을 통해 자신의 자유를 찾는 존재이기도 하고, 몸으로 세상을 경험하며 살아가는 존재이기도 하다. 배움도 몸이 개입해야만 진정한 배움이 가능하다. 이론적으로 운전이나 수영에 대해서 많이 배운다고 해도 실제로 운전을 할 수 없는 것처럼, 인터넷 가상 세계에서 아무리 많은 정보를 획득한다고 해서 실제적인 배움이 일어날 수는 없다. 이 점에서 원격 수업의 한계는 분명하다. 몸이 개입되지 않은 현대 인터넷 가상 세계의 삶은 몸을 통해 구획되는 모든 질적인 구별을 평준화한다. 접촉의 세계와 연결된 또 하나의 해결책은 인간이 정신적, 육체적 존재임을 자각하는 것이다. 가상현실 세계에서 수동적으로 살아가지 않고, 자유로운 정신의 인간으로 살아가려면, 의문을 제기할 줄 알아야 한다. 능동적인 인간만이 의문을 제기하고, 자신과 주변을 달리 볼 수 있다. 이때의 자유란 단지 마음 놓고 무엇이든 할 수 있다는 의미의 자유가 아니다. 이때의 자유는 간섭이나 지배 가운데 있다는 사실을 자각하고, 그것을 상대화하여 자신의 위치를 깨닫고 스스로를 변화시킬 수 있는 자유이다. 그리고 이 자유

는 정신적이며 육체적으로 존재가 가능한 인간만이 느낄 수 있는 자
유이다.

5부

몸에 새겨지는 중독

중독을 유발하는 교육

이은경

이 글은 『신학과 실천』에 실린 본인의 논문 「중독을 유발하는 사회와 교육 그리고 치유 가능성에 대한 탐구 – 클리어 지침과 영성교육을 중심으로」(66호, 2019, 441-472쪽)를 요약, 교정한 것이다.

중독을 의미하는 영어 단어 addiction은 '~에 몰수를 당하다, ~의 노예가 되다'는 어원을 가진 라틴어 'addicere'에서 나왔다. 그 유래에서 알 수 있듯이, 중독이란 한마디로 중독의 대상이 되는 '그 무엇'에 사로잡히거나 노예가 되어서 '자기 자신을 잃어버린 상태'라고 할 수 있다. 그래서 어떤 이들은 중독을 '영의 상실' 혹은 '영적 파산'이라 부르기도 한다.

또한 라틴어 동사 addicere는 'ad(~에 따라, 맞추어, 순응하여)'와 'dicere(말하다)'가 합쳐진 것으로, '무엇에 순응해서 혹은 무엇을 따라서 말할 수밖에 없는 상태 혹은 사람'을 의미한다. 그래서 중독자들은 그 중독 대상이 하라는 대로 그것을 할 수밖에 없다.

그래서 의학적으로는 특정 물질에 대한 '신체적 혹은 심리적 의존성', '내성' 그리고 '금단증상', 세 가지 증상이 있을 때 '중독'이라고 부르지만, 이제는 특정 행동이나 조건, 예를 들면 스마트폰이나 태블릿 PC, 혹은 쇼핑 등에 강박적으로 집착하여 본인이나 타인에게 해로운 영향을 끼치는 현상도 중독이라 부른다. 그만큼 중독이 사회적으로 널리 퍼져 있을 뿐만 아니라, 현대인이라면 누구에게나 일어날 수 있을 만큼 흔한 일이 되었다는 말이다.

어쩌다 우리는 이런 지경까지 이르게 되었을까? 전적으로 나약하고 의존적인 한 개인의 잘못일까? 당연히 그렇지 않다. 우리 사회 곳곳에서 현실을 인정할 수 없게 만드는 부정적 환경이 조성되었고, 그 안에서 이런 해롭고 강박적인 태도를 지극히 정상적인 것으로 인식하는 사회적 분위기가 양산되고 있기 때문이다.

그렇다면, 특히 아동이나 청소년에게 중독을 유발하는 문화는 무엇일까? 그리고 이러한 중독을 일으키는 사회적, 교육적 원인은 대체 무엇일까?

신자유주의를 지나 4차 산업혁명 시대가 되었다. 4차 산업혁명 시대의 주된 특징 중 하나는 한 개인의 능력이 모든 것을 결정한다는 것이다. 소위 말해 능력지상주의 시대가 되었다는 말이다. 그래서 한편에서는 자신의 능력을 극대화하려는 개인의 노력들이 넘쳐나고, 다른 한편에서는 인간의 능력을 극대화시키기 위한 첨단 과학기술과 의학 기술의 발달이 급속도로 진행되고 있다. 이런 시대적 상황에 우리의 몸이 먼저 반응하고 있다. 생각이나 마음보다, 물질로 구성된 몸이 더 먼저 그것을 인지하고, 그 안에서 생겨나는 여러 가지 갈등들을 온몸으로 받아 내고 있다. 그러다 보니 요즘 나온 책의 제목도 몸과 관련된 것들이 많다. 『저절로 몸에 새겨지는 몰입 영어』, 『근데, 영화 한편 씹어 먹어 봤니?』, 『몸은 사회를 기록한다』, 『아이의 모든 것은 몸에서 시작한다』 등에 이르기까지 참으로 다양하다.

나의 몸에도 살아온 나의 시간들이 고스란히 담겨 있다. 요즘은 '꼰대'라 불리는 기성세대들의 학창시절은 '깜지'와 함께 시작했다. 그때는 공부란 몸으로, 엉덩이로 하는 게 진리로 받아들여지던 시절이었다. 특히 영어 선생님은 매일 영어 단어 외우기 숙제를 내주셨고, 그것을 입증하기 위해 연습장에 깨알같이 영어 단어들을 써야만 했다. 그 종이를 '깜지' 또는 '빽빽이'라고 불렀다. 흰 종이가 단어로 가득 차서 빈 공간이 안 보일 만큼 까맣게 되거나, 단어들이 빽빽이 쓰여 있다는 뜻에서 그렇게 불렀다. 그래서 그 시절을 보낸 이들의 몸에는 그 흔적이 고스란히 남아 있다. 특히 연필을 쥐었던 오른손 가운뎃손가락의 끝마디는 불룩 튀어나와 있고, 넷째 손가락은 살짝 휘어 있다. 지금 아이들에게서는 당연히 볼 수 없다. 요즘은 이렇게 무지막지하게 손으로 쓰지도 않을 뿐만 아니라, 필기는 대부분 키보드를 치는 것으로 대신하고 있기 때문이다. 대신 요즘 아이들은 왼손 새끼손가락이 살짝 휘어 있는 경우를 볼 수 있다. 어려서부터 왼손 새끼손가락으로 핸드폰을 고정했기 때문이다. 즉 새끼손가락이 핸드폰 거치대 역할을 하는 것이다. 이처럼 몸이 우리의 일상을 규정하기도 하지만, 우리의 삶 또한 몸에 개입하면서 몸을 변형시키고, 우리의 삶과 우리가 살고 있는 사회를 몸에 고스란히 기록한다.

우리는 이렇게 우리 몸에 새겨지는 바람직하지 못한 과정을 '중독'이라 부른다. 쇼핑 중독, 야식 중독, 미드(미국드라마) 중독에서부터 연애 중독, 관계 중독, 친구 중독에 이르기까지 우리 삶의 모든 과정이 '중독'을 향해 가고 있다. 하다 하다 이제는 노력마저 중독의 대상이 되었다. 일 중독은 이제 주위에 넘너를할 정도이며, 이것을 넘어서 지식 중독, 속도 중독에 이어 독서 중독까지 온갖 것들에 중독이라는 이름을 갖다 붙이고 있다.[54] 하지만 이런 경향은 매우 위험하다. 왜냐하면 중독이 가져오는 비참한 결과를 사소한 것으로 만들어 버려서 이것들이 얼마나 심각한 증상인지를 깨닫지 못하게 만들기 때문이다. 그래서 고미숙은 이제 더 이상 '정규직인가, 비정규직인가'가 아니라, '중독자인가, 아닌가'가 더 중요한 물음이 되었다고 말한다.[55]

그렇다면 중독이란 대체 무엇일까? 앞에서 살펴보았지만, 중독을 의미하는 영어 단어 'addiction'은 '~에 몰수를 당하다, ~의 노예가 되다'라는 어원을 가진 라틴어 'addicere'에서 나왔다. 그 유래에서 알 수 있듯이, 중독이란 한마디로 중독의 대상이 되는 '그 무엇'에 사로잡히

———————— 54   에른스트 푀펠 · 베아트리체 바그너, 『노력중독: 인간의 모든 어리석음에 관한 고찰』, 이덕임 역, 율리시즈, 2014.

55   고미숙, 『조선에서 백수로 살기: '청년 연암'에서 배우는 잉여 시대를 사는 법』, 프론티어, 2018, pp. 16-17.

거나 노예가 되어서 '자기 자신을 잃어버린 상태'라고 할 수 있다. 그래서 중독을 '영의 상실' 혹은 '영적 파산'[56]이라 부르기며, 중독자들은 그 중독 대상이 하라는 대로 그것을 할 수밖에 없는 것이다.

중독의 조건은 일반적으로 신체적 혹은 심리적 의존성, 내성, 그리고 금단증상으로, 의학적으로는 이 세 가지 증상이 있을 때 중독이라고 부른다. 하지만, 이제는 "특정 물질(또는 도박이나 일, 섹스)을 강박적으로 사용하여 본인이나 타인에게 해로운 영향을 끼치는 현상"이라는 의미로까지 확대되었다.[57] 그만큼 사회적으로 널리 퍼졌을 뿐만 아니라, 현대인이라면 누구에게나 일어날 수 있을 만큼 중독은 흔한 일이 되었다. 그렇지만 이렇게 된 까닭이 단순히 나약하고 의존적인 한 개인의 탓일까? 그렇지는 않을 것이다. 우리 사회 곳곳에서 현실을 부정하기 쉽게 만드는 환경이 조성되었고, 그 안에서 이런 해롭고 강박적인 태도를 지극히 정상적인 것으로 인식하는 사회적 분위기가 팽배하기 때문이다.

---

56 Schaef & Fassel, 『중독조직: 조직은 어떻게 우리를 속이고 병들게 하는가?』, 강수돌 역, 이후, 2016, p.102.

57 진 킬본, 『부드럽게 여성을 죽이는 법: 광고, 중독 그리고 페미니즘 – 광고는 어떻게 생각과 감정을 조종하는가』, 한진영 역, 갈라파고스, 2018, pp.258-259.

속사포 문화와 이미지 집착증

　　　　문제는 아이들의 발달과 교육을 위해 자유 공간을 허용하라는 요구를 거스르는 사회적 환경이 점점 더 뚜렷이 전면에 등장하고 있다는 것이다. 이것을 미국의 심리학자들과 사회학자들은 '속사포 문화(Rapid-fire culture)'라고 규정했다. 속사포 문화는 성급하고 상업적 특성이 있으며 발달의 기회를 파괴하는 문화산업이다. (중략) 속사포 문화라는 개념으로 알려진 것은 완전히 상업적인 의도로 생산해 집중적으로 홍보하는 장난감, 만화, 청소년 책, 패션의 유행, TV 방송, 드라마, 음악, DVD 등이다. 이것들은 오늘날 아이들의 생활 세계를 점점 더 규정하면서 특정한 이데올로기의 방향으로 유도하고 있다.[58]

　'속사포 문화'는 아이들과 관련된 스트레스성 질병의 현대적 특성을 규정하기 위해 미국에서 만들어진 말이지만, 세계의 어느 나라보다 유난히 '빨리빨리'를 좋아하고 빠른 것을 미덕으로 간주하는 우리나라에 더 잘 어울린다. 심지어 교육 현장에서도 우리는 빠른 것에 가치를 두고 있으니 말이다. 그러다 보니 속사포처럼 순식간에 지나가는 외부 세계의 정신없는 분주함과 내면의 공허가 만나면서 주의

────────── 58　크리스티안 리텔마이어, 『아이들이 위험하다: 문화산업과 기술만능주의 교육 사이에서』, 송순재 · 권순주 역, 이매진, 2010, pp.12-13.

력결핍 과잉행동장애(ADHD)와 같은 증상이 생겨나기도 하고,[59] 이후
에 심각한 후유증을 불러일으키기도 하는데, 그중의 하나가 '중독'이
다. 속도를 따라가다 결국에는 그 안에 매몰되어 끝내 자신까지 잃어
버리게 되는 것이 바로 '중독'이기 때문이다.

그리고 최근 등장한 MMORPG는 이 속사포 문화를 최대치로 끌
어올렸다. MMORPG는 스스로가 게임 속 등장인물이 되어 여러 사
람들과 함께 실시간으로 즐기는 '대규모 다중사용자 온라인 롤플레
잉 게임(MMORPG: Massive Multiplayer Online Role Playing Game)'으로, 그 안에
서 빠르게 바뀌는 이미지들을 따라 끊임없이 자극적인 흥분을 쫓아
가다 보면, 현실을 제대로 파악해서 마음을 열고 받아들이는 것은 더
이상 의미가 없어진다. 그래서 다른 사람들과 함께 있는 것 같지만,
이것들은 모두 허상에 불과하고, 그러다 보면 나의 감정을 조절하면
서 타인들과 함께 느끼고, 실제로 그들과 관계를 맺을 수 있는 능력
을 끝내 터득하지 못할 수도 있다. 그래서 중독을 '자아의 상실'이나
'영적 파산'이라 부르는 것인지도 모른다.

그런데 이보다 더 큰 문제는 이것이 그냥 자아의 상실로만 끝나지
않는다는 데 있다. 그 안에서 아이들의 생체리듬이 변하기 때문이다.
폭력적일 뿐 아니라, 정신없이 분주하고 빠른 속도를 지향하는 게임
이나 스마트폰 사용이 특히 성장기 아이들과 청소년들에게 미치는

---

59 크리스티안 리텔마이어, 2010, p.49.

부정적인 영향 안에는 이러한 신체적인 것까지도 포함되어 있다.

오스트리아의 막시밀리안 모저(Maximilian Moser) 교수와 동료들은 컴퓨터 게임이 일으키는 스트레스의 영향에 대한 연구를 통하여, 매일 저녁마다 TV를 보거나 비디오 게임을 하면서 받았던 스트레스가 일으키는 신체적 영향을 밝혀냈다. 이들의 연구에 따르면, 중독으로 인해 발생한 스트레스는 잠자는 동안에도 우리의 자율신경계에 영향을 끼친다. 계속해서 호흡, 맥박, 혈압과 같은 자율신경계를 혼란스럽게 만들어서 수면 중에 꼭 회복해야 할 신체적 조화를 방해하기 때문이다.[60] 또한 수면을 통해 충분한 휴식을 취하지 못할 경우, "기억 안정화가 순조롭게 이루어지지 않으며, 복잡한 문제에 대한 답을 꿈에서 얻는 능력" 역시 얻을 수 없다.[61] 밤새 꿈에서조차 쉬지 못하고 학교에 등교하여 하루 종일 멍하니 있는 아이들을 우리는 "교실 좀비"[62]라 부른다.

이와 유사한 연구가 우리나라에서도 진행되었다. 채원식은 오랫동안 비디오 게임에 노출될 경우, 청소년들의 신체 및 심리적 요소에 어떤 변화가 일어나는지에 대한 연구를 진행했다. 연구 결과, 장시간 PC·비디오 게임을 하는 것이 청소년들의 인체 근골격계에 미치는

---

60 크리스티안 리텔마이어, 2010, pp.60-61.

61 리처드 왓슨, 『인공지능 시대가 두려운 사람들에게: 미래에 우리는 어떻게 살고 사랑하고 생각할 것인가』, 방진이 역, 원더박스, 2017, p.235.

62 리처드 왓슨, 2017, p.235 재인용.

직접적인 영향이나 심리적 요소에 미치는 부정적인 영향은 크게 확인되지 않았다. 하지만, 근육의 활동성이 감소하고, 손목터널증후군과 같은 병리학적 증상이 발생할 가능성이 있다는 사실이 드러났다. 또한 비디오 게임을 장시간 지속할 경우, 손가락을 굽히는 힘줄인 굴건(tendon)의 형태학적 변화에 직간접적인 영향을 미칠 수 있고, 소위 '거북목' 혹은 '일자목' 등으로 불리는 경추전만 감소가 일어날 수 있는 것으로 드러났다.[63]

이것만이 아니다. TV, 유튜브 등의 영상매체를 너무 많이 보다 보면, 오감 체험이나 다양한 경험을 통해서 얻을 수 있는 감수성을 갖지 못하게 되고, 언어를 사용할 기회마저 부족해져서 언어장애까지 일으킬 수 있다고 하니 그 영향이 실로 어마무시할 따름이다. 다른 많은 연구자들을 통해서도 영상매체 중독이 읽기능력뿐 아니라, 모국어능력, 즉 언어성취능력에 나쁜 영향을 미친다는 사실도 밝혀졌다. 게임, TV, 영화, 유튜브 등의 영상매체를 단순히 소비하는 것은 아이들을 점점 수동적으로 만든다. 이렇게 이미 정해진 방식으로만 제공되는 시각 정보를 무의식적으로 받아들이게 되면, 아이들은 그것을 자기만의 방식으로 해석하여 내면화해야 할 필요성을 느끼지 못하기 때문이다.

문화산업과 기술만능주의가 교육에 미친 영향에 대한 폭넓은 연구

---

63 채원식, 「장시간의 비디오게임 노출이 청소년의 신체적 및 심리적 요소에 미치는 영향」, 한국연구재단(NRF) 연구성과물, 2014.

를 진행한 독일의 교육학자 크리스티안 리텔마이어(Christian Rittelmeyer)에 따르면, 영상매체에 중독된 사람들은 이미 주어진 이미지에 익숙해져서 더 이상은 자발적으로 독자적인 이미지를 만들어 내지 못하게 될 뿐만 아니라, "장기적으로 볼 때 외부의 정보를 내면적인 직관으로 변경하는 능력이 사라지게" 되고, 창의력이나 상상력처럼 주어진 인지 정보를 스스로 이해하고 다양하게 해석하는 능력이 빈곤해지게 된다. 이미 현실에서부터 멀리 떨어져 나온 이들은 이미지로 만들어진 세계를 멍하니 바라보기만 하면서 "단지 겉으로만 세계적 사건에 참여"하게 되는 반면, 가상의 이미지들을 만들어 내는 매체는 "할 말이 없을수록 더욱더 많은 볼거리"들을 제공하면서 우리의 눈을 꽉꽉 채우고 있다. 바로 중독의 또 다른 이름인 "이미지 집착증"을 만들어 내고 있는 것이다.[64]

────────● 중독은 무기력에서 시작된 가짜 자기효능감이다

에리히 프롬(Erich Fromm)은 "인간은 적극적으로 활동하는 만큼 강하다"고 말한다. 자발적 활동을 통해서만 인간은 자아의 온전함을 잃지 않으면서도 고독의 공포를 이길 수 있고, 타인, 자

---

64   크리스티안 리텔마이어, 2010, pp.91-109.

| 에리히 프롬

연 그리고 자기 자신을 포함한 온 세상과 새롭게 하나가 될 수 있기 때문이다.[65] 그래서 우리가 "피곤할수록, 절망에 젖어 있을수록, 염세적일수록 얻을 수 있는 자유는 줄어"들고, 현재의 상태에 매몰될 수밖에 없다. 자유는 "사실이라기보다는 가능성"으로, 모든 장애와 열악한 조건들과의 끊임없는 투쟁 속에서 쟁취할 수 있는 것이기 때문이다. 그래서 철학자들은 자유의 반대는 결정론이 아니라, '운명론'이라고 말하는지도 모른다.[66] 그러나 안타깝게도 지금 우리의 교육은 자주 우리의 자발성을 말살시키고, 일찍부터 아이들에게 "결코 '자기

---

65 에리히 프롬, 『나는 왜 무기력을 되풀이 하는가: 에리히 프롬 진짜 삶을 말하다』, 장혜경 역, 나무생각, 2016, pp.75-81.

66 에리히 프롬, 2016, pp.60-61.

의 것'이 아닌 감정을 느끼도록" 가르치고 있다.[67] 그 결과 우리는 자기 자신에게서 유래하지 않은 감정과 생각, 소망으로 뒤덮인 채, 라캉(Jacques Lacan)의 말처럼 '타자의 욕망'을 꿈꾸며 살고 있다. 내가 무엇을 원하는지 잘 알고 있다고 생각하지만 그것은 전적으로 착각이며, 사실은 "타인의 관점에서 볼 때 그가 원하는 게 마땅한 것만 원"하고 있다.[68] 타인의 기대에 부응할 수 있을 때에야 나는 비로소 존재할 수 있다. 고로 나는 "네가 원하는 나"[69]이고, 이렇게 타인에게 맞춰진 나의 성공 여부는 '인기'로 판가름이 난다. 내가 남보다 앞서는 것도, 우쭐해지거나 한순간에 나락으로 떨어지는 것도 모두 그놈의 인기에 좌우된다. 그리고 그 인기는 인터넷상의 '좋아요'로 평가받는다.

그러다 어느 날인가부터 '좋아요'를 누르는 이들이 점점 줄어들기 시작하면서 뜸해질 때, 모든 일이 뜻대로 되지 않는다고 느낀다. 그러다 결국에는 내가 원하는 것이 본래 무엇이었는지조차 혼란스러워지기 시작하면서 '자기효능감'도 같이 떨어지기 시작한다. 자기효능감이란, 캐나다의 심리학자 앨버트 반두라(Albert Bandura)가 사용한 개념으로, 자기 자신이 무엇인가를 잘 해낼 수 있을 수 있을 거라는 자기 자신에 대한 믿음이다. 그래서 자기효능감이 심각하게 떨어졌을 때는 당연히 스스로 무엇인가를 할 엄두를 내지 못한다. 이렇게 현실

---

67 에리히 프롬, 2016, p.89.

68 에리히 프롬, 2016, p.101.

69 에리히 프롬, 2016, p.103.

적 무력감이 엄습하게 되면, 닥치는 대로 음식을 먹어 치우는 폭식증이나 단것에 대한 엄청난 욕구가 생겨나는 등 '구강기적 퇴행'이 일어나기도 한다. 물론 손가락 빨기, 손톱 물어뜯기 또는 음주와 흡연 같은 것들도 일종의 구강기적 퇴행이라고 할 수 있다.[70] 그리고 일상까지 파고든 광고들이 이것을 부추기기도 한다. 눈앞에 놓여 있는 책임이나 부담감 따위는 모두 던져 버리고 다시 어린아이가 되라고 말한다. 이런 광고들은 어른이 되는 것이나, 무언가를 책임지는 삶은 따분하고, 두렵고, 너무 평범하다고 속삭인다. 그래서 어른이 되는 것을 잠시 미루고, "즉시 욕구를 채울 수 있고, 항상 놀 수 있고, 어떤 구속도 받지 않는, 버릇없고 자아도취적인 아이"가 되라고 끈질기고 교묘하게 유혹하기 시작한다.[71]

쇳가루가 지남철(자석)에 붙듯 광고의 유혹에 이끌려 우리는 일시적으로라도 자기효능감을 끌어올려 줄 무엇인가를 찾아 나선다. 스스로 가진 내적 자원이 없으니, 대부분의 힘을 어쩔 수 없이 밖에서 끌어올 수밖에 없다. 이것이 반복되다 보면 결국에는 그것에 무조건적으로 의존하게 되는 것은 자명한 일이다. 의존하는 동안에는 무엇이든 내가 원하는 대로 할 수 있다는 생각이 점점 더 커지고, 이것은 말할 수 없는 쾌감을 불러일으킨다. 어느새 나도 모르게 그 세계에 점

---

70 오이겐 드레버만, 『어른을 위한 그림 동화 심리 읽기』, 김태희 역, 교양인, 2013, p.468.

71 진 킬본, 2018, pp.253-254.

점 더 빠져들게 된다. 그리고 현실을 외면하면서 나르시시즘으로 나를 포장하거나 유아론(solipsism)[72]에 도취된다.

자기효능감은 이처럼 자신의 삶을 좀 더 멋지게 만들고자 하는 개인의 심리적 성향으로, 다양한 미디어 중독에 상당한 영향을 주는 것으로 알려져 있다. 스스로의 힘이 아닌 무엇인가에 의존해서 가짜 자기효능감을 끌어올리다 보면, 진짜 자기효능감은 점점 더 사라져 버린다. 그래서 특히 청소년의 경우에 자기효능감이 낮을수록 스마트폰과 같은 미디어에 중독되는 경향이 높고,[73] 이것은 문제를 회피하는 방식으로 나타난다. 즉 일종의 '카텍시스(cathexis)'인 셈이다. 카텍시스는 '점령', '점거' 등을 뜻하는 독일어 Besetzung을 번역한 것으로, 의식적 또는 무의식적으로 어떤 관념이나 물건, 인간, 경험 등에 자신의 정신이나 감정적 에너지를 집중시킨 상태를 말하는 정신분석학의 용어다. 실제적인 자신의 낮은 자기효능감은 부정한 채, 가짜 자기효능감에 빠지는 중독은, 우리에게 쾌락을 가져다주거나 괴로움에서 해방시켜 주는 특정 활동과 사물, 사람에 대한 심리적 에너지의 투입, 즉 카텍시스를 통해 이루어지는 집착의 한 형태라고 할 수 있다.[74]

---

72 자신만이 존재하고, 타인이나 그 밖의 다른 존재물은 자신의 의식 속에 있다고 하는 생각.
73 김형지 · 김정환 · 정세훈, 「스마트폰 중독의 예측 요인과 이용 행동에 관한 연구」, 『사이버커뮤니케이션 학보』 29(4), 사이버커뮤니케이션 학회, 2012, pp. 53-93.
74 김선미, 『종교중독의 이해』, 전북대학교 출판문화원, 2015, p. 104.

중독은 자기 자신에 대한 학대다

이전 세기에는 타인에 의한 야만적 착취가 주를 이루었다면, 오늘날에는 자기가 자기 스스로를 착취하거나 "자기 밖의 목적을 이루기 위해 자신을 이용"하고 있다.[75] 제 스스로 기꺼이 사물이 되는 상태로 나아가고 있는 것이다. 그러다 이것이 더 진행되면, 자기 자신을 학대하는 '중독'에까지 이르게 된다. 그러나 정작 본인들을 그 사실을 모르거나 알아도 빠져나올 수 없는 경우들이 허다하다. 어떤 이들은 해방과 저항이라는 이름으로 자기 스스로를 파괴하기도 하고, 사회에서 요구하는 '착한 사람'과 진짜 자기의 모습과 더 가까운 '나쁜 사람' 사이에서 갈팡질팡하기도 한다. 그런데 다른 사람의 눈에는 자신을 학대하고 망가뜨리는 것으로 보이는 이 행위들이 사실은 자기를 지키기 위한 것이라면? 사실은 못난 자아를 감추기 위해 억지로 과장하면서 스스로를 기만하고 있는 것이라면? 만일 그렇다면 이들이 선택할 수 있는 최후의 수단은 자기 자신을 완전히 새롭게 '리셋(reset)'하는 것이 아닐까? 히로나카 나오유키(廣中直行)는 리셋의 가장 극단적인 형태는 바로 죽는 것, 곧 '자살'이라고 하면서, 중독이란 "서서히 가하는 자해(自害)"라고 말한다.[76]

---

75   에리히 프롬, 2016, p.26.

76   히로나카 나오유키, 『중독의 모든 것: 중독의 개념에서부터 진단, 증상, 치료, 재활까지』, 황세정 역, 큰벗, 2016, pp.68-70.

약물이나 알코올 중독이 이것을 그대로 보여 준다. 자신의 건강을 해친다는 것을 알면서도 약물이나 알코올을 섭취하는 것은 스스로에게 서서히 가하는 자해이기 때문이다. 이것들은 자기효능감이 낮아질 때 일어나는 구강기적 퇴행의 일종이기도 하지만, 완벽주의적 성향은 강한데 그만큼 자기효능감이 따라오지 않을 때 드러나는 중독 성향이다. 알코올 중독과 관련한 연구들에 따르면, "사람들과 어울리기 좋아하는 성격이나 충동적이고 반항적인 성격"일수록 고위험군의 음주 습관을 갖고 있으며, 이런 습관이 대개는 알코올 중독으로 이어진다고 한다. 더구나 알코올에 취약한 여성들에게 이러한 정보를 기반으로 적당히 안개를 피울 줄 아는 기업들은, 광고를 통해 한편으로는 술을 마시면 여성스러움을 간직하면서도 남자들의 힘과 특권을 획득할 수 있다는 인상을 풍기고, 다른 한편으로는 나를 억압하는 모든 것에서부터 해방될 수 있다는 '자유'를 미끼로 여성들을 알코올 중독으로 유혹하고 있다. 특히 성 역할에 잘 부응하지 못한다는 사실 때문에 큰 좌절감을 느끼는 여성일수록 자신의 이미지와 본성 사이의 간극을 술이나 담배, 약물 등으로 메울 수 있다고 생각한다. 이렇게 보면 중독은 "무력함과 엄격한 성 고정관념에 대한 합리적 반응"처럼 보이기도 한다.[77]

그러나 이것들마저 다 부질없고, 어떻게 해도 지금의 상태에서 벗

---

77 진 킬본, 2018, pp. 197-207.

어날 수 없다는 생각이 극에 달하면, "현재의 삶보다 조금은 편하고 안락한 또 하나의 다른 삶"을 살기 위해, 또는 도저히 견딜 수 없는 현재의 고통을 멈추기 위해 자살을 택하기도 한다. 죽음에 대한 이러한 생각은 고대 로마 시대로까지 거슬러 올라간다. 후기 스토아학파를 대표하는 로마의 철학자 세네카(Lucius Annaeus Seneca)에게 죽음은 '육체의 죽음이기도 하지만, 동시에 영혼(정신)의 해방'을 뜻하기도 했다.[78] 그러나 중독은 진짜 해방이 아니라 그럴듯한 너울을 쓰는 것에 불과하다. 겉으로는 자신을 지키기 위해서 혹은 좀 더 나은 삶으로 가고 있다고 스스로를 위로하지만, 실제로는 자신에게 돌이킬 수 없는 치명적인 위해를 가하고 있는 중이다.

──────➤ 중독의 사회적 원인에 대해 물어야 한다

중독의 원인은 매우 다양해서 한 가지로 단정 지을 수는 없다. 하지만 분명한 것은 중독은 이미 개인의 심리적, 병리적 차원을 넘어섰기 때문에 사회적 환경을 바꾸지 않은 채 그것을 치료하거나 해결한다는 것은 어불성설이다. 몸의 건강을 다시 회복하기 위해 사회 전체가 적극적으로 노력하지 않는다면, 사회는 점점 더

─────────
78　강영계, 『죽음학 강의』, 새문사, 2012, pp.109-113.

나빠질 것이고, 우리는 그것을 고스란히 우리 몸에 새기게 될 것이다. 그러므로 중독을 이해하기 위해서는 중독을 둘러싼 사회적 관계를 물을 수밖에 없다. 사회역학에서 말하고자 하는 것이 바로 이것이다. '사회역학'은 우리의 몸에 남은 질병의 흔적을 찾아내어 그것의 사회적 원인을 밝혀내는 학문으로, 김승섭은 하버드대학교 보건대학원의 낸시 크리거(Nancy Krieger)의 말을 인용하면서 다음과 같이 말하고 있다.

그물망처럼 얽힌 여러 원인들로 인해서 사람들이 아프다면, 그 그물망을 만든 거미는 무엇이고 누구일까요? 우리는 그 그물망을 엮어 낸 역사와 권력과 정치에 대해 물어야 하고, 좀 더 간결하게 말하자면 '질병의 사회적, 정치적 원인'을 탐구해야 합니다.[79]

그 원인들은 일명 '건강의 사회적 결정요인(social determinants of health)' 이라 불리는 것으로, 보다 근본적인 원인을 지칭한다. 이것은 원인의 그물망은 처음부터 주어진 것이 아니라는 뜻이다. 세계의사협회와 영국의사협회 등에서는 2011년부터 이미 건강의 사회적 결정요인을 밝혀내고, 이것을 통해 의사들이 실질적으로 행동하도록 촉구해 왔다. 그 실행을 돕기 위한 대표적인 지침으로는 '클리어(CLEAR)'를 꼽을 수 있다. 클리어는 캐나다 맥길대학의 앤 앤더만(Anne Andermann) 교

---

79 김승섭, 『아픔이 길이 되려면: 정의로운 건강을 찾아 질병의 사회적 책임을 묻다』, 동아시아, 2017, p.58.

수를 중심으로 한 클리어 협력팀에서 개발한 것으로 한국어를 비롯해서 16개국 언어로 번역되어 사용되고 있다.

'클리어 지침(CLEAR Toolkit)'[80]은 치료하기, 질문하기, 위탁하기, 옹호하기의 4단계로 구성되어 있다. 우선 '치료하기(treat)'는 말 그대로 현재 드러난 질병을 치료하는 단계이다. 두 번째 '질문하기(ask)'는 기저에 깔려 있는 문제들에 대해 묻는 단계로, 환자가 가지고 있거나 환자를 둘러싸고 있는 사회적 문제들에 대해 물음으로써 환자를 돕는 단계이다. 세 번째 단계인 '위탁하기(refer)'는 지원 가능한 지역사회의 자원들과 연계하여 환자를 도울 수 있는 방법을 구체적으로 찾는 단계이다. 그리고 마지막 단계인 '옹호하기(advocate)'는 환자를 지원하는 정책들과 사회 환경들을 연결하는 단계이다. 클리어 지침을 사용하는 이들은 "환자가 의료인과의 대화를 통해 자신의 건강에 영향을 미치는 사회적 요인들을 인지하고 논할 수 있다는 것은 그 자체로도 환자의 역량을 강화한다는 점에서 큰 의미가 있다"고 말한다.[81]

클리어 지침이 중독을 치료하기 위해 개발된 것은 물론 아니다. 그러나 중독 역시 하나의 질병이라고 할 때, 이 지침을 중독치료에 적

---

80 클리어 지침은 https://www.mcgill.ca/clear/download#Korean에서 무료로 내려받을 수 있다.

81 시민건강연구소, 『몸은 사회를 기록한다: 우리 몸에 새겨진 불평등의 흔적들』, 낮은산, 2018, pp.230-233.

극적으로 활용할 수 있을 것이다. 지침에 따라 중독의 원인을 개인의
차원으로만 한정 짓지 말고, 국가, 지역사회, 학교, 가정과 같은 공동
체의 특성들을 함께 살펴보면서 중독이 일어날 수밖에 없었던 사회
적, 경제적, 문화적 원인을 찾아내야 한다.

예를 들어, 남자든 여자든 모두 중독으로 고통받지만, 그들이 중독
에 빠지게 되는 이유는 그들의 사회적 위치에 따라 다르고, 그 효과
역시 다르다. 무엇에 의존하고, 무엇의 지배를 받느냐에 따라 이후의
양상은 다르게 전개될 뿐만 아니라, 성별에 따라 그 결과도 근본적으
로 다르게 나타나기 때문이다. 광고에 나타난 여성의 이미지와 중독
의 관계에 대해 연구한 진 킬본(Jean Kilbourne)에 의하면, 남자들은 주로

도박 중독, 섹스 중독, 일 중독처럼 다른 사람보다 우월한 권력을 갖는 것과 관련된 중독에 쉽게 빠지지만, 여자들은 섭식장애, 청소 중독, 자해, 인간관계집착 등과 같이 자신의 몸을 통제하는 것과 관련된 중독에 비교적 쉽게 의존하게 된다고 한다.[82]

히로나카 나오유키 역시 중독을 이해하기 위해서는 생물학적, 심리적 관점뿐만 아니라, 사회적 배경까지도 고려하여 복합적으로 접근해야 한다고 말한다. 그러한 선택을 할 수밖에 없었던 삶의 이야기를 듣고 나서야 비로소 어떤 방식으로 문제에 접근해야 하는지를 결정할 수 있기 때문이고,[83] 이렇게 '원인의 원인'을 바꾸는 일이 중독자 개인을 진단하고 치료하는 것보다 훨씬 더 근본적이고 광범위한 영향을 미칠 수 있기 때문이다. 그렇다면 우리나라에서, 특히 청소년들이 중독에 빠지는 사회적 요인은 대체 무엇일까?

─────• 중독을 유발하는 학교

히로나카 나오유키는 청소년들이 공동체에 바탕을 둔 축제의 공간을 잃어버리고, 그 '유사품'을 일상에서 찾게 된 현

82　진 킬본, 2018, pp.328-329.
83　히로나카 나오유키, 2016, pp.50-51.

상이 중독을 유발하는 사회적 원인의 하나라고 말한다.[84] 오늘날 청소년들에게 있어서는 학교가 바로 그러한 공간이 되어 버렸다. 학교는 더 이상 아이들을 건전하고, 안전하게 길러 내는 곳이 아니다. 학교는 아이들을 위한다는 명분하에 아이들을 "복종의 욕조에 담그고, 자잘한 명령과 종소리로 씻겨 준 결과, 불완전한 아이들을 주조하는 주물공장"이 되어 버렸다.[85] 그럼으로써 학교는 축제의 기능을 더 이상 하지 못하게 되었고, 그 안에서 아이들은 점점 더 생기를 잃어 가고 있다. 아이들은 "자기 안의 재능을 볼 수 있는 눈을 잃었고, 그 재능을 발휘하도록 환경조건을 조절할 힘을 빼앗겼고, 외부의 도전과 내부의 불안을 이겨 낼 자신감"마저 상실했다.[86] 그럼에도 불구하고 여전히 우리 사회는 학교를 기반으로 한 학력사회를 공고히 하고 있다. 이러한 시대를 이반 일리치(Ivan Illich)는 역설적으로 '학교의 시대'라고 부른다. 학교에서 시작해서 학교로 끝나는 '학교의 시대'를 살았던 나 역시 그 학교에서 자그마치 인생의 3분의 1을 보내면서 "무엇을 처방받아야 할지를 배"웠다.[87] 그러나 이제 학교의 시대는 끝났다.

84 히로나카 나오유키, 2016, p.80.
85 존 테일러 개토, 『수상한 학교: 불온한 교육이 아이들을 살린다』, 오필선 역, 민들레, 2015, p.148.
86 이반 일리치, 『누가 나를 쓸모없게 만드는가: 시장 상품 인간을 거부하고 쓸모 있는 실업을 할 권리』, 허택 역, 느린걸음, 2014, p.9.
87 이반 일리치, 2014, p.55.

상업주의와 결탁한 자본주의로부터 더 이상 자유롭지 못한 학교는 이제 공동체성을 가르치는 것이 아니라, 무한경쟁사회 속에서 살아남는 법, 철저한 개인주의적 인간을 길러 내는 각자도생(各自圖生)의 삶을 반복적으로 재생산하고 있다. 그 안에서 아이들은 더 이상 사회의 변화 따위는 꿈꾸지 말고, 자기 자신을 완벽하게 가꾸고 변화시키기 위한 자기계발에 힘쓰라는 속삭임을 듣고 자란다. 학교에서 더 이상 자신들이 원하는 것을 얻지 못한 아이들, 제대로 된 처방을 받지 못한 아이들은 하나둘 학교를 떠나기 시작했고, 그래도 아직 학교에 남은 아이들은 학교에서 받은 처방전에 쓰인 대체품을 찾아내 가짜 축제를 벌인다. 그중의 하나가 요즘 아이들에게는 스마트폰이나 게임이다.

이반 일리치는 『누가 나를 쓸모없게 만드는가』에서 "지금까지 만족스러운 행위를 표현할 때 쓰던 말은 대부분이 동사였지만, 이제는 오로지 수동적 소비를 하도록 고안된 상품을 가리키는 명사가 그 자리를 대체하고 있다"[88]고 지적한다. 40년 전에 나온 일리치의 이 진단은 오늘날에 더욱 진화하고 있다. 예전에는 '놀다', '쉬다', '배우다'라고 했던 것들이 '게임', '힐링', '학점'이라는 말로 바뀌었을 뿐만 아니라,[89] 이제는 그 명사마저도 그냥 명사가 아니라, '꼴없는이름씨'인 추

---

88 이반 일리치, 2014, p.6.

89 이은경, 『나랑 같이 놀 사람, 여기 붙어라: 인간과 기계의 공생을 위한 교육』, 길밖의 길, 2016, p.6.

| 이반 일리치

상명사로 바뀌어 가고 있다. '온라인 게임', '사이버 게임', '가상현실', '가상전화번호'로 바뀌더니, 이제는 '사이버 뱅킹'을 넘어 '가상화폐'까지 등장했다.

이런 상황에서 청소년들은 현실에 발 딛고 살기가 참으로 힘겨워졌다. 학교와 학원에서 교육받는 시간이 길어질수록 아이들이 스스로 답을 찾고, 탐구하는 시간이 줄어드는 것은 지극히 당연한 일이다. 그러다 보니 몸을 온전히 쓰지 않고, 신체의 극히 일부만을 사용하게 되었다. 요즘엔 손가락이 육체적이고 정신적인 나의 모든 활동을 대신하고 있는 것만 같다. 그래서 도구를 다루며 얻는 만족감은 점점 사라지고, 삶을 살기를 멈추어 버렸다. 우리가 몸을 갖고 태어난 이유가 바로 이것 때문인데 말이다.[90]

외로움이 중독이 되다

그래서 우리 사회 곳곳에는 중독이 만연하다 못해 충만하다. 가짜 축제를 벌이는 동안 채워지지 않았던 허기가 외로움으로 변하더니, 결국에는 외로움이 슬픔이 되고, 슬픔이 다시 중독으로 이어진 까닭이다. 그래서인지 얼마 전 영국에서는 외로움을 담당하는 장관까지 임명되었다고 한다. 2018년 1월부터 체육시민사회부 장관이 '외로움 담당 장관(Minister for Loneliness)'을 겸직하면서 '외로움 실태 조사'를 실시하고, 그 결과를 토대로 '맞춤형 외로움 대책'을 수립하기로 했다고 한다.[91]

어린 시절에는 누구나 내가 마음먹은 대로 모든 일이 이루어질 거라고 생각했다. 그 시절의 이런 생각들은 지극히 자연스러운 일이었다. 부모나 주위 사람들이 아이가 원하는 것을 그대로 해 주었기 때

---

90 이반 일리치, 2014, p.90.

91 박형수, "영국엔 '외로움 장관'… 일본선 가스검침원이 혼자 사는 집 체크", 중앙일보, 2018.08.16. (https://news.joins.com/article/22888561)

| 2018년 처음으로 외로움 담당 장관을 맡았던 영국의 트레이시 크라우치(Tracey Crouch) 체육시민사회부 장관

문이다. 이것은 일종의 '만능감'으로 우리는 자라면서 이 만능감이 좌절되는 경험을 하게 된다. 할 수 있다고 생각했던 것들은 점점 사라져 가고, '과연 할 수 있을까?', '잘 될까?'하는 불안이 엄습하기 시작한다. 불안은 철학적인 개념으로 키르케고르(Søren Aabye Kierkegaard)와 하이데거는 불안을 인간 존재의 특징으로 보았다. 특히 오늘날 현대인들은 아직 일어나지 않은 미래의 일과 확실하지 않은 그 무엇에 대해 더욱 불안감을 갖는다. 그러던 중에 때로는 일이 잘 풀려서 불안이 자신감으로 바뀌기도 하지만, 때로는 좌절하면서 마음에 상처를 입게 된다. 히로나카 나오유키는 이 '상처'에서부터도 중독이 시작된다고 말한다.[92]

그러나 이런 유의 상처가 모두 중독으로 이어지는 것은 물론 아니다. 히로나카 나오유키는 일본의 중학생을 대상으로 한 조사 결과를 인용하면서 청소년들이 '혼자라는 두려움'을 갖게 될 때, 중독 성향을 보이기 시작한다고 말한다. 가정과 학교가 즐겁지 않고, 친한 사람이 별로 없어서 혼자서 밥을 먹고, 혼자서 보내는 시간이 많은 아이일수록 중독 성향을 보일 가능성이 높다는 말이다. 그리고 중독에 빠지게 되면, 대개 자기 자신만을 가치 있게 생각하기 때문에 다른 사람들을 배제하고, 자기만의 세계 안에서 점점 더 자신에게 몰입하게 된다. 그래서 더 외로움을 느낀다.

혼자라는 두려움의 이면에는 사라져 버린 '마음의 거처'가 있다. 이 마음의 거처를 심리학에서는 '원초적 신뢰의 공간'이라 부르는데, 이곳은 내가 마음 놓고 기댈 수 있는 곳, 무엇을 해도 안전한 공간, 그리고 내가 필요하다고 느껴지는 공간이다. 물론 단순한 물리적 공간만을 의미하는 것은 아니다. 사람에 따라서는 특정한 시간, 혹은 특정한 인물에 대해 그렇게 느낄 수도 있다. 그러나 어쨌든 '마음의 거처'에서만큼은 좋은 일이든 나쁜 일이든 무엇이든 괜찮다. 가끔은 불편하고 불쾌하기도 하지만, 자신을 돌아볼 수 있으니 그것도 나쁘지 않은 일이다.

미국의학협회에 실린 연구 결과에서도 이와 같은 사실이 그대로

---

92 히로나카 나오유키, 2016, pp. 58-60.

드러났다. 청소년들의 일탈을 예방하는 가장 효과적인 방법은, 집이나 학교에서 한 명 이상의 어른과 교감을 나누는 인간관계를 맺는 것으로, 이러한 친밀한 관계가 아이들의 "회복력을 키워 주어 위험하고 충동적인 행동을 피하게 해 준다"는 것이다.[93] 그런데 만일 이런 '마음의 거처'가 없거나 사라져 버렸다면, 그 사람은 "온갖 심리적 승부에서 항상 질 수밖에 없"을 것이다.[94]

물론 중독의 원인에 외로움만 있는 것은 아니다. 쇼핑이나 섹스 뒤에 따라오는 상실감과 허무감 역시 우리를 일시적, 생물학적 쾌감에 중독되도록 만든다.[95] 이러한 생물학적 쾌감은 몸에 대한 집착으로 변해 현재 우리 사회에서는 성형에 대한 욕구로 드러나고 있다. 성형은 처음부터 불변하는 영원한 삶에 대한 인간의 소망을 담고 있었으며, 오래 전부터 젊고 아름다운 청소년의 신체를 불변하는 몸의 잣대로 삼는 경향이 있어 왔다.[96] 그리고 오늘날에 더 치밀하고 교묘해진 대중매체와 광고들은 젊고 아름다운 인간들만이 그 가치를 인정받을 수 있으며, 성적 매력은 더 이상 내면에서부터 나오는 것이 아니라, 또렷한 이목구비와 늘씬한 몸매에서 나온다는 계시를 내린다.

---

93 진 킬본, 2018, p.359.

94 히로나카 나오유키, 2016, p.63.

95 고미숙, 2018, p.106.

96 강영계, 2012, pp.217-218.

━━━━━━━━● 그건 네 손에 달려 있단다

　　　　　이런 사회에서 아이와 청소년이 자기만의 생각을 갖고 그것을 온몸으로 살아 내는 것은 엄청나게 품이 드는 일이다. 그런데 가정도, 학교도, 심지어 사회도 이를 달가워하지 않는 것처럼 보인다. 그러다 스스로 버틸 기운마저 빠져 버린 아이들은 남들이 하듯이 어른들이 가라는 대로 눈을 감고 따라간다. 결국엔 무기력에 빠져서 콩과 보리도 분간하지 못하는 지경이 될 때까지 그리한다.

　프롬은 이렇게 아이들의 느낌과 감정에 이어 사고마저 왜곡되는 이유로 다음의 세 가지를 꼽는다.[97] 첫째, 어른들이 아이들을 진지하게 대하지 않기 때문이다. 어른들은 아주 빈번이 아이들이 독창적인 사고를 할 수 있다는 것을 인정하지 않는다. 온갖 이유와 핑곗거리를 들먹이며 아이들에게 사실을 숨기고, 삶으로부터 아이들을 떼어 놓는다.

　둘째, 모든 진리를 상대화시키기 때문이다. 특히 우리 시대에 '진보'라 자칭하는 사람들은 진리는 "철저하게 주관적인 사안이며, 취향의 문제"라고 말하고, 경험주의나 실증주의를 사칭하는 이들은 구체적인 개념을 사용한다고 하면서 사고의 본질적인 매력을 앗아가 버린다. 그 안에서 아이들은 자신들의 소망과 이해를 상실한 채, "사실

───────────
97　에리히 프롬, 2016, pp.93-98.

을 기록하는 기계"로 전락해 버렸다.

셋째, 문제가 너무나 복잡해서 전문가만이 이해할 수 있다고 주장하기 때문이다. 이러한 과정을 거치면서 아이들은 자신들의 사고력에 대한 믿음을 잃고, 자기효능감마저도 잃어버린다. 그 결과, 말이나 글로 표현된 모든 것에 대해서는 회의적인 태도를 취하면서도 권위자의 말에 대해서는 유아적인 순진함으로 그것을 덜컥 믿어 버리게 된다. 이러한 "냉소주의와 순진함의 결합"이 오늘 우리 아이들과 청소년들의 자화상이다.

그러나 우렁이 속에도 생각이 들어 있는 법이다. 아이들은 이미 자기 나름의 생각을 가지고 있다. 아직 그것을 온전히 펼칠 수 있는 힘이 부족할 뿐이다. 그때 우리 어른들의 역할은 그들의 생각을 존중하고, 기다려 주는 것이다. 매일매일 새로운 삶을 살 수 있도록 말이다. 자기도취에 빠져 세상을 제 맘대로 할 수 있을 거라 착각하고 있는 아이들이 자기중심적인 태도에서 벗어나 구차하고 불안하지만 진짜 현실을 맞닥뜨릴 수 있도록 하기 위해서는 아래 이야기에 나오는 노파의 한 마디면 충분할 것이다.

어느 마을에 지혜로운 노파가 살고 있었다. 마을의 한 소년은 그 노파를 놀리기로 했다. 작은 새 한 마리를 잡아 온 그 아이는 친구들에게 새를 노파에게 가지고 가서 죽었는지 살았는지 물어보겠다고 했다. "만일 그 할머니가 죽었다고 하면 나는 새를 놓아줄 거야. 그리고 살아 있다고 하면

꽉 쥐어서 죽여 버릴 거고." 소년은 친구들을 데리고 가서 노파에게 물었다. "제 손 안에 새가 한 마리 있어요. 그게 죽었을까요, 살았을까요?" 노파는 소년을 바라보더니 이렇게 대답했다. "그건 네 손에 달렸잖니."[98]

　세상에 물들어 가짜 자기효능감에 취해 있거나 혹은 왜곡된 사고를 하고 있는 지금 아이들에게 결코 무책임하지 않은 한 마디가 필요하다. "그건 네 손에 달려 있단다."

——————— 98　진 킬본, 2018, p.362.

참고문헌

강영계, 『죽음학 강의』, 새문사, 2012.

개토, 존 테일러, 『수상한 학교: 불온한 교육이 아이들을 살린다』, 오필선 역, 민들 레, 2015.

고미숙, 『조선에서 백수로 살기: '청년 연암'에서 배우는 잉여 시대를 사는 법』, 프 론티어, 2018.

김근수 · 김진호 · 조성택 외, 『지금, 한국의 종교: 가톨릭 · 개신교 · 불교, 위기의 시대를 진단하다』, 메디치미디어, 2016.

김선미, 『종교중독의 이해』, 전북대학교 출판문화원, 2015.

김승섭, 『아픔이 길이 되려면: 정의로운 건강을 찾아 질병의 사회적 책임을 묻다』, 동아시아, 2017.

김형지 · 김정환 · 정세훈, 「스마트폰 중독의 예측 요인과 이용 행동에 관한 연구」, 『사이버커뮤니케이션 학보』 29(4), 사이버커뮤니케이션 학회, 2012.

드레버만, 오이겐 『어른을 위한 그림 동화 심리 읽기』, 김태희 역, 교양인, 2013.

리텔마이어, 크리스티안, 『아이들이 위험하다: 문화산업과 기술만능주의 교육 사 이에서』, 송순재 · 권순주 역, 이매진, 2010.

섀프, 앤 윌슨 · 다니엘 패설, 『중독조직: 조직은 어떻게 우리를 속이고 병들게 하 는가?』, 강수돌 역, 이후, 2016.

시민건강연구소, 『몸은 사회를 기록한다: 우리 몸에 새겨진 불평등의 흔적들』, 낮 은산, 2018.

왓슨, 리처드, 『인공지능 시대가 두려운 사람들에게: 미래에 우리는 어떻게 살고 사랑하고 생각할 것인가』, 방진이 역, 원더박스, 2017.

이은경, 「나랑 같이 놀 사람, 여기 붙어라: 인간과 기계의 공생을 위한 교육」, 길밖의 길, 2016.

일리치, 이반, 「누가 나를 쓸모없게 만드는가: 시장 상품 인간을 거부하고 쓸모 있는 실업을 할 권리」, 허택 역, 느린걸음, 2014.

채원식, 「장시간의 비디오게임 노출이 청소년의 신체적 및 심리적 요소에 미치는 영향」, 한국연구재단(NRF) 연구성과물, 2014.

킬본, 진, 「부드럽게 여성을 죽이는 법: 광고, 중독 그리고 페미니즘 – 광고는 어떻게 생각과 감정을 조종하는가」, 한진영 역, 갈라파고스, 2018.

푀펠, 에른스트·베아트리체 바그너, 「노력중독: 인간의 모든 어리석음에 관한 고찰」, 이덕임 역, 율리시즈, 2014.

프롬, 에리히, 「나는 왜 무기력을 되풀이 하는가: 에리히 프롬 진짜 삶을 말하다」, 장혜경 역, 나무생각, 2016.

현정석·박찬정·하환호, 「청소년의 휴대폰 중독에 대한 성별 시간관 차이와 자기효능감과의 관계 분석」, 「한국콘텐츠학회논문지」 13(6), 한국콘텐츠학회, 2013, pp.412–424.

히로나카 나오유키, 「중독의 모든 것: 중독의 개념에서부터 진단, 증상, 치료, 재활까지」, 황세정 역, 큰벗, 2016.

6부

우상을 보라! 이 사람을 보라!

우상 중독과 니체

이동용

인간은 이성적 존재다. 이성은 이상과 우상 사이를 오가며 존재의 형식을 규정한다. 이상을 품을 때는 생각에 날개를 달아 주고, 우상을 가질 때는 그것을 감옥 속에 가둔다. 이런 이성이 싫다고 버릴 수도 없다. 모든 인생은 이성에서 시작하고 이성에서 끝을 맺어야 한다. 평생 이성을 책임지고 살아야 한다. 그런데 이성은 다루기가 쉽지 않다. 그것이 무엇인지도 제대로 아는 자가 없다. 수많은 철학자들이 그 문제로 고민을 했지만 그 어떤 해석도 만족스럽지 않다. 늘 정해진 논리 앞에서는 그 너머의 한계로 눈길을 돌릴 수밖에 없다. 이성의 한계다.

니체는 현대사회를 진단했다. 그리고 심각한 병을 확인했다. 현대는 정신병원과 같다. 그 안에서 현대인은 중세에 버금가는 신앙으로 살아가고 있다. 성공을 믿으며 주어진 목표를 향해 질주하고 어떤 경쟁도 감당하려 한다. 선을 그어 놓고 거기서 놀라는 그 이념을 인정하며 스스로를 틀에 가둬 놓는다. 현대의 이념에 노예가 되어 살면서도 이성과 자유를 운운한다. 구속의 자유가 따로 없다. 매사에 시험을 치는 마음으로 임하는 것을 양심으로 삼는다. 답이 있다는 믿음이 삶의 형식을 지배한다. 별을 바라보면서도 별자리의 이름을 묻는다. 별 하나에 아름다운 이름을 지어 줄 생각은 꿈도 못 꾸고 있는 것이다.

이성이 우상이라 불리는 심각한 병에 걸렸다. 이성이 우상이라는 맹독에 중독되어 버렸다. 이성이 우상의 올가미에 걸려 있어 더 이상의 것을 허용하지 않는다. 이성이 존재를 위한 감옥의 간수가 되어 버렸다. 우상의 화살은 자신의 심장을 향한다. 우상의 하수구는 끊임없이 생명력을 앗아 간다. 이런 게 이성이라면 니체는 차라리 양심의 가책도 없이 비이성의 길을 선택하고자 한다. 니체는 늘 자신을 찾으라고 가르친다. 이성을 위해 이성과 싸우라고 말한다. 그림자를 등질 때 자기 자신만의 태양이 환하게 웃으며 맞이해 줄 것이다. 중독된 삶에서 해방될 때 창조적으로 사는 거인적인 인생이 가능해질 것이다.

이성은 도구다. 도구를 잘못 다루면 생각이 다친다. 이성을 가지고 태어난 존재라면, 그래서 이성이 운명이라면 이성의 대가가 되어야 한다. 도구는 잘못될 수 있다. 잘못 선택된 도구는 바꾸면 된다. 이성은 그릇이다. 그 그릇에 담길 내용물에 따라 변신을 거듭하면 된다. 이성에 한계가 없을 수는 없다. 이성에 한계는 운명이다. 하지만 운명대로 살 것인가 아니면 운명을 창조하며 살 것인가는 자기 책임이다. 시간은 모두에게 동등한 24시간을 제공한다. 하지만 그 시간을 보내면서 어떤 생각을 하고 어떤 길을 걸을지는 자기 몫이다. 그 생각과 그 걸음이 자기 자신의 인생이라 불릴 것이다.

──────● 중독에 맞서는 것은 모든 가치를 전환하는 것이다

중독은 '그것'이 없으면 안 되는 상황이다. 중독은 그것이 무엇이 되었든 간에 그것에 지나치게 의존하는 태도를 일컫는다. 그 의존성 때문에 중독은 자기 목에 사슬을 매는 꼴을 연출한다. 중독은 부정적이다. 중독은 한계를 정해 놓고 그 안에 스스로를 가두는 행위다. 중독은 선을 그어 놓고 그 안에서만 놀라는 틀에 박힌 규정과 같다. 자유를 염원하는 인간에게 중독은 진정한 경계의 대상이 된다.

생각하는 존재는 늘 이상과 우상 사이에서 줄다리기를 한다. 그에게는 다른 이상을 찾지 못하게 하는 우상이 곧 중독이다. 이상과 우상은 늘 함께 다닌다. 꿈이 필요할 때도 있다. 그때 꿈은 이상이라 불린다. 하지만 하나의 꿈만이 의미를 지닌다고 판단할 때 그것은 우상으로 바뀌고 만다. 희망이 필요할 때도 있다. 그때 희망은 이상이라는 비전과 연결된다. 하지만 하나의 희망만이 가치를 지닌다고 판단할 때 그것은 우상이 되고 만다.

생(生)철학자 니체는 가치에 대한 고민을 펼친다. "진리의 가치 문제가 우리 앞에 다가왔다."[99] 이것이 니체 철학의 현실인식이다. "모든 가치를 뒤집을 수는 없을까?"[100] 이것이 니체 철학의 문제의식이다. 인간은 생각하는 존재이고, 그 생각은 언제나 진리를 추구한다. 모든 지식욕은 정답을 원한다는 것이다. 그것도 영원한 진리에 합당한 것을 갈망한다. 하지만 니체의 입장은 단호하다. 그는 그런 것은 없다고 말한다. "절대적 진리가 없는 것과 마찬가지로 영원한 사실도 없다."[101] 인간의 모든 생각은 상대적이다. 절대적인 생각은 없다. 그럼에도 불구하고 절대적인 것에 대한 환상에서 벗어날 수가 없다. 이것이 인간의 한계다. 영원한 것을 원하는 이성 때문에 이 한계 속에서 살아야 하는 것이다.

'모든 가치의 전도'[102] 그것은 사실 '암울'한 일이다. 그것은 '암담하고도 끔찍한 의문 부호'[103]에 해당한다. 왜냐하면 가치 있다고 판단되었던 것의 가치를 바꿔 놓아야 하기 때문이다. 모든 희망을 꺾어 놓

99   프리드리히 니체, 『선악의 저편/도덕의 계보』, 김정현 역, 책세상, 2011, p.15.

100 프리드리히 니체, 『인간적인 너무나 인간적인』 제1권, 김미기 역, 책세상, 2010, p.14.

101 프리드리히 니체, 『인간적인 너무나 인간적인』 제1권, p.25.

102 프리드리히 니체, 『바그너의 경우/우상의 황혼/안티크리스트/이 사람을 보라/디오니소스 송가/니체 대 바그너』, 백승영 역, 책세상, 2011, p.73.

103 프리드리히 니체, 『바그너의 경우/우상의 황혼/안티크리스트/이 사람을 보라/디오니소스 송가/니체 대 바그너』, p.73.

는 철학이 니체의 허무주의 철학이다. 하지만 모든 희망을 상실한 곳에서 다시 희망을 갖게 하는 것도 허무주의 철학의 이념이다. "내가 아무것도 희망할 수 없는 곳, 모든 것이 너무나 명백하게 종말을 가리키는 곳에서 희망을 걸었다."[104] 희망을 갖고 안 갖고는 인간의 몫이다. 신화에서도 희망은 '판도라'라는 여자에 의해 인간에게 전해진 것으로 나타난다. 비록 재앙과 함께 온다 하더라도 인간에게 주어진 이상, 그 책임도 인간에게 있다는 얘기다. 아무리 절망적인 상황에서도 희망을 갖는 것은 순전히 인간의 선택일 뿐이다.

절대적으로 정해져 있는 가치란 없다. 모든 가치는 특정한 상황 속에서 형성된 생각의 결과물일 뿐이다. 그런데 절대적 가치가 있다는 그런 제한된 생각에 얽매이는 사람들이 종종 있다. 소위 진리에 중독된 상황이라고 할까. 하나의 원리에 연연하는 모든 생각은 일종의 중독된 현상이다. 그것에 의존하는 상황이 벌어지고 말았기 때문이다. 그 하나가 무엇이 되었든 간에 그것이 마치 신적인 존재처럼 군림하게 되는 상황이 벌어지고 나면 정신은 감옥에 갇힌 듯이 답답하기 짝이 없다. 하나의 원리 없이는 살 수 없는 그런 상황은 배타적이고 부정적이다. 가치에 대해 신앙으로 대하는 것 자체가 문제가 된다. 그런 상황은 극복의 대상이며, 넘어서야 할 한계일 뿐이다.

---

104 프리드리히 니체, 『비극의 탄생/반시대적 고찰』, 이진우 역, 책세상, 2007, p.20.

| 프리드리히 니체

니체는 '이성에 대한 이성의 투쟁'[105]이란 말을 했다. 여기서 첫 번째로 등장하는 이성은 기존의 이성이다. 두 번째로 등장하는 이성은 새롭게 등장한 이성이다. 이성 대 이성은 갈등을 면할 수 없다. 이들 간의 경쟁 속에서 새로운 세상이 펼쳐지게 되는 것이다. 창조를 하려면 기존의 것은 모두 버릴 수 있어야 한다. 조금이라도 기존의 것을 받아들일 경우 그것은 모방이라 불리지 창조라고 불리지는 못한다. 창조는 오로지 파괴를 전제할 때에만 가능해진다. 그래서 니체는

---

105   이동용, 『디오니소스의 귀환』, 이담북스, 2018, p.177 재인용.

자신에게서 이성이 등장할 수 있는 방법을 배우라고 가르쳤던 것이다. "이 어리석은 자의 책에서 배우라, / 어떻게 이성이 오며 ─ '이성으로' 돌아가는가를!"[106] 즉 때에 따라서는 이성이 비이성이라고 말할 수도 있어야 하고, 또 비이성이 이성이라고 말할 수도 있어야 한다. 이성적 존재는 이 이성의 놀이에서 달인이 되어야 한다. 이성의 장인이 되어야 한다.

그 어떤 이성에도 얽매임은 근절되어야 한다. 혈액도 막히면 육체에 치명적인 것처럼, 생각도 막히면 정신에 치명적일 수밖에 없다. 생각에는 막힘이 없어야 한다. 그런 생각을 니체는 '자유정신'이라는 말로 설명했다. 인간은 자유를 염원해야 하고 또 그럴 수 있어야 한다. 아무리 이성적인 것이라 판명되었던 것도 어느 순간이 되면 넘어서야 할 대상이 되고 만다. 시간이 흐르면 때가 지난 것이 등장하게 마련인 것처럼. 의견도 마찬가지다.

자유정신에서 자신의 의견을 바꾸는 것 그 자체는 전혀 경멸할 만한 것으로 나타나지 않는다! 오히려 자유정신은 자신의 의견을 바꾸는 능력을 희귀하고 격조 높은 탁월한 능력으로서 존경한다.[107]

---

106 프리드리히 니체, 『인간적인 너무나 인간적인』 제1권, p.454.

107 프리드리히 니체, 『아침놀』, 박찬국 역, 책세상, 2011, p.68.

의견을 바꾸는 것은 자유에 해당한다. 그것은 좋은 능력이다.

"자유로운 인간은 선할 수도 악할 수도 있다."[108] 선만을 추구할 수 있는 인간이 어떻게 창조 행위를 해 낼 수 있을까? 악만을 추구하는 인간이 어떻게 축제의 현장을 실현시킬 수 있을까? 어느 한쪽만을 추구할 때 세상은 독재가 판을 치는 꼴이 되고 만다. 자유는 끊임없이 얽매임과 해방을 거듭하며 진행될 뿐이다. 게다가 인간은 옳고 그름을 끊임없이 묻는 존재다 보니 도덕을 운운하지 않을 수도 없다. 그런 경우라면 이런 말도 기억해 둘 만하다. "우리는 도덕 위에도 서 있을 줄 알아야 한다. 매 순간 미끄러져 넘어질 것을 두려워하는 경직된 두려움을 가지고 그 위에 서 있는 것이 아니라, 그 위에서 뛰놀 줄 알아야 한다!"[109] 도덕이 있고 사람이 있는 게 아니라, 사람이 있고 도덕이 있을 뿐이다. 도덕은 사람 사는 세상을 위해 존재할 뿐이다. 도덕은 선택의 문제다. 특정 행동을 선악의 틀 속에서 판단하고자 하는 생각의 원리 중 하나일 뿐이다. 이런 생각의 놀이에서도 인간은 자유로울 수 있어야 한다.

---

108 프리드리히 니체, 『즐거운 학문/메시나에서의 전원시』, 안성찬 · 홍사현 역, 책세상, 2010, p.170.

109 프리드리히 니체, 『즐거운 학문/메시나에서의 전원시』, p.180.

이성은 내용 없는 형식이다

1 더하기 1은 2다. 이것이 이성적인 답이다. 그 답이 2가 아니라 3이나 4와 같이 다른 답이 나올 경우 비이성적인 것이 되고 만다. 반드시 2가 되어야 합리적인 것으로 인정받을 수 있는 것이다. 그리고 기억을 통해 또 다른 답의 존재를 인식하고 그것을 비교할 수 있는 경지에 도달한다. 2 더하기 2는 4, 그리고 4는 2보다 큰 숫자가 된다는 것처럼 말이다. 이성은 결국 비교라는 문턱 앞에 서 있을 수밖에 없다. 어떤 게 더 큰 숫자인가? 어떤 게 더 가치 있는 것인가? 어떤 게 더 진리에 가까운가? 아니 더 노골적으로 말하면, 어떤 게 진리인가? 인간의 질문은 단호하게 발전해 간다.

그런데 모든 생각의 시작 지점을 형성하는 그 1부터가 문제다. 이 세상에서 무엇이 1에 해당할 수 있을까? 도토리? 사과? 수박? 잠시 어렸을 적 이야기로 문제의 핵심을 짚어 보자. 탁자 위에 여러 가지 사물들을 올려놓고 더하기와 빼기의 원리를 가르치려던 선생님이 생각난다. 도토리 하나 또 도토리 하나 그렇게 모이면 둘이라는 상황이 벌어진다. 조금 상황이 변한다. 도토리 더하기 사과도 2다. 사과 더하기 수박도 2다. 그때 한 아이는 '사과 더하기 태양'을 계산하고 있었다. 그것도 2일까? 그 아이는 대답할 수 없었다. 선생님은 다그쳤다. "동용이 너 대답해 봐! 1 더하기 1은 뭐지?"[110] 아이는 뭘 모르는지조차 감을 잡지 못했다.

1 더하기 1은 2다. 이것은 식이라 부른다. 산수의 원리다. 하지만 그 각각의 숫자는 절대적인 대상을 전제로 한다. 1이 존재한다는 전제다. 그 존재에 대한 전제가 또 다른 1의 존재를 만나 원리가 작동하기 시작한다. 똑같은, 하지만 또 다른 1의 존재가 계산을 가능하게 하는 것이다. 그리고 그 계산의 결과를 두고 우리는 2라는 숫자를 떠올리게 된다. 계산에 의해 도달한 정답이라는 것이다. 그렇게 생각 속에서 2의 존재는 기정사실이 되고 만다. 1도 존재하고 2도 존재한다는 생각이 형성되고 만다. 1억×1억 더하기 1억×1억×1억은? 그 상상을 초월하는 숫자에 대한 고민도 결국에는 답이 있을 것이라는 존재의 형상으로 굳어진다.

　문제는 이 세상에서 그런 일이 존재하는가 하는 것이다. 조약돌 하나 똑같은 게 없고, 나뭇잎 하나 똑같은 게 없다. 1이 1을 만난다? 모든 게 서로 다른데? 똑같은 건 하나도 없는데? 하물며 공장에서 만들어 낸 상품조차 서로 미묘하게 다른데? 동용이가 선영이를 만나도 2고, 동용이가 충범이를 만나도 2다? 달라도 한참 다르다. 느낌이 다르고 생각이 다르다. 도대체 뭐가 문제일까? 만남이 식으로 설명될 수 있을까? 동용이, 선영이, 충범이, 이 모든 것은 내용이라 불린다. 식 속에 내용이 담기면서 다양한 2가 탄생하게 되는 것이다.

　생각은 이성이라는 틀 속에서 진행된다. 식과 원리로 가득한 세상

110　이동용, 『내 안에 코끼리』, 이파르, 2016, p.20.

이다. 하지만 그 세상은 좁기만 하다. 틀 속에서만 가능한 세상이기 때문이다. 그 속에서 어떤 생각을 하며 살 것인가? 그것이 문제인 것이다. 이것은 내용과 관련한 문제다. 너무 원리만 강조할 때 내용은 관심을 받지 못하는 경우가 발생하고 만다. 생각이 너무 비좁은 틀 속에 갇히게 될 때 답답한 인간이 되고 만다. 바로 이런 이성의 한계 때문에 쇼펜하우어(Arthur Schopenhauer)는 이성을 두고 "내용이 없는 조작의 형식뿐"[111]이라고 주장했던 것이다.

세상에는 분명 너무나 형식적인 것에 치우친 사람이 존재한다. 찔러도 피 한 방울 나올 것 같지 않은 그런 틀에 박힌 사람 말이다. 마치 눈 하나 깜빡하지 않고 날카로운 칼을 들고 살점을 도려내려는 '샤일록' 같은 사람도 있다. 전후사정 따지지 않고 수식에 넣은 듯이 계약 조건만 생각하는 존재에게 그런 행동은 당연한 것이 되고 만다. "저는 제 목적을 각하께 이미 말씀드렸고 / 계약서에 정해 놓은 벌금을 갖겠다고 / 거룩한 안식일에 걸고서 맹세했답니다. / 그걸 거부하신다면 여러분의 헌장과 / 이 도시의 자유는 위험에 처할 거요!"[112]

'중이 제 머리를 못 깎는다'는 말이 있다. 남의 손을 빌려야만 이루기 쉬움을 비유적으로 이르는 말이다. 이성적 존재인 인간이 처한 상황도 이와 같다. 생각하는 존재가 그 생각을 가능하게 하는 이성에

---

111 이동용, 『쇼펜하우어, 돌이 별이 되는 철학』, 동녘, 2015, p.172 재인용.

112 윌리엄 셰익스피어, 『베니스의 상인』, 민음사, 2013, p.98 이하.

대해서 아는 바가 별로 없다. 이성이 좋은 줄은 알지만 이제는 그 이성에 대해서 고민을 해 봐야 할 때가 된 것 같다. 이성이란 형식의 문제에 지나지 않는다. 생각이란 의견을 담을 수 있는 원리에 지나지 않는다. 이제는 그 내용에 관심을 써야 할 때가 된 것이다. 이성이란 아는 것을 그저 틀에 가둘 수 있는 원리일 뿐이다. 하지만 그 원리 속에 어떤 내용을 채울 것인가는 우리 선택의 문제다.

─────────● 파리는 창문에 갇히면 죽는다

'우물 안 개구리'라는 말이 있다. 생각의 틀이 좁은 사람을 두고 하는 말이다. 이성적 존재가 이성에 문제가 있음을 시사하는 말이다. 이성적 존재에게 이성적일 수 없는 상황이 존재한다는 게 문제의 핵심이다. 누구는 그 이성을 가지고 감옥 같은 삶을 살기도 한다. 생각 속에 갇혀 옴짝달싹을 못하는 삶이다. 누구는 선을 그어 놓고 그 선 안에 갇혀 살기도 한다. "이제 그는 그 주변에 줄이 그어진 암탉처럼 된다. 그는 줄로 그어진 이러한 원에서 다시 나오지 못한다: 병자는 '죄인'이 되어 버렸다…"[113] 선을 그어 놓고 그 안에 갇힌 존재가 인간이다. 그는 생철학자의 시선으로 보면 병자다. 정신이

─────────── 113 프리드리히 니체, 『선악의 저편/도덕의 계보』, p.512.

병든 자다.

시키는 대로 말 잘 듣는 사람을 착하다고 말한다. 그런 도덕은 노예를 만들 수는 있어도 주인의식으로 무장한 창조자를 만들어 낼 수는 없다. 니체는 도덕과의 한판 승부를 벌이고자 한다. 가장 힘든 싸움이 아닐까 싶다. 도덕은 존재할 수밖에 없다. 인간은 선악을 인식할 수 있는 존재이기 때문이다. 선악의 기준으로부터 자유로울 수 없는 존재라는 얘기다. '무엇이 옳고 그르다는 얘긴가?' 이 질문으로부터 영원히 벗어날 수 없다. 이 상황을 지옥으로 간주해야 할까? 욕망이 문제된다고 그 욕망의 불을 다 꺼야 할까? 딜레마가 따로 없다.

물론 선을 그어 놓고 노는 아이들의 세상도 있다. 아이들은 선을 긋고 나름의 규칙을 정해 놓고 논다. 선을 밟으면 '죽었다'고 외쳐 댄다. 가끔은 선을 밟았네 안 밟았네 하며 논쟁이 벌어지기도 한다. 아이들은 그런 싸움을 하면서도 논다. 하지만 어른이 되면서 이 선에 대한 논쟁은 잔인한 수준으로까지 발전해 간다. 자기 자신이 정해 놓은 선을 넘었다고 상대를 다그치기도 한다. '네가 잘못했다'는 말을 서슴지 않고 내뱉는다. 그 선에 대한 확신이 사람을 이렇게 만든 것이다.

물론 좋은 선도 있다. 법은 일종의 사회적 약속에 해당한다. 법을 지키면 다수가 행복해진다. 이성적이라서 그런 거다. 사람 사는 곳에는 이성이 존재하고, 그것이 법의 이름으로 굳어진다. 그러면서 사람 사는 세상이 형성되는 것이다. 이성 때문에 사회의 구성과 유지도 가능해진다. 관계가 가능해지기 때문이다.

그런데 법이 법답지 못할 때도 있다. 그런 법으로 무장하고 '갑질'을 해 대는 무뢰한들이 있다. 법이 보장한 권한을 남용하며 한계를 넘는다. 그들이 법대로 하자며 덤벼들면 아무도 못 말린다. 법의 명령대로 집행했노라고 주장하며 양심의 가책도 없다. 이 같은 생각이 사람 사이의 관계를 어지럽히고 함께 어울려 살아야 하는 사회 분위기를 흐려 놓는다. 생각이 정한 대로 산다는 것은 피할 수 없다. 하지만 하나가 절대적인 권위를 부여받게 될 때 모든 것은 변하고 만다. 배타적인 상황이 벌어지고 말기 때문이다. 이것만이 옳다고 주장할 때 다른 모든 경우의 수는 틀린 것이 되고 만다.

어릴 적에 보았던 '창문에 갇힌 파리'[114]의 모습이 떠오른다. 수천, 수만 번, 수도 없이 부딪치고 부딪쳤지만 파리는 그 유리창을 뚫고 나가지 못했다. 모든 노력도 헛수고가 되고 만다. 그것이 파리의 한계였다. 하지만 파리는 그 한계에 대한 인식을 하지 못했다. 인식이 없으니 끊임없이 실수를 반복한다. 실수를 통해서도 인식을 얻지 못했다. 악순환의 결과로 죽음은 피할 수 없는 운명으로 다가온다.

파리는 창문이라는 벽 앞에서 힘을 잃고 추락한다. 더 이상 버틸 힘이 없어 쓰러진다. 그리고 뜨거운 햇살 속에서 서서히 메말라 죽어간다. 창문이 그의 감옥이었다. 창문 너머에 바깥세상이 있음을 알았

---

114 이동용, 「창문에 갇힌 파리」, 『문학사계』 가을 56호, 2016, p.198.

지만, 창문의 존재에 대한 인식이 없었다. 현실 인식이 부족했던 것이다. 그저 꿈만 꾸며 살았다고 할까. 벽은 존재의 문제이자, 현실의 문제다. 현실감각을 잃으면 어떤 존재든 위기에 처하고 만다. 이성이 어떤 하나의 원리를 고집하기 시작하면 생각은 그것이 허락하는 형식을 강요받을 수밖에 없다. 그 형식 속에서 이루어지는 모든 생각은 천편일률적으로 진행되고 있지만 그것이 부당하다고 인식하지 못한다. 스스로는 자유롭게 생각하고 있다고 착각하며 사는 것이다.

"너는 아직 자유를 꿈꾸고 있는, 갇혀 있는 자에 불과하다."[115] 이런 판결은 생각하는 존재에게 치명적이다. 잔인한 발언이다. 그래도 니체는 그 잔인한 역할을 담당하고자 한다. 정신을 옭아매는 온갖 것에 저항하고자 한다. 그것이 허무주의의 이념이다. 그에게 허무하지 않은 것은 하나도 없다. 신조차도 허무의 의심으로부터 자유로울 수 없다. "신은 죽었다!"[116] 이 말을 하면서 니체는 그다음을 생각하고 있다. "모든 신은 죽었다. 이제 '위버멘쉬(Übermensch)'[117]가 등장하기를

---

115 프리드리히 니체, 『차라투스트라는 이렇게 말했다』, 정동호 역, 책세상, 2012, p.69.

116 프리드리히 니체, 『즐거운 학문/메시나에서의 전원시』, p.200.

117 위버멘쉬는 조어다. 위버(Über)는 '넘어선, 넘어서는'을 뜻하고, 멘쉬(Mensch)는 '사람/인간'을 뜻한다. 말 그대로 '넘어서는, 넘어서고 있는 혹은 넘어선 인간'을 일컬으며, 일반적으로 '초인'이라고 번역된다. 모든 것을 극복해 낸 존재인 이 개념은 '영원회귀' 사상과 맞물리며, 마치 직선의 원리와 곡선의 원리가 서로 맞물리는 것처럼 어우러져 니체의 사상을 완성시키고 있다.

우리는 바란다."[118] 스스로 신이 된 자를 기대한다. 자유정신으로 삶을 영위하는 존재를 동경한다. 물론 "신이 없으면 살아갈 수 없는 자들"[119]에겐 치명적인 발언이겠지만 말이다.

철학 용어 중에 '근본주의'란 게 있다. 오르토독시(Orthodoxie)를 번역한 개념이다. 그리스어로 오르토스(orthós)와 독사(dóxa)라는 두 개의 단어가 결합하여 만들어진 말이다. 전자는 '옳은, 똑바른' 등의 뜻을, 그리고 후자는 '의견, 신앙, 믿음' 등을 의미한다. 즉 자신이 생각하는 것을 옳다고 믿는 것이다. 어디에나 이런 사람들이 있다. 어떤 집단이건 무리의 의견을 자신의 의견으로 간주하고 그것을 기준으로 삼아 생각하는 사람들이 있다. 이들을 두고 근본주의자라 일컫는 것이다. 종교 단체에도 이런 사람들이 있다. 그런 사람들이 타종교에 배타적인 태도를 취하며 손가락질을 해 댄다. 생각이 위기를 초래하는 순간이다. 파리처럼 혼자 죽으면 그나마 다행이겠지만 이성적 존재는 관계 속에 있는지라, 주변 사람들을 위험에 빠뜨리고 만다. 그의 영향력이 크면 클수록 더 많은 이들이 위험해지고 만다.

생각하는 존재는 '옳다는 의식'을 지향할 수밖에 없지만, 그것이 목적이 되어서는 안 된다. 그저 과정 중의 한 지점쯤으로 간주하며 살아야 한다. "내가 옳다는 것이 뭐가 중요하단 말인가!"[120] "허물을 벗

---

118 프리드리히 니체, 『차라투스트라는 이렇게 말했다』, p.131.

119 프리드리히 니체, 『차라투스트라는 이렇게 말했다』, p.49.

을 수 없는 뱀은 파멸한다. 의견을 바꾸는 것을 방해받는 정신들도 이와 마찬가지다. 그들은 정신이기를 그친다."[121] 유행이란 것이 있다. 한때 멋지게 보이겠지만 그때가 지나면 철 지난 애물단지가 되고 만다. 생각도 마찬가지다. 좋은 생각이라고 여기고 살았어도 어느 시점이 되면 낡은 생각이 되고 만다. 자기 앞에 유리창으로 경계를 지어 한계를 두느냐, 아니면 맑은 공기로 가득한 열린 들판을 두느냐는 선택의 문제다. 의견을 바꿀 수 있는 자만이 자유를 만끽할 수 있을 것이다. 꽃들이 만발한 곳에서 자유롭게 날 수 있는 정신은 어느 것에도 얽매이지 않을 때에만 실현될 뿐이다.

──────● 중독을 넘어 다양한 현상을 바라보는 독수리의 눈으로

"너는 모든 가치 평가에서 관점주의적인 것을 터득해야만 했다."[122] 니체 철학에서 배워야 할 미덕이다. 하나의 사물조차 다양한 시각으로 바라볼 줄 알아야 한다. 허무주의적 시각은 '삶의

---

120 프리드리히 니체, 『바그너의 경우/우상의 황혼/안티크리스트/이 사람을 보라/디오니소스 송가/니체 대 바그너』, p.86.

121 프리드리히 니체, 『아침놀』, p.422.

122 프리드리히 니체, 『인간적인 너무나 인간적인』 제1권, p.18.

광학'으로 귀결된다. "삶의 광학으로 본다면 도덕은 무엇을 의미하는
가? …"[123] 삶의 광학은 현실감각을 근간으로 한 시각이다. 삶의 현장
에 대한 인식을 바탕으로 하여 바라보는 시선이다. 현실은 다양한 의
미의 총합이다. 그 속의 다양함을 감당할 수 있어야 한다. 그 경지에
도달한 자가 바로 초인이다. 태풍이 불어도 휘둘리지 않고 오히려 날
개를 펼쳐 비상을 시작하는 존재이다. 마실 물 한 방울 없는 사막을
걸어도 불굴의 정신으로 더 무거운 짐을 찾아 떠나는 낙타처럼 모험
여행을 감행하는 존재이다.

〈죽은 시인의 사회〉(피터 위어, 1989)라는 영화의 한 장면이 떠오른다.
교실에서 선생이 가르침을 펼친다. 신성한 교탁 위에 신발을 신은 채
로 올라선다. 학생들에게도 그것을 해 보라고 권한다. 아이들은 머뭇
거린다. 그래서는 안 된다는 생각이 들어서다. 교탁 위에 서다니! 하
지만 그 교탁 위에 선 아이들은 새로운 시선을 확인한다. 위에서 내
려다보면 딴 세상이 펼쳐진다는 사실을 깨달은 것이다. 이 장면을
니체식으로 바꿔 말하면 이렇다. 도덕 위에서도 "뛰놀 줄 알아야 한
다!"[124] 삶의 현장도 연극에서처럼 내려다볼 수만 있다면 '한없는 웃
음의 파도'[125]에 대한 인식으로 대처할 수 있을 것이다. 니체는 이 내
려다보는 눈을 '제3의 눈'이라 설명한 바 있다. "연극에서처럼 세상을

---

123 프리드리히 니체, 『비극의 탄생/반시대적 고찰』, p.16.
124 프리드리히 니체, 『즐거운 학문/메시나에서의 전원시』, p.180.
125 프리드리히 니체, 『즐거운 학문/메시나에서의 전원시』, p.68.

내려다보는 눈을 열어라. 다른 두 개의 눈을 통해 세계를 들여다보는 커다란 제3의 눈을 열어라!"[126] 삶의 현장이 미궁처럼 느껴질 때도 있으리라. 길 위에서도 길을 잃어버리는 그때가 되면 니체의 음성에 귀를 기울여 보자. 제3의 눈을 뜨라는 그 말에.

허무주의 철학은 위험하다. 모든 것을 허무하게 만들기 때문이다. 자신의 시각이라고 믿어 왔던 것을 버리게 만들기 때문이다. 자신의 보금자리라고 믿었던 곳을 불태우고 떠나라고 가르치기 때문이다. "먼저 너 자신의 오두막에 불을 질러라!"[127] 맨 먼저 해야 할 일이 이런 것이다. 허무함을 받아들이고 감당할 준비가 되어 있는가? "텅 빈 종이 맑은 소리를 낸다."[128] 이와 마찬가지로 그런 텅 빈 정신이 세상을 맑게 받아들인다. 그런 정신을 가질 수 있는가? 정신을 비울 수 있는가? 비운다는 것은 힘든 일이다. 기억이 방해할 것이기 때문이다. 이성에 연연하지 않고 비이성을 받아들일 수 있겠는가? 비이성이라는 손가락질을 받으면서도 창조의 길을 걸을 수 있겠는가? 고독을 운명으로 하는 선구자의 길을 고집할 수 있겠는가? 이 모든 질문에 긍정적인 대답이 고개를 들 때 허무주의는 의미 있는 철학이 되어 구원의 손길을 내밀 것이다.

---

126 프리드리히 니체, 『아침놀』, p.380.
127 프리드리히 니체, 『인간적인 너무나 인간적인』 제2권, 김미기 역, 책세상, 2010, p.415.
128 이동용, 『망각 교실』, 이파르, 2016, p.5.

위험한 책 ─ 어떤 사람은 "나의 이 책이 해롭다는 것을 스스로 파악하고 있다"고 말한다. 그러나 기다려 보면 그는 아마 바로 그 책이 자신의 마음에 숨겨진 질병을 드러내 보여 줌으로써 그에게 커다란 도움을 주었다는 사실을 인정하게 될 것이다. ─ 변화된 생각이 인간의 성격을 변화시키는 것은 아니다(그렇다 하더라도 아주 조금일 뿐이다). 그러나 그것은 아마 지금까지 다른 생각들의 별들 속에서 불분명하고 인식할 수 없는 채로 남아 있던, 그의 인격이라는 별의 몇몇 측면들을 비추어 주는 것이다.[129]

'마음에 숨겨진 질병'은 무엇일까? 도덕은 있어야만 할 것 같고, 진리 역시도 꼭 있어야만 할 것 같다. 천국은 없어서는 안 될 것 같고, 신은 어떠한 경우에도 존재해야 할 것만 같다. 이 모든 것을 틀이라고 말할 수 있는데, 그런 틀이 반드시 존재해야 할 것만 같은 강박에 시달린다. 이것이 바로 니체가 발견한 인간의 질병이다. 틀 속에 갇혀 있으면서도 그 틀 속에서 편안함을 느끼는 어처구니없는 삶을 살고 있다. 우물 안에 앉아 있으면서도 우주 속에 앉아 있다고 착각하며 살고 있다. 이성적 존재는 실로 가소롭기 짝이 없다.

"사람들과 함께 있는 것이 짐승들과 함께 있는 것보다 더 위험한 일임을 나 깨달았다. 그런데도 차라투스트라는 위험한 길을 가고 있는 것이다."[130] "차라투스트라라고 불리는 저 디오니소스적 괴물의 언

<hr />

129 프리드리히 니체, 『인간적인 너무나 인간적인』 제2권, p.52.

어"[131]가 니체의 언어다. 그가 자신의 철학을 구축하는 언어다. "나는 철학자 디오니소스의 제자이다. 나는 성인이 되느니 차라리 사티로스이고 싶다."[132] 니체의 소망이다. 금욕의 의지를 불태우는 성스러운 도덕군자가 되느니 차라리 '성적 방종'[133]을 일삼는 사티로스가 되어 진정으로 축제에 동참하고 싶다는 것이다.

그리고 디오니소스는 말한다. "나는 너의 미로다…"[134]라고. 니체는 차라투스트라이고, 차라투스트라는 디오니소스이다. 니체 철학의 삼위일체이다. 니체가 누구인가? 끊임없이 물어야 할 질문이다. 왜냐하면 그는 광기의 세계로 넘어가 버린 철학자이기 때문이다. 그의 길을 따라 걷다 보면 갑자기 길이 없어지는 듯한 기분이 들 때가 있다. 갑자기 홀로 남은 듯한 그런 황당함이 엄습한다. 그런 때라면 이런 말로 위안을 삼아 보자.

나를 떠나라. 그리고 차라투스트라에 맞서라! 더 바람직한 것은; 그의 존재를 부끄러워하라! 그가 너희를 속였을지도 모르지 않은가. / 인식하는 인간은 자신의 적을 사랑하는 것뿐만 아니라, 자신의 벗을 미워할 줄도 알

---

130 프리드리히 니체, 『차라투스트라는 이렇게 말했다』, p.35.

131 프리드리히 니체, 『비극의 탄생/반시대적 고찰』, p.22.

132 프리드리히 니체, 『바그너의 경우/우상의 황혼/안티크리스트/이 사람을 보라/디오니소스 송가/니체 대 바그너』, p.324.

133 프리드리히 니체, 『비극의 탄생/반시대적 고찰』, p.37.

134 프리드리히 니체, 『바그너의 경우/우상의 황혼/안티크리스트/이 사람을 보라/디오니소스 송가/니체 대 바그너』, p.502.

아야 한다. / 영원히 제자로만 머문다면 그것은 선생에 대한 도리가 아니다. (중략) / 이제 너희에게 말하니, 나를 버리고 너희를 찾도록 해라; 그리고 너희가 모두 나를 부인할 때에야 나는 너희에게 돌아오리라.[135]

극복의 이념이 영원회귀로 연결될 때 차라투스트라는 모습을 드러낼 것이다. '이게 바로 나다!' 하며 우리에게 다가올 것이다. 봄 여름 가을 겨울로 이어지는 것이 직선으로 이어지는 일방통행이 아니라 커져만 가는 순환으로 이해될 때 니체의 목소리가 들려올 것이다. 현대를 넘어서려는 의지로 삶을 바라볼 때 니체의 허무주의는 가시화될 것이다. 이성적 존재가 이성을 버리고 비이성을 택하지만 결국에는 또 다시 이성적인 존재로 인정받게 될 때 니체의 철학은 도움의 손길을 뻗쳐 올 것이다. 왜냐하면 "세계를 경멸하지만 경멸하는 세계 없이는 지낼 수 없다는 것"[136]을 잘 알고 있기 때문이다. "자기에게서 사랑해야 하는 것을 먼저 미워해서는 안 되지 않겠는가?"[137] 결국에는 사랑이다.

"오오, 차라투스트라여, / 더없이 잔혹한 님로트여! 자신의 끈에 목이 졸린다. / 자신을 아는 자! / 자신의 목을 매는 자!"[138] 님로트의 성

---

135 프리드리히 니체, 『차라투스트라는 이렇게 말했다』, p.327 이하.

136 프리드리히 니체, 『비극의 탄생/반시대적 고찰』, p.94.

137 프리드리히 니체, 『바그너의 경우/우상의 황혼/안티크리스트/이 사람을 보라/디오니소스 송가/니체 대 바그너』, p.502.

경적 표현은 '니므롯'(창세기 10:9)이다. 신을 찾아 나선 사냥꾼이요, 그와 맞서 최후의 결전을 벌이고자 하는 의지로 전쟁에 나선 용사다. 그는 자기 자신이라는 적을 맞이하여 일전을 벌인다. 눈물 없이는 접할 수 없는 비극이다. 그래도 사랑하니까 이런 싸움을 자청하는 것이다.

니체는 우리 모두의 자기 자신을 미궁으로 비유할 때가 많다. 그 미궁 안에는 '미노타우로스'라는 위험한 괴물도 살고 있다. 미궁 자체가 자기 자신이라서 들어가지 않을 수도 없다. 그리고 그 괴물은 자기 자신 안에 살고 있으니 어쩔 수 없이 만나게 될 운명이다. 니체는 그 괴물과 싸울 것을 종용한다. 그리고 싸워 이기라고 가르치고 있다. 자기를 이겨 내는 영웅이 되라고, 그래서 결국에는 초인이 되라고.

우상과 이상, 중독과 열정은 전혀 다른 본성을 지녔다. 언뜻 보기에는 서로 닮아서 혼란스러울 수 있다. 헷갈릴 땐 자유를 떠올리면 된다. 열정을 요구하는 이상은 포용적이고 다의적이지만, 중독으로 일관하는 우상은 배타적이고 독선적이다. 하지만 늘 그 경계선에서 방황하는 것이 인간이라는 존재다. 이성을 갖고 있어서 늘 그 안에 머물러 있고자 하면서도 동시에 늘 그 너머를 생각하지 않을 수 없다. 공(空)과 무(無)로 채운 범종이 그 어떤 타종을 당하더라도 위로의

---

138 프리드리히 니체, 『바그너의 경우/우상의 황혼/안티크리스트/이 사람을 보라/디오니소스 송가/니체 대 바그너』, p.488.

소리를 내는 것처럼, 우리의 이성도 범종처럼 크고 튼튼하다면 언제 어디서라도 위로의 소리를 낼 수 있으리라. 그러기 위해서는 자기 자신을 늘 자유라는 거울 앞에서 확인해야 한다. 비틀대고 있는지 춤추고 있는지, 울고 있는지 웃고 있는지, 늘 확인하며 살아야 한다.

참고문헌

니체, 프리드리히, 『바그너의 경우/우상의 황혼/안티크리스트/이 사람을 보라/디오니소스 송가/니체 대 바그너』, 백승영 역, 책세상, 2011.

─────, 『비극의 탄생/반시대적 고찰』, 이진우 역, 책세상, 2007.

─────, 『선악의 저편/도덕의 계보』, 김정현 역, 책세상, 2011.

─────, 『아침놀』, 박찬국 역, 책세상, 2011.

─────, 『인간적인 너무나 인간적인』 제1권, 김미기 역, 책세상, 2010.

─────, 『인간적인 너무나 인간적인』 제2권, 김미기 역, 책세상, 2010.

─────, 『즐거운 학문/메시나에서의 전원시』, 안성찬 · 홍사현 역, 책세상, 2010.

─────, 『차라투스트라는 이렇게 말했다』, 정동호 역, 책세상, 2012.

셰익스피어, 윌리엄, 『베니스의 상인』, 민음사, 2013.

이동용, 『내 안에 코끼리』, 이파르, 2016.

──, 『디오니소스의 귀환』, 이담북스, 2018.

──, 『망각 교실』, 이파르, 2016.

──, 『쇼펜하우어, 돌이 별이 되는 철학』, 동녘, 2015.

──, 「창문에 갇힌 파리」, 『문학사계』 가을 56호, 2016.

7부

내가 나비인가? 나비가 나인가?

가상현실과 장자의 호접몽

이연도

—

이 글은 필자의 논문 「나비의 꿈(胡蝶夢)과 가상현실」(『중국학보』 84집, 2018, 161-178쪽)을
수정한 것이다.

—

『두렵지만 매력적인』이란 제목의 책이 있다. 스탠퍼드대학의 심리학 교수인 제러미 베일렌슨(Jeremy Bailenson)이 쓴 이 책은 가상현실과 인간의 심리적 관계에 대해 분석한 것이다. 이 책의 제목처럼 우리가 가상현실에 대해 느끼는 마음은 복합적이다.

우리는 가상현실 기술을 활용한 단편 영화를 통해 지금 바로 요르단 북부의 난민캠프를 직접 체험할 수 있고, 극심한 화상치료의 고통을 가상현실 헤드셋을 씀으로써 효과적으로 차단할 수 있다. 가상현실은 실제 여행하지 않고서도 지구 반대편을 체험할 수 있으며, 이러한 경험은 경제적으로나 신체적으로 여행이 어려운 사람에게 큰 도움이 된다. 무엇보다도, 가상현실은 현실과 비슷한 체험을 통해 전혀 새로운 관점에서 세상을 바라볼 수 있는 기회를 제공한다.

반면, 경험 창조자로서 가상현실은 사용자의 뇌에 강력한 생리적 영향을 주고 부작용을 낳는다. 가상현실 속의 강도 높은 체험은 인간에게 지속적인 심리적 영향을 미치며, 사용자의 행동에 직접적인 영향력을 행사한다. 가상현실은 여태까지 존재했던 비디오, 사진, 문자 등 그 어떤 매체보다 강한 '현존감'을 가지고 있으며, 사용자가 느끼는 감각은 실제 경험하는 것과 거의 다를 바 없다. 그렇다면 가상현실 속 전투 게임을 수행하고 난 사용자는 현실에서 똑같은 행위 충동을 느끼지 않을까? 가상공간에서 다양한 역할을 경험한 사람들이 현실로 복귀하는 데 문제를 겪지 않을까라는 염려는 당연히 제기될 수밖에 없다. '매력적이지만 두려운' 가상현실의 철학적 의미에 대해 우리가 진지하게 생각해 봐야 할 이유이다.

─────● 현실과 가상이 중첩하는 세계

과학기술의 발전이 생각보다 빠른 속도로 진행되면서 변화하는 사회 추세를 따라가기가 쉽지 않은데, 그중에서도 가상현실 영역은 그 속도와 영향 면에서 그 무엇보다 큰 변화를 보이고 있다. 가상현실, 인공지능, 사이보그 등의 단어는 더 이상 미래형이 아닌 현재형으로 사용된다. 2017년에 속편이 나왔던 영화 〈블레이드 러너〉(리들리 스콧, 1982)가 2019년을 배경으로 하고 있었다는 사실을 상기하면, 이러한 변화는 예견된 미래였다고 할 수 있을 것이다. 다만 엄청난 속도로 발전하는 과학기술에 비해, 이에 대한 철학적 반성이나 분석은 상대적으로 뒤처져 있다는 느낌이 든다. 현실과 가상이 중첩하는 세계에 대해 다룬 글이나 책들이 없었던 것은 아니지만, 대개 이들이 문제 삼은 것은 변화한 현실의 모습에 대한 분석들이 대부분이었다. 어떤 이는 텍스트중심의 인문학에서 이미지에 기초한 새로운 인문학 유형으로 변화해야 한다고 얘기하며 이러한 변화를 긍정적으로 평가하기도 한다.[139]

다른 한편에선 기술적 미래주의에 대해 인간 존재론의 관점에서 반성적으로 성찰하고 있는 시각도 존재한다. 가령 2017년 출간된『포스트휴먼이 온다』는 가상현실의 위험성에 대해 후설(Edmund Husserl)의 현상학적 지각이론에 근거해 다음과 같이 얘기한다. "가상현실의 가장 큰 위험은 우리 지각의 역사성이 위협받는다는 데 있다. 우리 의식의 작용은 과거의 의식 작용과 긴밀한 맥락을 형성하며 진행되는데, 가상현실은 이러한 자연스러운 지각 활동에 큰 문제를 일으킨다."[140] 가상현실은 기본적으로 자연스럽게 경험될 수 없는 현실, 나의 현재 상황에선 도저히 경험할 수 없는 현실을 실재보다 더 실재적으로 체험하게 하는 기술이다.

이를 가능하게 하기 위해선 우선 현실의 내 경험과 과거와의 연계

---

139 진중권,『이미지인문학』, 천년의 상상, 2014.
140 이종관,『포스트휴먼이 온다』, 사월의 책, 2017.

가 인위적으로 차단돼야 한다. 가상현실의 중요한 요소인 '몰입'은 사용자의 과거 경험에서 오는 영향으로부터 현재의 감각을 고립시키는 장치를 필요로 하며, 경험 체계에서 오는 데이터와는 전혀 다른 데이터들을 상당한 강도와 밀도로 체험자를 향해 출력한다. 일종의 데이터쇼크를 발생시켜 과거의 경험 체계를 압도하는 것이다. 이처럼 지금까지의 경험 체계를 일순간 정지시키는 것은 경험 영역에 순간적으로 상당한 방향 교란을 불러일으킬 가능성이 높다. 또 다른 위험성은 가상현실 체험 후에 발생할 수 있는 증후군이다. 현실과 다른 가상현실을 경험한 후, 우리는 과연 현실로 온전히 복귀할 수 있을까? 가상현실의 가능성을 연구하는 이들은 이 문제에 대해선 거의 아무런 관심을 갖지 않는다.

그들에게 가장 중요한 문제는 오직 실제보다 더 실제 같은 세계를 산출함으로써 어떻게 더 실제적인 체험을 발생시킬 수 있을까에 있기 때문이다. 그들의 지각이론에는 '지각의 역사성'이 전혀 고려되지 않는다. 가상현실 체험은 그것이 끝난 후에도 사라지는 것이 아니라 우리의 경험에 침전되며, 지속적으로 현재의 경험에 반영된다. 이는 마치 '외상 후 증후군'과 같은 형태로 나타날 가능성이 높다. 과학기술의 발전은 우리에게 새로운 세계를 제공한다. 가상현실은 현실과 가상의 세계, 이미지와 실제의 세계를 넘나드는 인류의 오랜 꿈을 실현시켜 줄 가능성이 높다. 다만 그 쾌락이 어떤 결과를 가져올지는 구체적으로 알 수 없다. 우리가 포스트휴먼 시대의 과학기술에 대한 인문학적 반성을 뒤늦지 않게 수행해야 할 이유가 여기에 있을 것이다.

나비의 꿈과 가상현실

『장자(莊子)』「제물론(齊物論)」엔 유명한 '나비의 꿈' 이
야기가 실려 있다. "어느 날 장주(莊周)는 나비가 된 꿈을 꿨다. 훨훨
자유롭게 나는 나비가 돼 유유자적 자연 속을 날아다녔는데, 자신이
장주임을 알지 못했다. 문득 깨어 보니 다시 장주가 됐다. 장주가 나
비가 되는 꿈을 꿨는지, 나비가 장주가 되는 꿈을 꿨는지 알 수가 없
다. 장주와 나비 사이에 무슨 구별이 있기는 할 것이다. 이를 물화(物
化)라 한다."

| 나비가 된 꿈을 꾸는 장주
(호접지몽)

가상현실을 이야기할 때 '나비의 꿈'은 가장 많이 언급되는 우화이다. 영화 〈아바타〉(제임스 카메론, 2009)가 이 우화에서 직접적인 모티프를 받았다고 하고, 거의 대부분의 가상현실 관련 책이나 글들에서 '나비의 꿈'이 등장한다. 그만큼 '나비의 꿈'은 가상현실의 모습을 상징적으로 보여 준다. 『장자』 「제물론」에서 이 우화는 '물화(物化)'를 비유적으로 설명하기 위해 제시된 것인데, 실제 그 이야기의 구조나 내재된 의미가 가상현실과도 밀접한 관계를 갖고 있다. 그런 측면에서 '가상현실'이란 새로운 현상을 설명하고, 그와 관련된 가능성과 문제점을 파악하는 데 있어서 이 우화부터 이야기를 시작하는 것이 좋을 듯싶다.

사실 가상현실이나 포스트휴먼과 관련한 철학적 논의에서 도가 철학을 비롯한 동양 철학의 학문적 시도는 거의 없는 실정이다. 현재 진행되는 가상현실과 포스트휴먼, 4차 산업혁명과 관련한 논의들은 주로 현상학이나 해석학 등 서양 철학이 주류를 이루고 있다. '나비의 꿈'이 가상현실에 결정적 모티브를 제공하고, 포스트휴먼 시대에 동양의 성찰적 사고가 반드시 필요하다는 점을 생각하면 이는 매우 아쉬움이 남는 부분이다. 철학의 생명력은 변화하는 시대에 맞게 사유를 확장하고 새로운 응용력을 갖는 데 있다. 장자 철학을 비롯한 동양 철학이 새롭게 제기된 주제에 대해 관심을 갖고 학적 논의를 본격화할 필요가 여기에 있을 것이다. 이는 학문의 대상이 텍스트에서 이미지중심으로 변화하는 시대적 추세에 비춰 더 이상 미룰 수 없는 철학계의 중요한 과제이기도 하다. 사실 서양 철학에서도 이 주제는 여전히 생소한 영역에 머물러 있다. 우선 논의를 진행하기 위해 가상현실 기술의 진행과정과 핵심 요소에 대해 설명할 필요가 있어 보인다. 이를 바탕으로 가상현실의 모티브가 된 '나비의 꿈'에 대한 다양한 입장을 살펴볼 것이다. 장자 철학의 대표적 우화이지만, 학계에서 '나비의 꿈'을 둘러싼 해석은 관점에 따라 상당한 차이를 보인다.

'나비의 꿈'은 『장자』 「제물론」의 맨 마지막에 나오는 우화이다. 「제물론」의 중심 주제는 우리가 세상에서 자유롭지 못한 이유를 밝히고, 수양의 과정을 거쳐 '제물(齊物)', 만사만물을 차별 없이 온전한 관점[齊一]으로 받아들이는 '자유의 경지'에 도달하는 것이다. '제물'이란 편견과 독단에 사로잡힌 자기중심적 사고에서 벗어나, 만물과 일체를 이루는 경지를 가리킨다.

'나비의 꿈'은 이러한 장자의 이상적 경지를 상징적으로 보여 주는 우화이다. 꿈속에서 자유롭게 날아다니는 나비는 사이버 스페이스 속을 자유롭게 유영하는 아바타를 연상시키고, 꿈에서 깨어난 장주는 현실 세계의 나를 떠올리게 한다. 이 우화를 둘러싼 해석은 '물화'에 대한 관점 차이에 따라 다양하게 나타난다. 어쩌면 그 다양함은 가상현실을 바라보는 오늘날의 여러 시선과도 밀접한 연관성이 있어 보인다. 그런 측면에서 '나비의 꿈' 우화가 갖는 함의에 대해 차분히 성찰해 보는 것은 의미 있는 작업일 것이다. 우선 현재까지 진행된 가상현실의 역사와 핵심 요소에 대해 살펴보자.

가상현실의 역사와 핵심 요소

가상현실에 대한 사전적 정의는 다음과 같다. "가상적인(virtual): 형상적으로(주관과 독립해서 객관적으로) 인지되거나 허용되지는 않지만 본질적으로 또는 효력을 미치는 면에서 존재하는", "현실(reality): 실제적인 사건, 사물 또는 일의 상태." 두 단어를 결합하면, '가상현실'이란 효력 면에서는 실제적이지만 사실상 그렇지 않은 사건이나 사물이라고 할 수 있다.[141]

현재까지 진행된 가상현실과 관련된 기술은 크게 세 가지로 나뉜다. 가상현실(virtual reality: VR), 증강현실(augment reality: AR), 융합현실 또는 혼합현실(merged reality or mixed reality: MR) 등이 그것이다. 가상현실은 컴퓨터 시뮬레이션이나 홀로그램을 이용한 기술로 이루어지는데, 우선 컴퓨터그래픽 기술로 구현된 시뮬레이션은 기기와 접속한 우리의 오감을 자극하여 가상의 재현 공간을 실제 현실로 느끼게 만드는 기본 요소이다. 증강현실은 시뮬레이션이 아닌 현실 세계에 가상의 사물이나 대상을 결합시킨 것이다. 우리가 실제 생활하는 일상 공간에 가상의 물체나 캐릭터 등을 결합한 것으로, 2016년에 선을 보여 큰 화제가 되었던 포켓몬 게임[142]이 대표적 예이다. 가상현실이 대상자

---

141 마이클 하임, 『가상현실의 철학적 의미』, 여명숙 역, 책세상, 1997.

142 포켓몬GO: 증강현실을 이용하여 현실 공간에 나타나는 포켓몬을 잡거나 모으는 콘셉트의 게임.

의 '몰입'을 중시한다면, 증강현실은 현실적 실제성을 부각시킨 기술이라고 할 수 있다.

가상현실의 역사는 1950년대 모튼 헤일릭(Morton Heilig)이 '체험극장(experience theater)' 기계를 구상한 데서 시작되었다. 이 기계는 오늘날 오락실의 오토바이와 흡사한 모양을 하고 있다. 체험자는 설계된 센소라마 박스(Sensorama simulator) 안에서 가상현실을 체험할 수 있었는데, 3D 화면과 함께 소리, 향기, 바람 등을 듣고 느낄 수 있었다고 한다. 본격적으로 가상현실 기술이 발전하게 된 것은 1980년대 후반부터 90년대에 이르러서이다. '가상현실'이란 용어를 처음 사용한 사람은 자론 래니어(Jaron Lanier)로, 헤드-마운티드 디스플레이(HMD: 머리 착

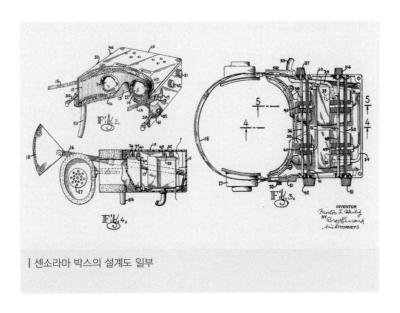

| 센소라마 박스의 설계도 일부

용 디스플레이)와 데이터 글러브(data gloves)을 통해 알려진 VR 시스템이 그에 의해 처음으로 대중화되었다. HMD는 시각과 청각을 주변 세계로부터 차단시키고 이를 컴퓨터를 통해 새롭게 생성된 감각들로 대체했다.

2000년대 들어 더욱 다양한 형태의 가상현실 게임들이 등장하였다. 센소라마에서 진화한 가상 게임 머신(virtual game machine)은 체험자가 VR 헤드셋을 쓰고 일정한 공간의 게임 기계 안에 들어가 직접 게임을 하도록 설계된 것이다. 체험자는 여기에서 게임을 하는 동안 온몸으로 감각적 현실감을 느낄 수 있다. 2010년 이후 마이크로소프트, 애플, 구글 등은 아이폰이나 안드로이드폰을 사용한 다양한 3D 고글이나 카드보드 박스를 내놓았다. 가상현실 헤드셋을 쓰고 게임하는 사람들의 모습을 일상에서 보는 일은 이미 낯익은 풍경이다. 2017년 6월 애플은 아이폰을 활용하여 다양한 AR 프로그램을 만들 수 있는 'AR kit'를 오픈했는데, 여기에선 가상현실 줄자나 가구 배치, 가상 세계로의 초대 등 여러 데모프로그램이 소개되었다. 사람들은 더 이상 무겁고 거추장스러운 VR 헤드셋을 쓰지 않고도, 아이폰만으로 충분히 증강현실을 경험할 수 있다. 이제 체험자들은 인간의 한계조건이었던 시간과 공간을 떠나 가상현실 공간에서 마치 실제 세계와 같은 감각과 지각을 경험할 수 있게 된 것이다.

가상현실을 실제 세계로 인식하도록 만들기 위해선 몇 가지 전제조건이 필요한데, 시뮬레이션, 상호작용, 몰입감 등이 바로 그것이다. 우선 실제를 재현하는 가상 이미지, 즉 시뮬레이션이 필요하다. 오늘날 컴퓨터그래픽 기술은 정교한 이미지로 상당한 수준의 실제성을 확보하고 있다. 3D 기술의 발달로 재현된 이미지는 실제 세계의 모습을 점점 더 닮아 가고 있다. 컴퓨터 기술로 구현된 공간에 대한 사람들의 인식은 실제 현실 세계를 대하는 것과 별다른 차이가 없다. 이와 함께 가상현실이 우리들에게 실제성을 가진 공간으로 인식되기 위해선 컴퓨터와 체험자 간의 상호작용이 필수적이다. 상호작용은 그동안 우리가 미처 의식하지 못했던 가운데 자연스럽게 이루어져 왔다. 가령 컴퓨터 바탕화면 위의 휴지통 그림은 지우기 프로그램을 나타내는 이미지에 불과하지만, 우리는 그것을 가상의 휴지통으로 간주한다. 우리가 지우는 파일들 또한 실제 종이로 만들어지지 않았지만, 휴지통에 버려지는 그 정보들은 가상적으로 마치 실제 문서인 것처럼 작용한다. 가상현실은 바로 이런 과정을 통해 발전해 왔다. 우리는 컴퓨터 바탕화면 위의 휴지통과 상호작용하면서 그동안 문서 작업을 지속적으로 수행해 왔다. 학생들이 온라인상으로 수업에 참가하고, 가상의 교실에서 수업을 듣는 사이버대학 역시 VR의 하나이다. 상호작용은 이제 컴퓨터의 평면적 화면을 떠나 대상자의 신체 움직임에 따라 직접 반응하는 형태로까지 진화하고 있는데, 현실 세계에서 강의하는 교수의 움직임이, 사이버 공간 속 아바타 교수에 실시간으로 반영되는 모습에서 이를 확인할 수 있다.

'몰입감'은 가상현실에서 가장 핵심이 되는 요소로, 인간이 어떤 사물이나 사태에 깊이 빠져 있는 상태를 말한다. 체험자가 느끼는 이 감정이야말로 가상현실에 현실감과 존재감을 부여한다. 맨 처음 VR로 불렸던 하드웨어는 두 개의 작은 입체경 디스플레이를 결합한 물건이었다. 머리의 움직임을 탐색하는 머리 추적(head tracking) 장치와 사용자가 인공 환경 속에서 지각한 대상들을 조작할 수 있도록 피드백 작용을 돕는 데이터 글러브로 이루어져 있었다. 3차원 음향 설비를 갖춘 오디오가, 가상 세계로 들어가는 환각을 일으키게 도움을 주는데, 이들 장치는 체험자가 환각에 몰입할 수 있도록 사용자의 감각을 효과적으로 자극한다. 제시된 가상현실에 체험자가 몰입하지 않는다면, 가상현실 그 자체만으론 아무런 의미를 갖지 못한다.

이처럼 우리 생활에 구체적으로 다가온 가상현실에 대한 반응은 다양하게 나타난다. 가장 일차적인 반응은 감각과 관련한 경험과 오락의 실제성이 불러올 폭력이나 섹스 등의 문제에 대한 우려이다. 가상현실 기술이 주로 게임산업과 밀접한 관계가 있고, 시각이나 청각 등 감각을 자극하는 것을 그 기본 요소로 하고 있기 때문이다. 그렇지만 가상현실을 실제 경험해 본 사람들은 여기에 오락을 넘어선 더 큰 차원의 문제가 내재되어 있음을 직감적으로 느낀다. 이제 '나비의 꿈'은 무의식의 수면 상태가 아닌 현실 세계 속에서 그 모습을 구체적으로 드러내고 있다. 철학사에서 가장 중요한 논쟁 중 하나였던 '실재'의 문제가 우리의 일상에서 추상성을 벗고 구체적인 모습으로 나타난 것이다. 가상현실에 대해 단순히 게임산업의 문제나 감각적 문제를 떠나 철학적 차원에서 논의할 필요성이 여기에서 제기된다. 우리 시대에 인간의 삶과 사고의 틀은 근본적으로 변화하고 있으며, 가상현실은 그 정점에 있는 화두라고 할 수 있다. 우리가 '나비의 꿈'을 다시 불러오는 까닭도 바로 이러한 이유에서다.

──────── • '나비의 꿈'을 둘러싼 해석의 차이들

'나비의 꿈'은 우리에게 그 내용이 익숙하고 그 이야기 구조 또한 간단하지만, 막상 이에 대한 해석은 관점에 따라 적지 않은 차이를 보인다. 우선 전문의 내용을 다시 보자.

어느 날 장주는 나비가 된 꿈을 꾸었다. 훨훨 자유롭게 나는 나비가 되어 유유자적 자연 속을 날아다녔는데, 자신이 장주임을 알지 못했다. 문득 깨어 보니 다시 장주가 되었다. 장주가 나비가 되는 꿈을 꾸었는지, 나비가 장주가 되는 꿈을 꾸었는지 알 수가 없다. 장주와 나비 사이에 분명히 무슨 구별이 있을 것이다. 이를 물화라 한다.

연구자들 간에 해석상 가장 쟁점이 되는 부분은 "장주와 나비 사이에 분명히 무슨 구별이 있을 것이다[周與胡蝶, 則必有分矣]"이다. 이 문구를 둘러싼 기존의 해석은 대개 세 가지로 나뉘는데, 가장 일반적인 해석은 「제물론」이 만물의 제일성(齊一性), 즉 천하 만물을 차별 없이 동등하고 온전하게 본다는 측면에서 그 뜻을 우회적으로 해석하는 방식이다. 장주와 나비는 형체상의 차이는 존재하지만, '도'의 차원에서 보면 실상 그 차별이 존재하지 않고 같다는 관점이다. 장자 철학의 기조인 상대주의적 인식론에 근거한 이 해석은 가장 일반적인 해석이기도 하다. 문제는 이렇게 해석했을 때, 이 밑줄 그은 문구가 전체 문맥에 거슬리게 작용한다는 점이다. 논리를 중시했던 장자의 서술 태도에 비춰 볼 때 이 대목은 쉽게 이해되지 않는다. 이 해석대로 한다면 이 문구는 차라리 없는 게 그 내용이 훨씬 분명하게 전달된다.

두 번째 해석은 '물화'를 부정적 의미로 해석하는 방식이다. 이에 따르면 '물화'는 말 그대로 '물화된 상태', 즉 '물(物)에 구속된 상태'가 된다. 여기에서 장주는 참 자아[眞我]가 되고, 나비는 거짓 자아[假我]가 된다. 이 둘은 구분이 분명하게 존재하는데, 장주가 나비가 된 것인지 나비가 장주가 된 것인지 분간하지 못하는 이유는 미망(迷妄)에 갇혀 있기 때문이다. 참 자아가 '물(物)에 따라 변화된' 상태이니, 술에 취해 사리분별을 하지 못하고 잠에 취해 사태를 제대로 파악하지 못하는 것과 마찬가지이다. 참 자아가 사태를 제대로 파악하면 거짓 자아의 허망한 모습을 깨닫고 본래의 자신으로 돌아가게 된다. 이 해석은 술 취한 이가 정신이 든 이후에 비로소 자신이 취중에 한 일을 깨닫게 되듯, 나비라는 가상에 홀려 있는 자신의 모습을 바로 보고 꿈의 상태에서 깨어나야 한다고 말한다.

세 번째는 이 우화의 문장 순서가 잘못되어 있다고 보고, 문맥에 맞게 수정할 필요가 있다고 보는 관점이다. 장주인지 나비인지 분간하지 못하는 상태가 깨어난 후에 배치되면서 문맥에 혼동이 온 만큼, 문맥 전개상 마땅히 이 구절은 깨어난 상태 앞에 있어야 한다는 것이다. 그렇다면 문장의 순서는 '장주가 나비가 되는 꿈을 꾸었는지, 나비가 장주가 되는 꿈을 꾸었는지 알 수가 없다. 문득 깨어 보니 다시 장주가 되었다'가 된다.

이들 해석이 모두 '나비의 꿈' 우화의 표면적인 문리(文理)의 흐름에 지나치게 치중하여 그 본의를 제대로 이해하지 못했다는 입장도 있다. 이에 따르면, 이 우화의 문맥적 불편함은 오히려 '물화' 개념에 대한 이해의 지평을 제공하는 단서가 된다. 장주와 나비 사이엔 존재론적으로 분명한 구분이 있으며, 그럼에도 장주가 나비가 되고 나비가 장주가 될 수 있는 게 바로 '물화'라는 것이다. 여기에서 '물화'는 장주는 장주로서, 나비는 나비로서 각각 구별된 자연과 그 현재에서 절대적으로 자기충족적인 존재가 된다는 말이다. '물화'는 하나의 자연 안에서 벌어지는 사물의 변화에 그치지 않고, 자연 그 자체 또한 변화하는 것을 의미한다는 것이다. 여기서 '나비의 꿈'은 장주가 나비라는 다른 사물로 변화한 것 이상으로, 미처 예상치 못했지만 장주가 나비로 존재하는 자연이 출현하고, 그 새로운 자연을 온전히 향수한다는 의미를 지니게 된다.

| 장주

　이처럼 '나비의 꿈'을 둘러싼 다양한 해석은 장자 철학의 특징인 상대주의적 태도에서 비롯된 것으로, '물화'에 대한 논쟁이 여전히 현재 진행형이라는 사실을 잘 보여 준다. 장자 철학의 '물화'를 어떻게 이해하는 게 좋을까. 이는 가상현실의 철학적 의미를 파악하는 질문과도 밀접하게 연결되어 있다.

장자와 사이버 스페이스

　　'나비의 꿈'에 대한 다양한 해석이 문구 해석에 치우쳐 본래 의미를 제대로 파악하지 못한 결과라는 비판이 타당하기 위해선, 「제물론」의 본래 의미가 무엇인지 분명하게 파악할 필요가 있다. 비록 장자 철학이 상대주의적 태도를 취하고 있다 하더라도, 그 말이 이렇게 해석해도 좋고 저렇게 해석해도 좋다는 의미는 아닐 것이다. 장자가 본래 혜시(惠施)나 다른 학파의 이론가들과의 논변에서 탁월한 논리를 펼친 인물이었다는 사실을 떠올리면 이는 더욱 명확해진다.

「제물론」에서 장자는 현상 세계의 시비(是非), 선악(善惡), 미추(美醜) 등은 모두 상대적 가치판단에 의해 규정된 것이라고 말한다. 만약 어떤 것을 옳다고 하면[是], 그것과 상대되는 옳지 않음[非]이 있게 되고, 어떤 것을 아름답다고 하면[美], 그에 상대되는 추함이 존재한다[醜]. 옳고 그름, 아름답고 추함을 가르는 일정한 기준이 존재하는가? 장자의 관점에서 보면 우리가 어떤 하나의 고정된 기준을 선택하는 순간, 우리는 곧바로 상대적 시비논쟁의 늪에 빠지게 된다. 그렇다면 이를 벗어나기 위해선 어떻게 해야 할까?

「제물론」의 첫 시작 부분에 나오는 '나는 나를 잃어버렸다[吾喪我]' 는 말은 그 물음에 대한 장자의 대답을 유추해 볼 수 있는 근거를 제공한다.

남곽자기(南郭子綦)가 탁자에 의지하고 앉아 하늘을 우러러 한숨을 내쉬는데, 그 모습이 마치 죽은 듯, 그 짝을 잃어버린 것 같았다. 제자인 안성자유(顔成子游)가 앞에서 모시고 서 있다가 말하였다. "어떤 까닭입니까? 형체를 말라비틀어진 나무와 같이 하고, 마음을 식어 버린 재와 같이 할 수 있습니까? 지금 탁자에 기대어 있는 분은 예전에 탁자에 의지하고 있던 분과 같아 보이지 않습니다." 자기가 대답하였다. "그래! 좋은 질문이구나! 오늘 나는 나를 잃어버렸는데[吾喪我], 그 사실을 알고 있느냐? 넌 사람의 피리 소리는 들어 봤겠지만, 아직 땅의 피리 소리는 듣지 못했을 것이다. 설사 땅의 피리 소리는 들었다 하더라도, 아직 하늘의 피리 소리는 듣지 못했을 것이다!

여기서 '오상아(吾喪我)'의 첫 번째 '나[吾]'는 '정신'이나 '생각', '마음' 등을 가리키는 것으로, 내가 지식과 학문, 경험을 통해 습득한 '나의 생각이나 마음'이다. 이를 잊어버리는 것은 내가 평소 갖고 있는 의지나 목표, 지식 등을 내려놓는다는 것이다. 자신이 가지고 있던 일체의 학문이나 태도, 욕망을 모두 버린 상태는 겉으로 보기에 마치 넋이 나가 있는 것처럼 보이지만, 그 내면은 지극히 평안하고 여유롭다. 그런 상태에서 인간은 비로소 기존의 고정된 형태나 틀에 구속되지 않고 비상하게 된다. 일상의 삶 속에서 빚어지는 온갖 시비논쟁은 모두 편견에 사로잡힌 '나'에서 비롯된다. '나를 잊는다[喪我]'는 것은 편견에 사로잡힌 나를 버린다는 의미이다. 편견과 독단을 버린 다음에 드러나는 본연의 나야말로 협소하고 제한된 국면을 탈피하여 자연, 도(道)와 함께할 수 있다.[143]

장자는 세상은 관점에 따라 달리 보이며, '도'로써 사물을 보면 사물들 사이에 귀천이 없지만, 사물의 입장에서 사물을 보면 자기는 귀하고 상대는 천하게 보인다고 말한다. 다음 문장은 세상의 논변과 가치판단에 대한 장자의 이러한 입장을 잘 표현해 주고 있다.

모든 사물은 저것 아닌 것도 없고, 이것 아닌 것도 없다. (네가) 저쪽에서 보면 이쪽이 보이지 않고, (그도 이쪽에서 보면 저쪽이 보이지 않으니) 자기에게 알려진 것은 알게 되나 알려지지 않은 것은 모르게 된다. 그러므로 저것은 이것에서 나오고, 이것도 또한 저것에 말미암는다. 저것과 이것은 나란히 함께 생기는 말이다. 삶이 있으면 죽음도 있고, 죽음이 있으면 삶이 있으며, 되는 게 있으면 안 되는 게 있고, 안 되는 게 있으면 되는 게 있다. 옳음으로 말미암아 그릇됨이 있고 그릇됨으로 말미암아 옳음이 있다. 그러므로 성인이 거기에 의거하지 않고 자연에 비추어 보는 것은 또한 옳음에 의거한 것이다. 이것은 또한 저것이며, 저것 또한 이것이니, 저것에 또한 하나의 옳고 그름이 있고, 이것 또한 하나의 옳고 그름이 있으니, 과연 저것과 이것은 있는 것일까. 아니면 저것과 이것은 없는 것일까. 저것과 이것이 그의 짝을 얻을 수 없으니, 이를 도추(道樞)라 한다. 추(樞)를 얻게 되면 그것이 바로 환중(環中)이다. 그로써 무궁에 응하니 옳음도 하나의 무궁이며 그름도 하나의 무궁이다. 그러므로 이명(以明)만한 것이 없다"

'도'의 관점에서 보면 사물들 사이에 피차(彼此), 시비, 귀천, 미추, 선

---

143 진고응, 『노장신론』, 최진석 역, 소나무, 1997.

악 등이 없다. 그러한 구분은 모두 '물'의 관점에서 보기 때문에 발생하는 문제이다. 물의 관점에서 보면 개별자의 입장이 개입되기 때문에 각각 대립적인 가치 구분이 이루어지게 되는 것이다. '이명'은 이러한 구분과 차별을 꿰뚫어 보는 밝음이니, 도의 차원에서 보면 모든 사물들은 하나라는 사실을 한눈에 알아보는 안목이라 할 수 있다. 현상계에선 차별과 구별이 있지만, 초월적 절대의 세계에서는 분별이 없다. 거기에선 만사만물을 온전하게 받아들여 제일(齊一)할 뿐이다. 일체의 차별을 떠나 도의 관점에서 만사만물을 제일하게 보면, 어떤 사물에 집착하거나 구애받음 없이 절대적인 정신적 자유를 누릴 수 있다. 시비분별이 사라진 이 세계엔 '물'과 '나'의 구별조차 없어지니, 이것이 곧 「제물론」의 중심 주제라 할 수 있다.

물화는 「제물론」의 이러한 일관된 주제가 이르는 최종 단계, 이상적 경지의 모습을 상징적으로 표현한 상태라 할 수 있다. 물화의 상태는 사물들 사이의 구분이 완전히 소멸되고, '물'과 내가 서로 동화된 상태를 의미한다고 할 수 있다. 장자는 여기서 '물'과 '나' 사이의 구별을 해소하고, 만물들 사이의 질적 차이가 완전히 부정된 '만물일체'의 상태를 묘사하고 있는데, 그것이 바로 '나비의 꿈'에서 얘기한 물화의 경지일 것이다.

「제물론」의 일관된 흐름에서 보면 '나비의 꿈'이 상징하는 의미는 모든 사물은 '도'의 입장에서 보면 모두 하나라는 것이다. 여기에서 참 자아와 장주 혹은 나비는 사실 아무런 관계가 없다. 장주나 나비

모두 대상으로서 형체는 다른 만물과 마찬가지이다. 그런 의미에서 장주와 나비는 참 자아와 거짓 자아의 관계로 볼 수 없으며, 모두 '도'의 대상에 불과하다. 나비가 되기도 하고 장주가 되기도 하는 것은 단지 형체의 변화일 뿐이다. 이는 꿈과 현실 세계와의 관계에서도 그대로 적용된다.

꿈속에서 경험한 일련의 감각과 기억들이 환상에 불과하듯, 깨어 있을 때의 경험 세계 또한 그 감각이 환상이 아니라는 사실을 스스로 증명할 수 없다. 꿈과 현실은 단지 정도의 차이일 뿐, 현실 세계 역시 분명한 실재성을 확보할 수 없다는 측면에서 꿈의 세계와 별반 다를 게 없다. 꿈과 현실 세계 모두 유전(流轉) 변화하는 하나의 현상이라는 측면에선 서로 동일한 것이다.

사물과 사물 간의 차별이 없고, 현실과 꿈이 모두 분명한 실재가 아니라면, 가상현실과 실제의 관계는 어떻게 보아야 할까? 다음 문장을 보자.

내가 이전에 컴퓨터에 대해 가지고 있던 생각들을 갑자기 산산조각 내 버린 때는 1989년 내가 처음으로 VR을 접한 시기였다. 키보드나 마우스에 손을 얹고 컴퓨터 스크린 앞에 앉는 대신에, 나는 헬멧과 장갑을 착용하고 컴퓨터를 통해 산출된 환경에 몰입했다. 나는 더 이상 컴퓨터의 바깥에 있지 않고 시각 장치를 따라 걸어 들어갔다. 마치 나의 철학적 탐지기가 제정신을 잃은 것 같았다.[144]

이제 '꿈'으로 표현되던 비실제적 존재의 모습은 디지털 기호를 통한 존재의 모습으로 나타나는데, 그 공간은 더 이상 잠들어 있는 상태가 아니라 뚜렷이 깨어 있는 상태이다. 오늘날 사이버 스페이스에서 구현된 가상현실은 80년대 초창기 VR의 충격과는 비교할 수 없을 정도로 뚜렷하고 선명한 모습으로 나타난다. 사이버 스페이스의 진화와 함께 실재와 가상의 경계를 묻는 철학적 질문은 그 답이 더욱 모호해지고 있다.

오늘날 사이버 스페이스는 우리가 일상적으로 생활하고 있는 물리적 공간을 빠른 속도로 대체하고 있다. 우리는 컴퓨터와 네트워크 시스템이 산출한 인공적 세계 혹은 표상된 세계 속에서 가상의 사물들과 직접 상호작용하는 단계에 접어들었다. 우리는 가상현실 공간에서 육체적, 물리적 제한을 벗어나 나비처럼 자유롭게 활동한다. 현실 세계보다 사이버 스페이스에 머무는 시간이 점차 길어지며, 어떤 경우엔 사이버 스페이스에서 보내는 시간이 현실 세계보다 더 많기도 하다. 이미 수많은 컴퓨터 게임 마니아들은 사이버 공간을 취미 차원의 유희 공간이 아니라 사회적 가상 세계로 진지하게 받아들이고 있다.[145] 그들은 규칙과 통제, 경계나 국경이 없는 가상현실 공간에서 과거의 인류가 되기도 하고, 낯선 세계를 정복하기도 하면서 현실의

144 마이클 하임, 1997, p.17.

145 서요성, 『가상현실시대의 뇌와 정신』, 산지니, 2015, p.298.

시공간을 뛰어넘어 새로운 인류가 되기도 한다.

우리는 아무 제약도 받지 않는 사이버 스페이스 내에서 끝없이 여행할 수 있으며, 그 안에서 다양한 인물로 살아갈 수 있다. 2018년에 개봉한 영화 〈레디 플레이어 원〉(스티븐 스필버그)은 가상현실과 관련된 오늘의 문제를 구체적으로 보여 준다. 이 영화는 동명의 원작 소설[146]을 영화화한 것으로, 2045년 미래 세계를 배경으로 하고 있다. 이 영화에서 사람들은 현실에선 좁고 더러운 컨테이너 박스 안에 살지만, 가상공간인 '오아시스(OASIS)'에선 누구든 원하는 캐릭터로 변하여 어디든지 갈 수 있고, 뭐든지 할 수 있다. 사이버 스페이스 안에서 우리는 현실적인 물리적 세계뿐만 아니라 상상의 세계까지도 전자적으로 표상할 수 있다.

사이버 스페이스는 분명 실제와 유사한 대안적 세계를 포함하고 있다. 그 대안적 세계를 실제로 인정할 수 있을까에 대한 즉각적 대답은 여전히 부정적이다. 사실 우리가 주목하는 사이버 스페이스가 갖는 실제적 의미는, 우리가 그 안에 들어가 거주할 수 있는 가상 세계들의 가능성을 경험하고, 그 무한성과 마주했을 때 우리가 지각하는 것이 얼마나 작고 유한한 것들인지를 깨달을 때의 등골이 오싹한 느낌 바로 그것이다. 우리는 여기에서 '나비의 꿈'으로 표상되었던 꿈의 세계와 현실이 같은 차원에서 동일하다는 장자의 견해를 실감나

---

146 Cline, Ernest, 2011, *Ready Player One*, New York: Arrow Books.

게 확인할 수 있다.

실제와 꿈의 세계가 서로 다르지 않듯, 현실 세계와 가상 세계 또한 그 차이가 명확하지 않다. 그렇다고 물화의 의미를 단순히 실제와 가상의 차별 없음으로 읽는 데 그쳐서는 곤란할 것이다. 장자「제물론」이 얘기하려는 것은 우리가 자유롭지 못한 이유로 우리의 인식이 계속 변화하는 감각과 인식 대상에서 비롯된 것이라는 사실이다. 따라서, 우리가 어떻게 그 인식의 한계를 벗어나 자유로움을 확보하느냐가 장자의 목표라 할 수 있다. 그 점에서 가상현실에 내재된 문제와 그 대안을 모색하는 일 또한 여기에서 그 실마리를 찾을 수 있다.

●──── 가상현실의 유혹에 어떻게 대응할 것인가

사이버 스페이스의 장점인 전자적 표상은 우리를 물리적 제한을 벗어나 자유롭게 상상 세계를 유영하게 만든다. 거의 무한에 가까운 자유로움을 허용하는 이 공간은 마치 '양날의 칼'과 같아서 다른 한편 인간을 그 영역에 영원히 감금하는 결과를 불러온다. 유한한 육체를 지닌 인간에게 전자적 표상의 무한성은 강렬한 중독성과 함께 비물리적 세계인 사이버 공간에 자신을 스스로 감금하는 결과를 가져온다.

장기판이 왕(王)과 차(車), 포(砲), 마(馬) 등으로 그 자체 세계를 이루는 게임 공간을 만들어 내듯, 컴퓨터 인터페이스도 이동 범위, 파일들의 위계, 관심 지점들 간의 상대적 거리를 가지고 하나의 세계를 만들어 내고 있다. 우리 자신이 인터페이스를 통해 나름의 차원과 규칙을 가지고 있는 세계 속에 존재한다고 느낄 때, 우리는 실상 사이버 스페이스에 거주하고 있다고 할 수 있다. 우리가 습관적으로 인터페이스하면 할수록, 우리는 더 많은 시간동안 윌리엄 깁슨(William Gibson)이 "합의된 환각 상태"라고 불렀던 사이버 스페이스 속에 살게된다.[147] 우리는 시스템에게 지시하고 있다고 생각하지만, 실상 우리 사회의 본 모습은 시스템의 언어와 처리 방식이 우리의 마음과 신체를 지배하고 있다.

컴퓨터 시스템과 전자기기로 가득한 우리 시대의 모습은 오래된듯 보이지만, 사실 기계적 사고가 우리를 지배하기 시작한 것은 비교적 최근의 일이다. 동양 전통에서 기계와 효율성은 본래 긍정적으로 평가되지 않고, 오히려 인간의 삶에 부정적 영향을 끼친다고 여겨져 왔다. 『장자』「천지(天地)」편에 수록된 우화는 이러한 생각을 단적으로 보여 준다. 자공(子貢)이 초나라를 유람하고 진나라로 돌아가는 길에 한수(漢水) 남쪽을 지나고 있었다. 한 노인이 우물에서 물을 길어 밭에 내는데, 힘은 많이 드나 효과가 별로 없었다. 이를 딱하게 여긴 자공이 '용두레[橰]'라는 힘은 적게 들고 효과가 큰 기계를 소개하였다.

---

147 Gibson, William, 1984, *Neuromancer*, New York: Ace Books.

이를 들은 노인은 불끈 낯빛을 붉혔다가 곧 웃음을 띠고 다음과 같이 말한다.

내가 스승에게 듣기를, 기계는 반드시 기계로서 기능[機事]이 있게 마련이다. 기계의 기능이 있는 한 반드시 효율을 생각하게 되고[機心], 효율을 생각하는 마음이 자리 잡으면 본성을 보전할 수 없게 된다. 본성을 보전하지 못하게 되면 생명이 자리를 잃고, 생명이 자리를 잃으면 도가 깃들지 못한다. 내가 알지 못해서가 아니라 부끄러이 여겨 기계를 사용하지 않는 것이다.

　기계는 기계로서 기능이 있기 마련이고, 이를 사용하다 보면 효율성과 편리함을 추구할 수밖에 없다. 그렇게 되면 인간이 본래 가지고 있던 성품을 간직하기 어려우니, 애초에 기계를 멀리함만 못하다는 것이다. 얼핏 어리석고 답답해 보이는 노인의 이야기지만, 오늘날 우리 사회의 모습에 비추어 보면, 충분히 공감이 가는 대목이다. 과학기술은 분명 우리에게 편리함과 더 많은 소득을 가져다주었지만, 그와 동시에 우리 사회가 본래 가지고 있던 장점을 소멸시켰다. 사이버 스페이스의 발전은 우리에게 인간과 인간 간의 직접적인 대화와 접촉, 상호의존성을 상실하게 만들었다. 사이버 스페이스에서 친밀감이 증폭될수록, 현실 세계의 직접적인 만남은 점차 뜸해지고 인간들 간의 유대는 눈에 띄게 약화되었다.

무엇보다도 사이버 스페이스는 인간들이 바라보는 모든 상황을 전자적 표상으로 이해하게 만들었다. 오늘날 사람들은 현실에서 진행되는 전쟁이나 비극적인 사건들도 마치 영화나 드라마를 보듯 바라본다. 나아가 꿈과 상상마저도 마치 영화의 한 장면처럼 우리 앞에 나타난다. 이는 우리가 인터페이스의 객관적 표상들이 없이는 우리 자신의 내적인 상태를 자각하기 어렵게 되었다는 사실을 의미한다. 인터페이스의 가장 심각한 위험은 우리가 우리 내부 상태에 대한 감각을 상실할 수 있다는 것이다. 사이버 스페이스에서 우리는 어떤 사물을 보거나 소리를 듣지만, 그것들은 모두 프로그램화된 환경으로 우리의 감각을 자극하기 위해 설계된 것들이다. 이러한 내적 자각능력의 상실은 그러한 감각과 지각이 개인의 심리적 삶을 위한 바탕을 구성한다는 점에서 심각한 후유증을 낳는다.

　그렇다면, 이러한 상황에 어떻게 대응해야 할까. 장자라면 이러한 사태에 대해 어떤 대안을 내놓을 수 있을까. 다시 「제물론」의 우화이다.

꿈에 술을 마시던 사람이 아침에 깨어나서 목 놓아 울고, 꿈에 목 놓아 울던 사람이 아침에 깨어나서 사냥하듯 즐거워한다. 그가 꿈을 꿀 때, 꿈속에서 다시 그의 꿈을 꾸다가 깨어난 뒤에야 그것이 꿈인 줄을 알 것이다. 또한 크게 깨침이 있은 뒤에야 이것이 그의 큰 꿈임을 알 것이다.

여기에서도 꿈은 중요한 모티프 역할을 하고 있지만, 여기서 얘기하는 '꿈'은 '나비의 꿈'과는 다른 맥락적 의미를 갖고 있다. 현실의 인간들은 꿈속에서 살고 있으며, 그 꿈에서 깨어나야 비로소 그간의 삶이 한낱 꿈이었음을 알게 된다. 감각에 의해 구성되고, 끊임없이 변화하는 대상의 일시성을 알아차리고 가상현실, 나아가 우리 인식의 한계를 정확히 알아차리기 위한 알아차림이 필요하다. 우리는 늘 감각의 파고(波高) 속에서 자신의 생각에 집착하고, 관념의 울타리 안에 갇혀 있다. 기쁨, 분노, 슬픔, 근심, 걱정, 즐거움과 같은 감정들은 잠시도 인간을 떠나지 않으며, 끊임없이 사물과 사태에 집착하게 만든다. 그 안에서 아무런 성찰 없이 살아가다 보면 진정한 자아의 모습은 점차 자취를 감추게 된다. 이처럼 감각과 편견, 욕망에 사로잡힌 나의 모습은 본연의 자아와는 거리가 멀다. 본래의 자신으로 돌아가기 위해선 어떻게 해야 할까.

　장자가 얘기한 수양법이 그 하나의 방법이 될 것이다. 날마다 자신을 반성하고 '비우고 또 비워 가는[損之又損]' 공부는 인식의 틀에 구속되어 있는 나를 벗어나는 데 있어 근본이 되는 태도이다(『장자』, 「지북유」). 가상과 실제의 경계가 모호한 현시대에 '이명' 또한 중요한 공부 방법이다. 자신이 가지고 있는 편견을 반성하고, 감각의 확실성을 회의하고, 마음이 통달과 무념의 경지에 도달하게 되면 마치 맑은 거울에 비춰 보듯이 외부 사태와 사물을 사실적으로 바로 볼 수 있게 된다. 어떤 개인이 수양을 통해 자신의 본래 모습을 회복할 수 있다면,

그는 감각과 지각의 한계에서 벗어나 자신의 자유로운 삶을 살아갈 수 있을 것이다. 그에게도 가상현실의 유혹은 여전히 위협이 되겠지만, 자신의 실제 삶을 위협하진 못할 것이다.

──────• 무엇이 실제인가

제물론은 '내가 나를 잊는[吾喪我]' 데서 시작하여, '장주'와 '나비'의 구분이 없이 서로 어울리는 경지에서 끝을 맺는다. 감각에 의해 형성된 자기 인식의 한계를 인정하고, '도'의 차원에서 모든 사물이 차별 없이 하나라는 사실을 인정하는 모습은 무엇이 '실제'인가라는 질문에 대해 의미 있는 실마리를 제공한다. 우리가 '실제'라고 생각해 온 세계에 대한 회의, 감각과 지각에 의한 인식의 편견을 지적하는 장자의 견해는 가상현실 시대의 우리에게 중요한 의미로 다가온다.

'나비의 꿈'은 장자 「제물론」의 최고 경지인 '물화'를 설명하는 적절한 비유인 동시에 가상현실의 구조와 의미를 설명하는 데 있어서도 좋은 이야기이다. '물화'와 가상현실 공간인 사이버 스페이스는 비록 그 내용적 함의는 다르지만, 그 상황을 직접적으로 체험하고 인간 지각의 한계를 실감케 한다는 측면에서 닮아 있다. 꿈의 세계가 아닌 깨어 있는 현실에서 체험하는 가상공간의 내 모습은 낯설면서도 새

롭다. 문제는 가상현실 공간의 내가 진정한 자아가 아니라는 사실을
제대로 인식하고, 나아가 현실 세계의 '나' 역시 본연의 '나'가 아니라
는 사실을 늘 상기해야 한다는 사실이다. 우리가 삶 속에서 자유롭지
못한 이유를 명확히 인식하고, 나의 주관적 인식의 독단을 직시하는
일이야말로 장자 철학이 오늘날 우리에게 주는 깨달음일 것이다. 그
런 점에서 '나비의 꿈'은 우리 시대를 비추는 거울로서 그 의미가 새
롭다.

참고문헌

박승현, 「莊子의 修養論과 마음치유 – 『장자莊子』「제물론齊物論」의 '吾喪我'를 중심으로」, 『원불교사상과 종교문화』 60권, 원불교사상연구원, 2014.

박원재, 「존재의 변화 혹은 삶의 변용 — 노장철학의 문맥에서 본 장자 실천론의 특징」, 『중국학보』 79집, 한국중국학회, 2017.

베일렌슨, 제러미, 『두렵지만 매력적인 – 가상현실(VR)이 열어준 인지와 체험의 인문학적 상상력』, 백우진 역, 동아시아, 2019.

서요성, 『가상현실시대의 뇌와 정신』, 산지니, 2015.

앨린슨, 로버트, 『장자: 영혼의 변화를 위한 철학』, 김경희 역, 그린비, 2004.

오강남, 『장자』, 현암사, 1999.

이강수, 『노자와 장자』, 길, 1997.

이종관, 『포스트휴먼이 온다』, 사월의 책, 2017.

지혜경, 「가상현실의 실재화에 불교는 어떻게 응답해야 할까」, 『한국불교학』 84권, 한국불교학회, 2017.

진고응(陳鼓應), 『노장신론(老莊新論)』, 최진석 역, 소나무, 1997.

진중권, 『이미지인문학』, 천년의 상상, 2014.

하임, 마이클, 『가상현실의 철학적 의미』, 여명숙 역, 책세상, 1997.

8부

'나 중독'의 삶과 게임 중독

게임 중독과 불교

지혜경

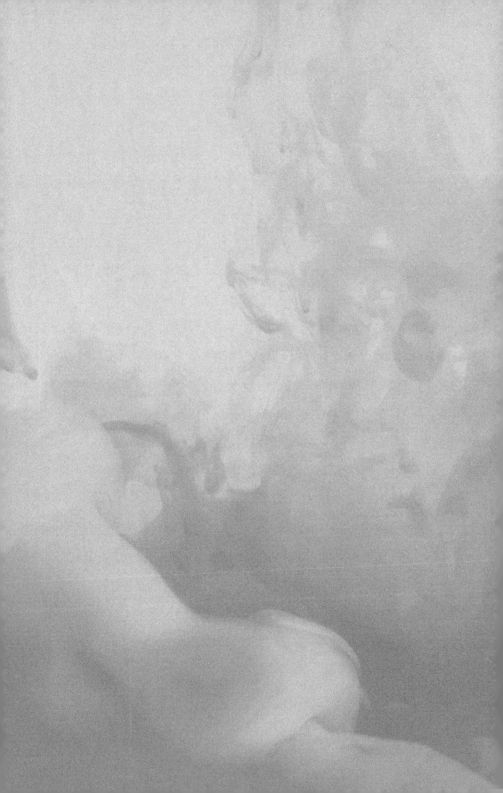

"내 이름은 버니이며 나는 중독자이다. 이 방에 있는 다른 사람들과 마찬가지로 나는 나 자신에게 중독되어 있다. 40년 전 나는 선(禪)이라고 불리는, 나 자신에 대한 중독을 다루는 데 매우 효과적인 재활 프로그램에 들어갔다. 내가 중독을 완전히 벗어나지 못했다는 것을 깨닫는 데는 꽤 오랜 시간이 걸렸다."

– 버니 글래스만(Bernie Glassman)[148]

언제부터인가 우리 사회에서는 각종 중독을 중요한 사회문제로 다루고 있다. 전통적인 알코올 중독, 도박 중독, 마약 중독 외에 쇼핑 중

---

148 1939-2018. 미국인 스님으로, 뉴욕에서 선불교(禪佛敎) 공동체인 '선평화조정자 그룹(Zen Peacemaker Order)'을 이끌었다. 다양한 사회참여적 불교운동을 활발하게 펼쳤으며, 알코올과 약물 중독자의 재활을 위해서 힘썼다.

독, TV 중독, 성행위 중독, 인터넷 중독, 게임 중독 등 다양한 중독들이 존재한다. 다양한 대상에 중독이라는 단어를 붙이고 있지만, 우리가 중독 문제를 다룰 때는 일상에서 사용하는 '중독'이라는 용어와 의학적으로 정의된 '중독'이 다르다는 점을 주의해야 한다. 우리는 매우 쉽게 '나 쇼핑 중독인가 봐', '너 게임 중독 아니니'라는 말을 한다. 일상에서 사용하는 중독이라는 용어는 어떤 대상에 과몰입하거나 탐닉하는 것을 의미하지만 병적인 경계를 가르는 기준은 이와는 좀 다르다. 단순한 몰입과 탐닉이 아니라 강박적 탐닉과 조절할 수 없는 것, 나쁜 결과를 일으킴에도 계속 사용하는 것, 그리고 이러한 증상이 일정 기간 이상 지속되는 경우를 의미한다. 그러나 즐김과 병적인 중독의 경계를 가르는 기준은 여전히 명료하지 않다.

중독 기준의 모호함은 특히 게임 중독과 관련한 논의에서 문제로 드러난다. 2013년 정부에서 게임 중독을 알코올, 도박, 마약 중독에 이어 4대 중독의 하나로 심각하게 다루려고 시도한 이후로, 게임이라는 매체에 빠져 있는 상태에 대해서 게임 중독과 게임 과몰입증이라는 두 의견이 팽팽하게 대립해 왔다.[149] 게임 중독을 고쳐야 하는 질병으로 바라보는 학부모, 교육계, 의학계와, 게임에 빠져 있는 증상

---

149 게임 중독은 아직 공식적인 질병이 아니다. 2019년 5월 세계보건기구(WHO) 총회에서 게임 중독에 대해 게임장애(gaming disorder)라는 '6C51 질병 코드'를 부여하기로 의결하였으나, 아직 각국의 정신장애 진단표에는 정식 질병으로 등재되지 않았다. 한국의 경우 빠르면 2025년에 질병으로 분류할 예정이다.

을 과몰입증으로 보고 있는 게임 애호가, 게임 업계의 입장 차이가 크다. 학부모, 교육계, 의학계는 게임을 중독을 일으키는 나쁜 대상으로 보고, 게임이 뇌를 손상시키며 사람을 폭력적으로 만든다고 주장한다. 나아가 폭력적 게임으로 인해 범죄율이 증가한다고도 말한다. 반면 게임을 오락거리로 보는 게임 애호가와 게임 업계는 게임의 종류가 다양하기 때문에 '모든 게임은 나쁘다'라고 일반화시킬 수 없다는 입장이다. 게임의 종류에 따라 오히려 두뇌 계발과 스트레스 해소에 도움을 주며, 게임 과몰입자의 증가와 범죄율 증가는 무관하다고 이들은 말한다. 이 상반된 의견은 어떤 상태를 중독이라 부를 것인가, 즐김과 중독의 경계에 대해 생각해 보게 한다.

이러한 중독에 대한 논란 속에서 불교는 중독을 다르게 바라볼 수 있는 흥미로운 관점을 제시한다. 위에서 인용한 파란 눈의 선사(禪師), 버니 글래스만의 말은 그의 삶, 나아가 인간의 삶이 '나'라는 대상에 대해 중독된 상태라고 이야기하고 있다. 달리 말하면, 중독은 인간의 존재 방식이며, 다양한 중독은 결과적으로는 '나 중독'의 다양한 양상이라는 것이다. 여러 중독 가운데 게임 중독은 불교에서 말하는 '나 중독'의 모습을 가장 직접적으로 보여 준다고 할 수 있다. 불교에서는 '나'와 수많은 인연들이 만들어 낸 '환상의 세계'를 임시적으로 존재하는 '나'가 살아가며, 게임에서는 남이 만들어 낸 '가상의 세계'에서 가상의 나인 '아바타(avatar)'가 살아간다. 이러한 유사성 때문에 불교의 '환상의 세계'를 벗어나는 방법을 통해 '가상의 세계'를 탈출할 수 있는 방법을 찾아볼 수 있다. '나 중독'을 벗어나게 하는 불교의 수행법으로 다른 중독 문제를 궁극적으로 해결할 수 있는 방법을 모색해 볼수 있는 것이다.

─────────● **게임 중독 다르게 보기**

중독 현상은 나와 대상과의 관계 속에서 나 자신이 주도권을 빼앗긴 상태, 달리 말하면, 나 자신이 대상을 사용하는 주인이 되지 못하고, 대상이 나의 주인이 되는 상태를 말한다. 게임 중독의 상태도 이와 다르지 않은데, WHO 국제질병분류 기준표 개정안에 의하면 논란이 되는 게임 중독의 기준은 아래와 같다.

① 게임을 하는 것에 대한 통제 불가.
② 게임을 일상생활이나 다른 관심보다 우선시함.
③ 부정적인 결과가 발생함에도 게임을 지속하거나 확대하는 것.
④ 이러한 증상이 12개월 이상 지속되어 개인, 가족, 교육, 직업상 활동에
   심각하게 지장을 줄 경우.

각각의 기준이 명료한 듯 보이지만, 게임 중독은 알코올 중독과 달리 내성과 금단현상이 강하지 않아 애매한 부분이 있다. 그래서 앞서

말했듯이, 게임 중독을 질병으로 규정하는 것에 반대하는 이들은 '게임 과몰입'이라는 표현을 쓸 것을 제안한다. 이들의 주장을 무시하기 어려운 이유는, 무엇보다도 중독의 기준이 시대에 따라 변화했고, 나아가 게임이 이제는 대중적 여가 활동으로 자리 잡았기 때문이다.

인터넷 중독 논의는 1990년대 들어서 인터넷의 확산으로 시작되었다. 1996년에 심리학자 킴벌리 영(Kimberly Young)은 미국 43세 주부의 사례를 미국 정신의학회에 소개하고 인터넷 중독을 체계화했다. 그 사례에 의하면 다른 정신과 병력이 없는 중년의 여성이 일주일에 60시간 이상 인터넷 채팅을 하면서 직업도 잃고 가정생활도 엉망이 되었다고 한다. 흥미로운 사실은 당시에는 주 60시간의 인터넷 채팅이 심각한 상황이었겠지만, 2020년대를 살아가는 일반인들의 삶에서는 아무것도 아닌 상황이라는 것이다. 2020년대의 한국 사람은 24시간 '카카오톡'이라는 채팅방에 머물면서 일상의 일부로 채팅을 하지만, 아무도 이를 심각한 채팅 중독이라고 생각하지 않는다.

게임의 경우도 마찬가지다. 80년대만 하더라도 게임은 소수의 청소년들이 하는 오락거리였으나, 지금은 전 연령대에서 게임을 한다. 지하철을 타면 스마트폰을 들고 게임을 하는 사람들을 쉽게 볼 수 있다. 게임 종류도 간단한 퍼즐 게임부터 모바일 롤플레잉 게임까지 다양하다. 이전에는 게임을 한다고 하면, 어린아이가 방 안에서 홀로, 모든 관계를 단절한 채 컴퓨터와만 관계를 맺고 있는 모습을 떠올렸다. 그러나 게임이 일상의 여가 활동이 된 상황에서는 게임을 한다는 것은 이전처럼 사회적 관계를 단절시키는 외톨이를 낳지 않는다. 이미 학생들 사이에서는 게임이 하나의 사회적 관계를 형성하는 공동의 취미생활이 된 지 오래다. 게임을 통해 친구들 간의 친목을 도모하기도 하는 아이들에게 게임은 오히려 사회생활을 용이하게 하는 도구이기도 한 것이다.

이러한 게임에 대한 인식의 변화는 게임 세계를 다루고 있는 두 편의 영화에서도 잘 나타난다. 2001년 개봉한 영화 〈아발론〉(오시이 마모루)과 2018년에 개봉한 〈레디 플레이어 원〉(스티븐 스필버그), 두 편 모두 암울한 미래사회를 살면서 게임 세계 속에서 탈출구를 찾는 젊은이들의 이야기를 그리고 있으나, 여기에서 묘사되는 게임 세계는 사뭇 다르다. 〈아발론〉에서 게임 세계는 암울하고 칙칙하며, 게임에 몰입한 이들은 현실보다는 게임 세계에 고립되어, 계속해서 게임 세계에 머물고 싶은 욕망으로 현실 세계로 돌아오지 않고 가상 세계에 머무는 길을 찾아 떠난다. 반면 17년 뒤에 만들어진 〈레디 플레이어 원〉에 등장하는 게임 속 세계 오아시스(OASIS)는 꿈꾸는 모든 것을 이룰 수 있는 환상적인 마법의 공간이며, 게임 속 아바타는 개인이 원하는 모습으로 어디든 갈 수 있다. 이렇게 멋진 게임의 세계이지만, 영화 속 주인공은 게임과 현실을 넘나드는 모험을 통해 현실 세계의 중요성을 깨닫고, 현실과 게임 세계에서 동시에 살아갈 수 있는 방법을 모색한다. 게임이 대중 여가 문화로 바뀌면서, 영화에서 게임을 바라보는 관점이 현실의 삶과 균형을 이루는 것으로 바뀌었다.

이런 상황에서 위에서 WHO가 이야기하는 '일상을 영위하지 못한다'는 기준의 구체적 내용도 좀 더 섬세하게 고민되어야 한다.

게임이 삶의 일부가 되고, 남녀노소가 모두 즐기는, 오히려 새로운 사회적 관계를 형성하는 매개체 역할을 하는 시대적 상황에서는 게임에 대한 인식이 바뀌어야 문제적 행동을 해결할 수 있는 실마리를 찾을 수 있다. '나쁜' 게임의 문제로만 보아서는 문제의 근원적 해결이 어렵다. '나쁜' 게임으로 인해 한다고 생각되는 '부정적' 행동들도, 가만히 잘 살펴보면, 일상에서 흔히 볼 수 있는 행동인 경우가 많다.

예를 들어 게임을 처음 시작해서 게임에 빠졌을 때 사람들은 눈만 뜨면 게임을 켜고 게임을 시작하고, 하루 종일 게임만 하고자 한다. 이것을 게임 중독이라 할 수 있을까? 이러한 경험은 게임만이 아니라 다른 흥미로운 일을 시작할 때에도 존재하며, 대부분은 일정 정도의 기간이 지나면 흥미를 잃어버린다. 게임에 과몰입한 증상이 평생 지속되는 경우는 드물고, 대부분의 사람들은 게임에서 일정 정도의 원하는 것을 성취하고 나면 게임에 흥미를 잃어버리고 중단하게 된다. 처음 '포켓몬GO'라는 게임이 나왔을 때, 게이머들 사이에서 광풍을 일으켰지만, 지금까지 하는 사람은 많지 않다. 또한 게임 중독의 문제점을 증명하는 증거로 사용되는 다양한 폭력 행위도 엄밀하게 따져 보면, 게임만의 문제로 보기 어렵다. 게임에 빠져 열심히 게임하고 있는 사람이, 컴퓨터 전원선을 뽑으면 화를 내는 것이 게임 중독의 시작점이라고 오해하는 사람들이 있는데, 그것은 다른 취미 활동을 못하게 할 때에도 나타나는 증상이다. 독서를 즐기는 아이에게서 갑자기 책을 뺏는다면 화를 내는 것이 당연하지 않겠는가. 사진 찍는 취미에 과몰입한 사람은 고급 기종의 카메라와 렌즈를 사는 데 수백, 수천만 원의 돈을 쓰기도 하고, 아이돌에 과몰입한 팬들은 아이돌을 지원하는 데 상상할 수 없을 만큼의 에너지와 돈을 투자한다. 이들의 경우와 비교해 볼 때 게임 아이템을 구입하는 데 비싼 돈을 들이고, 게임에 에너지를 쏟는 경우만을 병증으로 바라보는 것에는 좀 더 신중하게 접근할 필요가 있다. 모든 음주 행위가 알코올 중독이 아닌 것처럼, 게임을 하는 행위를 모두 게임 중독이라 하기 어렵다.

그렇기에 게임에 과몰입하는 요인을 게임 자체에서만 찾지 말고, 개인의 특성과 주변 환경도 함께 고려해야 한다. 심리학자 베르트 테빌트(Bert te Wildt)는 『디지털 중독자들』에서 게임의 내용, 게이머의 특성, 사회적 배경의 세 범주로 나누어 게임 중독의 원인을 분석하였다. 우선 사람들은 재밌기 때문에 게임을 한다. 게임은 사람들이 재미있게 할 수 있도록 게임을 제작하는 회사가 기획해서 만들었다. 현대사회의 모든 소비재와 광고, 영화나 음악이 모두 소비를 촉진시키는 방향으로 기획되는 것처럼, 게임도 마찬가지이다. 게임은 사람들을 끌어들일 만한 이야기, 화려한 영상, 아름다운 음악, 적절한 난이도, 잘 짜여진 보상 시스템으로 구성된다. 규칙적인 것보다는 불규칙적인 경우가 욕구를 더욱 자극하기에 각각의 게임에서 보상물인 희귀 아이템은 불규칙적으로 주어진다. 이러한 게임 제작사의 의도된 중독적 요소들로 인해, 게임 중독을 질병으로 생각하는 사람일수록 게임이 얼마나 해악한 것인지를 이야기한다. 심지어 많은 이들은, 지금은 유사 과학으로 판명된, 게임을 하면 뇌가 폭력적으로 변한다는 '게임 뇌이론'을 아직도 믿는다. 하지만, 우리의 자본주의사회에서 게임을 하나의 소비재가 아닌 해악물로만 보아서는 문제의 본질에 다가갈 수 없다. 아이들에게 게임은 사탕과도 같은 달콤한 소비재라는 현실을 인정할 때 게임 과몰입을 해결할 수 있는 방법을 찾아볼 수 있다.

두 번째, 개인의 특성도 게임에 과몰입하는 요인이 될 수 있다. 일반적으로 불행과 고통을 수용하지 못하고 행복감을 언제나 유지하고 싶어 하는 사람, 순간의 충동을 조절하지 못하고, 해야 할 일을 위해 욕구의 충족을 미루는 것이 잘 안 되는 사람이 중독적 상태에 빠지기 쉽다. 하지만 폭력 등의 심각한 문제를 야기하는 경우에는 개인이 가진 병적인 증상이 중요한 역할을 한다. 예를 들어 개인의 분노조절장애는 게임 하는 것을 방해받았을 때, 폭력을 행사하는 사건들을 야기할 수 있다. 자신이 즐겁게 하고 있는 일을 방해받았을 때 기분이 나쁘고 화가 나는 것은 정상적인 감정이다. 하지만, 분노조절장애를 가진 이들은 사회적으로도 용납될 수 없는 과도한 행동, 비정상적인 반응을 보인다. 그렇기에 게임 과몰입증을 주장하는 사람들의 주장처럼 게임 행위를 방해받았다고 해서 사람을 해치는 행위를 모두 게임 중독에 의한 것이라고 단정 지을 수 없다.

세 번째, 개인적 성향 외에도 사회적 상황이 게임 과몰입을 조장하기도 한다. 게임 과몰입을 비롯한 인터넷 중독의 문제는 유독 한중일 3국이 심각하다. 이는 물리적으로는 인터넷 인프라망이 잘 갖추어져 있으면서 사회적으로는 스트레스가 심한 구조를 갖고 있기 때문이다. 한국사회는 가정에서든, 학교에서든, 사회에서든 아이들에게 생산성만을 강요한다. 좋은 대학을 가기 위해 아이들은 아침부터 밤늦게까지 공부에 매진해야 하며 여유롭게 다양한 놀이 문화를 향유할 수 없다. 아이부터 어른까지 모두 과열 경쟁에 시달리며, 따스한 인간관계, 지지받는 인간관계를 형성하기 어려운 환경에 놓여 있다. 스트레스에 시달리는 아이들이 다양하게 여가를 즐길 수 있는 시간과 공간 또한 충분하지 않다. 반면, 누구나 손쉽게 컴퓨터와 인터넷에 상시 접속할 수 있기에 게임은 쉽게 접할 수 있다. 게다가 게임은 숨쉴 틈 없는 사회를 벗어난 다른 세계로 아이들을 안내한다. 아이들이 선택할 수 있는 탈출구가 적은 상태에서 게임으로의 도피는 어찌 보면 당연한 것이 아닐까.

게임 중독을 이야기하는 사람들은 게임 자체가 모든 악의 근원이라고 보지만, 모든 것이 그러하듯 게임 자체에는 선악이 없다. 아니, 사용에 따라서 선악이 달라질 수 있다. 이전에는 게임이 ADHD(주의력결핍 과잉행동장애) 증상을 유발한다는 주장이 있었으나, 다른 연구 결과에서는 오히려 게임이 ADHD를 개선시키고 집중력을 높이는 데 도움이 된다고 한다. 매일의 삶 속에서 게임이 뇌의 변화에 영향을 주는 것은 사실이지만, 그 영향을 반드시 나쁘다고 단정 지을 수는 없다. 하루하루 빠르게 발달하는 과학 기술과 디지털 시대에 뇌가 적응할 수 있게끔 게임이 도와주는 면도 있기 때문이다. 그렇기 때문에 개인의 성향과 사회적 환경까지 포함하여, 게임 과몰입을 주장하는 이들이 더 넓은 관점에서 게임과 관련한 문제를 바라본다는 점에서 의미가 있다. 하지만 이렇게 표면으로 드러난 요인들에 대한 분석만 가지고는 중독의 근원적 해결이 어렵다. 중독의 근원적 문제를 해결하기 위해서는 게임 중독 또한 인간의 존재론적 문제인 자아 중독의 연장선에 있음을 인지해야 한다.

──────● 불교의 자아 중독의 구조와 게임 중독

"한 나그네가 광야를 걷고 있다. 저 멀리서 벌건 불길이 다가오는 것을 보았다. 불을 피해 달리는데 맞은편에서는 미친 코끼리가 마구 달려오고 있었다. 코끼리와 불을 피해 다른 방향으로 달리는데 절벽에 닿았다. 막다른 길에서 아래를 보니 우물이 보이고 다행히도 큰 나무를 감고 있는 등나무 넝쿨이 우물 쪽으로 드리워져 있었다. 나무 넝쿨을 잡고 절반쯤 내려갔는데, 네 마리의 독사가 옆에서 공격하고 우물 안에는 독룡(毒龍)이 또아리를 틀고 입을 벌리고 있는 게 아닌가. 난감해서 위를 보니 이번에는 검은쥐와 흰쥐가 잡고 있는 등나무 넝쿨을 갉아 먹고 있었다. 완전한 사면초가의 상황에서 이제는 죽었다고 생각하고 망연자실 하늘을 보고 있는데, 나무에 걸린 벌통에서 꿀 다섯 방울이 입 안에 떨어졌다. 그 순간 절체절명의 상황임을 잊고 행복감에 취한다."

- 안수정등(岸樹井藤) 이야기

인간이란 언제 죽을지 모르는 위기 상황에 놓여 있지만, 욕망이 충족되는 순간의 달콤함에 빠져서 그 현실을 잊고 살아가는 존재이다. 중독이란 바로 이 순간의 마음, 깊은 불안을 외면한 채, 나를 기쁘게 하며 불안을 잊게 하는 순간의 달콤함을 갈구하는 마음에서 시작한다. '나'를 기쁘게 해 주는 것에 내 마음을 두는 것이기에 그 대상은 책이 될 수도 있고, 일이 될 수도 있고, 게임도 될 수 있다. 중독이 되는 대상들은 모두 나에게 즐거움과 안식을 준다. 술을 마시는 것은 술에 살짝 취했을 때 기분이 좋아지고 모든 근심을 잊게 해 주기 때문이며, 게임을 하는 것도 즐겁고 재미있기 때문이다. 그래서, 위의 나그네의 이야기는 넓게는 인간의 삶에 대한 일반적 이야기이지만, 좁게는 중독에 빠진 사람에 대한 이야기라 할 수 있다.

이 이야기 속의 다양한 상징들의 의미는 다음과 같다. 광야를 걷는 나그네는 무명(無明)에 빠진 중생을 말한다. 무명이란 밝지 않음이라는 의미로, 세상과 나에 대한 잘못된 믿음을 갖고 있는 상태를 말한다. 불교에서 말하는 세상과 나에 대한 잘못된 믿음이란, 그것들이 영원할 것이라는 것이다. 불은 늙음과 병을 말하며, 미친 듯이 달려오는 코끼리는 언제나 변화하고 있는 세상을 상징하며, 우물은 삶과 죽음이 존재하는 우리의 삶을 말한다. 등나무 넝쿨은 개개인이 가진 생명줄을 말하고, 검은쥐와 흰쥐는 밤과 낮을 상징한다. 검은쥐와 흰쥐가 넝쿨을 갉아 먹는 것은 우리의 목숨이 하루하루 지날수록 줄어듦을 말한다. 네 마리의 독사는 지수화풍(地水火風) 사대(四大)로 내 몸을 이루는 네 가지 물질적 요소이며 언제든 소멸할 수 있는 것들이다. 독룡은 죽음을 비유한 것이다. 이 일곱 가지 상징은 인간의 존재적 한계, 인간이 피할 수 없는 고통의 근원들을 상징한다. 벌꿀 다섯 방울은 다섯 가지 욕망을 말한다. 다섯 가지 욕망에 대해서는 두 가지 해석이 있다. 첫째는 다섯 가지 감각기관에 의해 생기는 욕망으로, 아름다운 것을 보고 싶고, 좋은 소리를 듣고 싶고, 향기로운 냄새를 맡고 싶고, 맛있는 것을 먹고 싶어 하고, 부드러운 것을 느끼고 싶어 하는 인간의 기본적 욕구를 말한다. 둘째는 재물욕(財物欲)·성욕(色欲)·탐욕(貪欲)·명예욕(名欲)·수면욕(睡眠欲)이다. 인간이 가지고 있는 기본적인 욕망들을 말한다.

　인간은 자신이 처한 위기 상황, 즉 모든 것이 변하면서 죽음을 향해 달려가는 상황을 잊어버리고 다섯 가지 욕망의 달콤함에 탐착하며 그 달콤함의 영원을 믿으며 하루하루 살아간다. 그 삶은 나를 포함한 세상의 모든 것들이 영원하리라는 무의식의 군건한 믿음에 의해 유지되고 있다. 어느 누구도 내가 세상에서 사라질 것이라는 것을 인지하며 살지 않지만, 세상은 한치 앞을 예측하기 어려울 정도로 변화무쌍하다. 언제나 건강할 줄 알았으나 갑자기 다음 날 아침 감기에 걸리기도 하고, 영원한 사랑을 맹세하던 연인이 어느 날 잔인한 이별 선언을 하기도 한다. 만년 청춘일 줄 알았으나 시간이 흐르면서 몸은 이전 같지 않다. 진실은 나를 포함한 모든 것이 변한다는 것이고, 나는 하루하루 죽음을 향해 걸어가고 있는 것이다. 그럼에도 순간순간 느끼게 되는 행복감, 예를 들어 목표하던 것을 이뤘을 때의 성취감, 사랑 고백이 받아들여졌을 때의 기쁨, 아름다운 음악을 들었을 때 오는 떨림, 맛있는 음식을 먹었을 때의 만족감 등이 우리가 처한 상황을 잊게 한다. 나를 위해 먹고 마시고 즐거움을 추구하면서 '나'라는 존재가 한시적인 삶을 살고 있음을 망각하고, 영원할 것을 기대한다. 나의 영원함에 대한 믿음으로 불안한 진실은 덮어 버리고 있기에 나의 영원함을 증명하기 위해 더 탐닉하고, 더 소유한다. '나'의 영원성을 꼭 붙잡고, 나를 기쁘게 하고, 나의 욕망을 만족시키는 것들에 둘러싸여, '나'의 본모습을 보지 않고 삶을 유지해 가는 것이 바로 앞서 글래스만이 말한 자아 중독, '나 중독'이다.

현실 속의 '나 중독자'들이 내면 깊숙이 자리 잡은 불안을 잊기 위해, 현실을 망각하고 나의 행복감과 만족감을 위해 움직이는 것처럼, 게임을 비롯한 다른 중독자도 마찬가지로 불안하고 불만족스러운 현실을 외면하고, 가상의 나를 통한 행복감을 느끼고자 하는 욕망으로 움직인다. 게임은 우리의 다양한 욕망을 만족시킨다. 게임은 우리의 오감, 특히 주요 감각인 시각과 청각에 만족감을 준다. 게임의 종류에 따라 조금씩 다르지만, 대부분 예쁘거나 귀여운 화면구성에 즐거움을 주는 배경음악을 가지고 있다. 예를 들어 아이들에게 인기 있는 뽀로로 퍼즐 게임은 아이들이 좋아하는 뽀로로 캐릭터들과 그들의 목소리가 담긴 배경음악으로 아이들을 끌어들인다. 다른 어떤 게임 종류보다 중독성이 높은 것으로 알려진 온라인 롤플레잉 게임은 아름답고 신비로운 가상 세계를 보여 준다. 나아가 이야기책에서는 상상을 통해서만 할 수 있었던 일들을 게임 속에서는 자신의 아바타를 통해서 직접 보고, 듣고, 체험한다. 보물찾기를 하고, 용사냥을 하고, 전설 속의 유니콘을 길들여 나만의 반려동물로 만들 수 있다. 현실과는 다른 아름다운 모험의 세계 속에서 색다른 삶을 산다는 것 자체가 짜릿한 자극과 즐거움을 준다.

게임은 성취감을 쉽고 빠르게 충족시킨다. 게임은 성취감을 주는 레벨 시스템을 가지고 있다. 한 단계를 끝내고 나면 난이도가 좀 더 있는 상위 단계로 올라간다. 상위 단계로 올라갈 때는 바로 즉각적인 보상 시스템이 갖추어져 있다. 난이도가 게이머의 수준과 맞을 때 게이머는 게임을 즐기게 되고, 게다가 즉각적으로 주어지는 보상 시스템은 게임을 계속할 동기를 부여한다. 중독성이 높은 롤플레잉 게임에서는 단순한 퍼즐 맞추기 이상의 것을 할 수 있고, 성취감도 훨씬 높다. 롤플레잉 게임은 주로 검술, 마법 등의 전투 기술에 초점을 맞추고 있지만, 그 외에도 악기 연주, 무기 제작, 목공예 등의 일상적인 일도 할 수 있다. 평소 책을 보면서 꿈꾸기만 했던 일들을 해 볼 수 있다.

게다가 게임의 세계에서는 현실 세계에서보다 적은 노력으로 최고가 될 수 있다. 실제 삶에서 기타 연주를 잘하기 위해서는 굳은살이 박일 정도로 열심히 연습해야 한다. 그러나 게임 속에서는 클릭을 통해 게임 속 아바타가 대신 연주를 하고, 현실의 나에게는 육체적 고통이 따르지 않는다. 성장에 들어가는 시간이나 에너지가 현실에 비해서 훨씬 적게 든다. 또한 현실 속에서는 수많은 연습과 시행착오를 통해 레벨이 올라가도 레벨이 올라갔는지, 자신이 만족할 만한 수준에 언제 오를지 알 수 없다. 그러나 게임 속에서는 게임 제작자가 정해 놓은 경험치만 채우면, 단계별로 레벨이 올라가는 것이 눈에 보인다. 그렇게 단계별로 올라가다 게임 내에서 최고의 레벨이 되면, 그 세계에서는 전문가이며 실력자로 인정받게 된다. 현실에서는 한없이 부족한 내가 현실에 비해서는 적은 시간과 적은 노력으로, 새로운 세계에서는 뛰어난 존재로 거듭날 수 있다. 심지어 레벨의 최고 단계에 올라갔을 때, 게임 용어로 '만렙(滿+level)'을 찍었을 때 '나'는 그 세계에서 완전체가 된다. 최고의 성취감을 맛볼 수 있는 것이다. 게임 속의 성취는 단지 개인의 성취감에서 멈추는 것이 아니라, 그 세계 속에서 '나'의 지위와 위상을 높이기도 한다. 그렇기에 사회 속에서 주목받지 못한 이들이 그동안 느꼈을 소외감, 인정받고 싶은 욕구 등을 보상해 줄 수 있다.

게임 세계에서 느끼는 이 모든 만족감과 기쁨을 잘 살펴보면, 그 중심에는 '나'가 있다. '내가 보기에 예쁘고, 내가 즐겁고, 내가 잘났고,

그래서 나를 행복하게 해 주기 때문에 게임을 한다. 게임을 하는 이의 관점에서 게임 속 내가 느끼는 즐거움은 영원할 것 같고, 게임 속 나도 영원할 것 같다. 이는 불교에서 바라보는 일상의 삶과 크게 다르지 않다. 일상에서도 우리의 삶의 중심에는 '나'가 있다. '나'를 행복하게 하기 위해 오늘도 열심히 공부하고, 열심히 일한다. 이렇게 현실 속에서든 게임 세계 속에서든 인간은 '나'라는 존재에 중독되어 '나'의 욕망을 충족하기 위해서 살아간다.

'나'라는 존재에 대한 중독이 내게 안식을 주기도 하지만, 또한 고통을 주기도 한다. 그래서 불교에서는 인간의 '나'에 대한 중독이 실제로 존재하지 않는 '나'라는 망상에 대한 집착이라고 이야기한다. 불교의 기본 가르침에 따르면 '나'라는 것은 존재하지 않는다. '나'는 다섯 가지 요소들이 순간순간 모였다가 사라지는 과정의 연속체이다. 마치 작은 점들이 모여서 하나의 선, 또는 평면을 만드는 것처럼, 찰나찰나 이어지기에 그게 하나의 덩어리로 보여지는 것이다. 나를 구성하는 다섯 가지 요소를 불교에서는 색(色)·수(受)·상(想)·행(行)·식(識)이라고 한다. '색'이란 모양과 색깔을 가진 것이라는 의미로 대상 세계와 나의 물질적인 부분, 몸을 말한다. '수'는 감수 작용으로, 대상 세계와 인식기관이 서로 접촉하는 과정을 말한다. '상'이란 서로 접촉된 인식기관이 만들어 낸 이미지를 말하며, '행'은 인식된 상에 대한 의지 작용으로, 대상을 갖고 싶다 아니다 등의 의지적 생각을 낸다. '식'은 다른 네 요소들을 하나로 엮어 주는 역할을 한다. 예를 들어 사과를 인식하는 과정을 보면, 오감을 통해서 사과에 대한 데이터를 받아들인다. 받아들이는 과정이 수이고, 받아들여진 데이터가 상이다. 이러한 데이터들을 분별하고 사과라 인식한다. 이때에 분별하여 사과라 인식할 수 있는 이전 지식, 경험이 작용하는 것이 식이다. 그렇게 사과라 분별한 후, 사과를 깎아 먹을 것인지, 혼자 먹을 것인지, 나눠 먹을 것인지 등의 의지적 생각을 내는 것을 행이라 한다. 사과를 다른 것과 구별하여 사과라 인식하는 데에는 식의 역할이 크다. 그래서 불교에서는 이 식을 좀 더 세분하여 세 단계로 나누어 본다. 인간의 의식은 연속되는 데이터들을 붙잡아 저장하고, 필요할 때 이를 꺼내어 쓴다. 사과에 대해 '사과'라는 이름과 함께 경험한 데이터들은 감각기관의 데이터들과 연결되기에 여섯 가지 식이라 하며, 그 데이터가 저장되는 창고를 아뢰야식(阿賴耶識)이라고 한다. 아뢰야식에 사과라는 데이터가 저장되어 있기에 사과를 보면 사과라 인식한다. 그런데 인간의 의식에는 아뢰야식을 '나'라고 생각하는 의식이 또 있다. 그것을 말나식(末那識)이라고 한다. 말나식의 작용에 의해서 우리는 다섯 가지 요소가 찰나찰나 일어나며 연속되는 흐름을 하나의 덩어리, '나'라고 착각한다.

'나'라는 존재는 그렇게 인식된 허상임에도 불구하고, 그 사실을 모르는, 또는 인정하고 싶지 않은 '나'는 '나'를 중심으로 모든 세계를 구성하게 된다. 내가 아침에 눈을 뜨고, 내가 밥을 먹고, 내가 아프고, 내가 즐겁다. 나를 아프게 하는 것들은 나쁘고, 나를 즐겁게 하는 것은 좋다. 이러한 느낌과 생각의 쌓임 속에서 생각하고 말하고 행동하며, 나만의 색안경을 만든다. 그 색안경이 바로 업(業)으로, 내가 바라보는 세상은 바로 내가 만든 업에 의해서 구축된 세상이다. 업에 따라서 하늘에 떠 있는 달을 빵으로 보기도 하고, 사랑하는 사람의 얼굴로 보기도 하며, 토끼가 사는 달나라도 볼 수도 있다. 그래서 불교에서는 모든 것은 내 마음이 만든 환상이라는 이야기를 한다.

내가 경험한 데이터를 흘려보내면, 업이 형성되지 않고 데이터들의 거대한 흐름만이 존재하는, 있는 그대로의 세계를 볼 수 있다. 그러나 '나'라는 생각은 그러한 데이터들을 흐르게 내버려 두지 않고, 분별하고 정리하여 나를 중심으로 잡아 둔다. 좋은 경험은 좋은 경험대로 나쁜 경험은 나쁜 경험대로 나라는 생각에 함께 묶여져 내가 세상을 바라보는 창문을 만든다. 그리고 내가 있기 때문에 내가 잘난 존재이기를 원하고, 나의 것을 소유하며 내 세계를 확장하고, 나의 존재를 증명하고 싶어한다. 그러나 나의 존재란 영원하지 않기 때문에 대부분 무의식의 깊은 내면에 존재적 불안을 가지고 있으며, 고통의 상태에서 벗어나지 못한다. 그러므로 고통의 상태를 잊어버리기 위해 나무에서 떨어지는 벌꿀과 같은 즐거움을 주는 것을 탐닉한다.

게임은 가상의 새로운 세상으로 '나'를 초대하여 현실의 고통의 상태를 잊게 도와준다. 그래서 얼핏 보면 게임의 세계가 현실의 해방구 역할을 하는 것 같다. 하지만, 대부분의 경우, 냉혹한 현실은 변하지 않고 그대로 흘러가거나 더 나빠지기 일쑤이다. 높은 취업 경쟁 속에서 취업 준비생으로 살아가는 사람이 스트레스 해소용으로 게임을 할 경우, 기분전환을 하며 에너지를 얻을 수도 있으나 어느 단계를 넘어서 게임 세계에 과몰입할 경우, 게임으로 소모된 시간과 에너지로 인해 취업 준비는 소홀하게 되고, 다시 취업이 안 되어 불안감을 해소하기 위해 게임에 탐닉하는 악순환의 구조가 형성되기 쉽다.

이러한 악순환의 구조 또한 돌고 도는 불교의 윤회의 구조의 축소판이다. 불교에서 윤회를 간단히 정리하면, 변화하는 내가 영원하리라는 믿음[惑]을 가지고 우리는 행동하며[業], 그 행동들은 우리를 변화의 고통에 머물게 한다[苦]. 불변하는 것을 추구하는 인간의 의식이 변화하는 것을 수용하지 못하고 나의 영원성에 집착하며 본질적 불안이 내재하는 상황 속에서 불변의 나를 위한 행동들을 하나, 실재를 있는 그대로 직시하지 못한 상태에서 고통의 순환 고리를 돌고 돈다. 이는 게임에서도 마찬가지이다. 게임을 하는 나는 게임 밖의 세계에서 게임 속 아바타를 내 삶에서 의미 있는 '나'로 인지하고, 게임 세계를 최선의 세계로 생각하여 그 세계 속에서 나를 지키고 성장시키기 위해 시간과 에너지를 쏟아붓는다. 투자되는 시간과 에너지에 비례해서 나의 아바타는 성장하고, 나는 만족하고 행복해한다. 가끔 현실이 보여 불안하나, 이 불안을 잊기 위해 다시 아바타를 키우는 데 에너지를 쏟으며 의미를 부여한다.

불교가 보는 세상과 게임, 그 가운데 온라인 롤플레잉 게임 속 세상은 둘 다 환상의 세계 속에서 '가짜 나'에 대한 애착에 의거하여 세상을 지탱하고 있으며, 나를 위한 즐거움이 삶을 굴러가게 한다는 공통 구조를 가지고 있다. 현실 세계에서는 순간순간 이어지고 있는 다섯 가지 요소의 결합을 나라고 생각하고, 나에 대한 애착을 바탕으로 내 것을 가지고 싶어 하는 탐욕을 부리고, 나를 불편하게 하는 것에 분노하는 마음을 갖는다. 대상을 맞닥뜨릴 때마다 나를 중심으로 좋은 경험과 나쁜 경험 하나하나를 흘려보내지 않고 붙들어 나의 업을 쌓고, 그렇게 쌓인 업에 따라 나를 즐겁게 하는 것들에 빠져 삶을 살아간다. 게임 세계 속에서는 아바타를 나 자신과 동일시하며, 아바타의 능력치를 키우기 위해 모험을 하고, 기술을 연마하고, 그곳에서 자신의 위치를 만들며 삶을 살아간다. 존재감을 주는 그 세계에서 즐거움과 행복감을 느끼며 그곳에 좀 더 머물기를 원한다.

이로 볼 때, 중독이란 별도로 존재하는 병이 아니라, 우리 삶의 구조 자체라고 할 수 있다. '나'라는 자의식은 내 존재를 지탱할 수 있는 안정감을 준다. 그러나 변화하는 내가 주는 안정감은 일시적이기에, 인간은 근본적 불안감에 시달리며 나의 바깥에서 내 것을 소유하고, 나를 중심으로 애착을 강화하며 그 안도감을 유지하고자 한다. 근원적 불안감을 잊게 해 주는 달콤함에 현실을 잊는다. 잠시 현실을 자각할 때도 있으나, 이내 그 고통과 불안의 무게로부터 도망쳐 다시 달콤함을 추구한다. 현실의 우울함을 잠시 느끼나 정면돌파 하기보다는 다시 달콤함으로 도망친다. 이렇게 삶 속에서는 부정의 수레바퀴가 돌아간다. 단순히 게임이라는 특정 독성 대상이 우리를 중독시키는 것이 아니다. '나'의 고통과 우울을 회피하고 즐거움을 추구하고 자 하는 우리의 본질적 욕망, 근원적 불안을 잊기 위한 우리의 '나 중 독'의 존재 방식이 현상에 나타나는 다양한 중독을 일으키고 있다.

─────● 게임 중독으로부터 자유로워지기

앞서 보았듯이 게임 중독의 근저에는 무엇보다도 나를 기쁘게 해 주고, 나의 존재 의미를 찾고, 나의 존재를 유지하려 는 인간의 본질적 욕망이 있다. 현실 세계에서 채우지 못하는 욕망을 게임의 세계에서 찾을 수 있기에 거기에 집착하고 머무는 것이다. 불 교는 우리가 사는 세상이 바로 그러한 본질적 욕망을 채우기 위해 나 에 의해서 구축된 환상의 세계임을 지적한다. 이 환상의 세계 속에서 나는 영원성을 추구하며, 안정감을 느끼고자 한다. 이에 대해 불교는 환상의 나를 유지하려고 몸부림치기보다는 그것이 환상임을 직시하 며, 오히려 그 환상의 세계를 벗어날 방법을 가르친다. 그래서 불교 에서 제시한 방식은 환상의 세계 속에 만들어진 또 다른 환상의 세계 인 온라인 게임의 세계에 대한 중독에서 벗어나는 데에도 효과적일 수 있다.

불교의 수행은 수행의 준비 단계에 해당하는 '알아차림'과 수행의 본 게임인 '명상수행'으로 구성되어 있다. '알아차림'이란 현재에 집중하여 순간순간의 내가 행하는 생각과 말과 행위를 알아차리는 훈련이다. 알아차림은 명상수행 시에도 사용할 수 있지만, 일상생활에서도 충분히 적용 가능하다. 키보드를 치고 있는 나의 손가락의 움직임에 집중하여, 손가락이 멈추고 잡념이 들어오는 순간을 알아차릴 수도 있으며, 대화를 할 때 그 상황에 집중하면, 대화 시 자신의 목소리의 변화를 알아차릴 수도 있고, 생각을 관찰하며 대화 시 화가 나는 순간을 알아차릴 수도 있다. 습관적으로 행하고 있는 콜라 마시는 행위를 알아차리고 멈출 수도 있다. 나의 생각과 말과 행위의 움직임을 알아차리게 되면, 그 행위의 흐름을 계속 할지 말지를 선택할 수 있는 기회를 갖게 된다.

'명상수행'은 깊은 집중을 통해 나의 참된 모습을 있는 그대로 바라볼 수 있게 도와주어 내가 처한 상황을 제대로 보게 도와준다. 명상에는 산란한 마음을 하나에 집중하는 수행인 '지(止, 집중수행)'와 현실을 그대로 바라보는 수행인 '관(觀, 통찰수행)'이 있다. 일반적으로 집중을 하는 수행인 지(止)가 어느 정도 수준에 이르렀을 때 대상을 그대로 바라보는 수행인 관(觀)이 가능하다. 가장 기본적인 명상 방식은 호흡에 집중하는 것이다. 숨을 들이마시며 내쉬는 과정에 집중하여 내쉴 때 1부터 10까지 숫자를 센 뒤, 다시 반복하는 방식을 취한다. 이 방법이 간단하고 쉽게 들릴 수 있으나, 마음이 산란한 경우에는 숫자를 세는 것을 놓치고, 어느 순간 잡념 속에서 헤매고 있는 경우가 많다. 알아차림은 호흡명상 시에 호흡을 하고 있음과 잡념으로 들어가는 순간을 알아차리는 것이다. 잡념으로 들어가는 순간을 알아차렸을 때 바로 다시 호흡을 세는 것으로 돌아와 마음이 집중하는 것을 도와준다. 이렇게 나의 호흡에 깊이 집중을 하면, 들이마시고 내쉬는 호흡 속에서 삶과 죽음을 인지하게 되고, 앞서 이야기한 다섯 요소의 흐름으로서의 나의 모습을 보고, 나를 중심으로 구축되어 있는 이 세계가 내가 만들어 낸 허상임을 알 수 있게 된다.

뇌과학자 질 볼트 테일러(J. Bolte Taylor)의 뇌졸중 경험에 대한 이야기는 이러한 불교적 '나'에 대한 설명을 과학적으로 뒷받침해 준다. 테일러는 좌뇌가 마비되는 뇌졸중이었는데, 좌뇌 쪽에 마비가 오자 자신이 어디서부터 시작하고 어디에서부터 대상과 분리되는지 인지할 수 없었다고 한다. 뇌졸중에서 회복된 후 그녀는 좌뇌와 우뇌의 역할이 다름을 밝혔다. 좌뇌는 과거의 기억과 경험에 의거하여 현재 들어오는 정보를 범주화하고 분류한다. 그리고 이 정보를 가지고 미래의 가능성에 투사하고, 이 모든 과정을 거쳐 좌뇌가 '나'를 규정하면 다른 이들과 분리된 '나'가 된다. 반면 우뇌는 현재 순간에 들어오는 모든 정보의 흐름을 하나의 전체로 수용하여, 우주의 에너지와 연결된 하나의 에너지 흐름으로 나를 인식한다. 명상수행은 뇌졸중이라는 생명의 위급 상황 없이도 이러한 '참 나[眞我]'의 모습을 보게 하여, 나에 대한 애착과 망상을 극복하게 돕는다.

자아 중독을 벗어나 '참 나'를 보게 하는 불교의 수행 결과를 쉽게 얻을 수는 없지만, 알아차림과 두 가지 명상수행은 게임에 과몰입하

는 증상을 해결하는 데 기술적 도움을 줄 수 있다. '알아차림'의 훈련
은 게임 과몰입증상에서 벗어나는 데 바로 적용할 수 있다. 내가 하
는 현재의 행동에 집중하게 되어 온라인 게임을 하기 위해 컴퓨터를
켜거나 프로그램을 구동하는 순간을 알아차릴 수 있게 된다. 그것을
알아차리면 나에게는 게임을 할 것인가 말 것인가의 선택권이 주어
진다. 게임으로부터 벗어나고자 하는 마음이 없는 경우는 선택권이
주어져도 게임을 구동하게 되지만, 벗어나고자 하는 사람은 그 과정
에서 멈출 수 있다. 게임을 지속하고자 하는 마음이 있는 경우라 하
더라도, 게임을 하고 싶어 하는 나의 마음의 변화과정을 알아차리는
훈련을 통해 근본 문제를 파악하게 도울 수도 있다. 즉 게이머가 게
임에 참여할 때 얻는 즐거움이 언제 어느 때 발생하는지 세밀하게 알
아차리는 훈련을 하다 보면, 그 즐거움이 얼마나 찰나적인지를 알게
되고, 또한 게임에 시간을 소모한 것을 후회하는 마음도 알아차리게
된다. 알아차림의 방식은 게임 과몰입자가 스스로 게임에 휘둘리는
자신의 모습을 알아차리고, 무의식적 패턴을 버리고 스스로 중독의
패턴에서 벗어나게 도울 수 있다.

　나아가 개별적 원인을 제거할 때도 불교 명상은 효율적으로 활용
될 수 있다. 게임 자체의 중독성에 대해서는 모든 미디어가 그러하듯
이 게임도 사람들을 끌어들이기 위해 디자인되었다는 점을 인지하는
것이 중요하다. 대상들의 참모습을 관조할 수 있게 돕는 명상은 이러
한 인지를 돕는다. 게임을 오랫동안 탐구하고 오히려 만드는 법을 익

힌 사람들은 게임에 중독되지 않는다. 컴퓨터 업계 사람의 고백에 의하면, 게임에 과몰입되었을 때, 아버지의 권유로 컴퓨터의 프로그램 언어를 배우면서 게임에 빠지는 대신 프로그래머로서의 삶을 살게 되었다고 한다. 이후 그는 게임을 만들어 본 후에 게임을 접할 때마다 게임 창작자의 의도가 간파되어 게임에 쉽게 싫증을 느꼈다고 한다. 그러므로 게임 세계 자체의 매력에 의한 끌림으로 게임에 과몰입한 상태라면, 명상수행을 통해 게임 세계와 아바타가 만들어진 것임을 인지하게 하고, 나아가 게임 세계에 대한 흥미를 관련된 다른 방향으로 전환시킬 수도 있다.

개인적 성향 문제에 관해서는 아이들이 스트레스를 잘 조정할 수 있는 힘을 길러 주는 것이 필요하다. 명상수행은 이미 받은 스트레스 완화뿐만 아니라 예방에도 도움이 된다. 간단한 호흡 세기는 호흡에 집중하게 하고, 깊은 집중은 흥분도를 낮추는 작용을 한다. 불안과 스트레스가 가중되는 상황에서는 누구나 탈출을 꿈꾸게 마련이다. 이때 게임은 그 대안으로 아주 매력적이다. 손쉽게 가까이서 접할 수 있으면서 만족도가 높기 때문이다. 때로 게임은 흥분도를 높이기도 한다. 하지만 집중 명상은 흥분도를 가라앉히고, 통찰 명상은 사태와 나의 감정을 분리시켜 보며, 사태를 다르게 볼 수 있게 도와서 스트레스를 관리할 수 있는 힘을 길러 준다. 이처럼 명상으로 인해 흥분도가 낮아지게 되면, 게임으로의 도피가 아닌 문제를 직접적으로 대면하여 해결할 다른 방식을 모색하는 여유를 가질 수 있다.

인간은 '나 중독'의 상태로 살아가기 때문에, 주변인의 수용과 반응에 영향을 받는다. 중독성이 강한 온라인 롤플레잉 게임은 현실 세계보다는 가볍지만, 만족할 만한 환대와 유대감을 제공해 준다. 게임하는 이들은 게임 속에서 친구를 만나고, 그들과 사교 활동을 한다. 아침에 채팅창에 같이 게임하는 사람들에게 인사를 하며 게임을 한다. 중간에 학교에 갔다 오고, 학교에 갔다 와서는 또 게임을 하다 잘자라는 인사와 함께 게임을 마친다. 그렇게 그 안에서 새로운 인간관계가 형성된다. '길드(guild)'라는 조직을 통해 그 안에서의 조직사회를 구성하여 나름의 삶을 살아가며, 게임 속의 인간관계를 끊을 수가 없어서 게임을 계속하기도 한다. 이럴 경우, 게임 세계가 아닌 현실 세계에서 자신의 삶이 뿌리내려 새로운 인간관계가 형성될 때 자연스럽게 게임 세계를 떠날 수 있다. 주변인들의 명상수행은 게이머의 이러한 욕망을 인정하고 받아들일 수 있게 도와줄 수 있다. 게이머가 아닌 주변인들의 명상훈련은 주변인들이 자신의 욕망을 내려놓고, 게이머의 욕망을 이해하고 수용할 수 있게 돕기 때문이다. 어떤 이는 어머니와 함께 게임을 하게 되면서 게임 중독에서 벗어나기도 하였다고 한다. 이는 어머니에게서 이해받고 존중받았다는 만족감 때문일 수도 있고, 또는 자신만의 세계가 어머니의 개입으로 변형되면서 그 세계에 머물 이유가 없어졌기 때문일 수 있다. 한국보건사회연구원의 연구에 의하면 부모, 교사, 친구들과 좋은 관계를 유지하고 있는 아이들의 게임 중독률이 낮았다고 한다. 좋은 인간관계는 삶의 만족감과 안정감을 증가시키기 때문에 현실 세계가 아닌 다른 세계에서 욕구를 충족시키려는 마음 자체가 생기지 않게 된다. 그러므로 게임을 하는 행위를 무작정 막는 것보다는 오히려 수용하고 이해하는 것이 게임 과몰입중 또는 게임 중독을 극복하는 데 더 도움이 될 수 있다.

불교의 방법론이 중독적 증상의 완화에 도움을 주기는 하지만, 궁극적으로 중독 문제를 해결하기 위해서는 '나 중독'으로부터 벗어나야 한다. 그러나 그 목표는 단시간에 쉽게 이루어질 수 있는 것이 아니기에, '나 중독'으로 살아가는 일상의 우리들이 중독을 벗어나기 위해서는 우선적으로 해 볼 수 있는 것은 게임을 대체할 다른 즐거움을 찾는 것이다. 일상의 '나'는 '나'를 즐겁게 하거나 나에게 안도감을 줄 대상을 언제나 필요로 하기 때문에, 게임에 과몰입하는 이들에게는 게임을 대신할 다른 일들이 현실 세계에서 주어져야 한다. 게임 대신 집중할 대상이나 현실 삶 속에서의 목표가 명료할 때, 명상의 방법론은 더욱 효과를 가질 수 있다.

나아가 불교의 탈-자아 중독의 가르침에 깔린 연기적 세계관을 받아들이면, 게임 중독의 문제를 다르게 바라볼 수 있다. 연기적 세계관에서는 모든 존재하는 것들이 독자적으로 존재하는 것이 아니라, 여러 조건들이 함께 작용하여 존재한다. 즉 밤나무가 존재하기 위해서는 밤이 땅에 심어져 있어야 할 뿐만 아니라, 밤나무가 자랄 수 있게 도와주는 햇빛, 물, 바람 등이 함께 작용해야 하며, 밤나무가 자라는 데 방해하는 요소들이 없어야 한다. 만약 이 가운데 햇빛이 부족하거나 하면 밤나무는 제대로 자랄 수 없다. 이를 게임 중독을 바라보는 데 사용해 보면, 게임 중독은 단순히 게임 때문에 발생하는 것이 아니다. 게임이라는 중독을 일으키는 대상이 있다 하더라도, 그 대상을 수용하는 개인이 있어야 하며, 게임 중독에 빠질 수밖에 없는 조건들이 조성되어 있어야 한다. 예를 들어 아이들에게 경쟁과 성과주의로 인해 생긴 스트레스를 해소하거나 여가를 즐길 다양한 방법이 주어진다면, 항상 게임으로 스트레스를 풀려고 하지 않을 것이다.

이뿐만 아니라 이러한 불교적 세계관을 수용하면, 자아의 잘난 모습만을 붙잡으려는 마음을 내려놓게 되며, 나약한 자신의 모습을 그대로 받아들일 수 있다. 나아가 성취와 실패 또한 순간이며, 인연 조합에 따라 나의 실패는 성취의 기반이 될 수도 있음을 알게 되기 때문에 비록 나약하고 지금은 실패 상태에 머물러 있는 '나'이지만, 나의 선택들과 예측할 수 없는 복잡한 인연의 법칙에 따라 모든 것이 변화할 수 있음을 수용하게 된다. 이러한 세계관이 밑바탕이 될 때, 명상의 방법은 더욱 효과를 갖게 되고, 사람들이 게임으로 도피하는 일은 줄어들 수 있을 것이다. 지금 이 순간의 선택이 복잡한 연기의 그물망에 영향을 주어, 미래를 바꿀 수 있다는 시각을 갖게 되기 때문이다. 이처럼 불교의 연기적 세계관과 탈-자아 중독의 가르침은 존재의 근원적 변화를 끌어갈 수 있는 새로운 시각을 제시하여 중독의 문제를 해결하는 데 도움을 줄 수 있을 것이다.

게임 중독을 질병으로 볼 것이냐, 과몰입으로 볼 것이냐는 것은 게임 중독 논란의 중요한 쟁점이었다. 질병으로 보는 이들은 게임을 나쁜 것으로 본 반면, 과몰입으로 보는 이들은 게임을 오락거리로 보았다. 이러한 논쟁 가운데에서 불교는 새로운 관점을 제시해 준다. 즉 게임은 좋고 나쁨이 없는 중립적인 것이며, 중독은 바로 인간의 존재 방식이라는 것이다. 안수정등 이야기에서 보았듯이 인간은 위기의 상황 속에서 '나'를 만족시켜 주는 욕망의 순간의 달콤함에 취해 자신이 처한 긴급한 상황을 잊으며 살아간다. 인간은 존재론적 불안감을 극복하기 위해 '나'라는 존재를 붙잡고 살아가는 존재이다. 질병적 중독에 빠져 있는 이들은 삶의 불안감을 다른 대상을 탐닉하며 외면하고 있을 뿐이다. 게임 세계 속에서는 게임 속 나에게 몰입하며, 근심을 잊고 나를 즐겁게 할 행위에 매몰된다. 단지 게임 자체의 매력 때문이라면 대부분의 사람들은 쉽게 게임에서 벗어날 수 있겠지만, 개인과 사회의 문제가 맞물려 있을 때 더욱 과몰입하거나 중독되기 쉽다. 게임 자체의 매력은 시간이 지나면 싫증을 느끼게 되지만, 개인이나 사회적 문제는 게임 이외에 다른 탈출구가 없으면 빠져나오기 힘들기 때문이다. 그래서 현실 세계가 암울할수록 사람들을 손쉽게 온라인 게임에 빠지게 된다. 모든 중독의 뿌리에는 '나'에 대한 중독이 자리 잡고 있기 때문이다.

　인간은 '나'에 대한 중독을 토대로 욕망과 불안의 상호작용 속에서 계속 윤회하는 삶을 살아간다. 그래서 중독으로부터의 자유는 단지 중독 대상으로부터의 해방이 아닌, 나의 참모습과 변화하는 세상의 참모습을 수용할 때 가능해진다. 불교의 가르침과 수행 방식은 이를 도와주는 데 효과적이다. 알아차림은 내가 지금 이 순간 무엇을 생각하고 행하는지 자각하게 해 주고, 집중명상은 내가 집중해야 할 일에 집중하게 해 주며, 통찰명상은 자신이 처한 상황을 전체적으로 조망하여 벗어날 수 있는 눈을 길러 준다.

　세속적 삶을 살아가는 이에게는 자아를 내려놓는 것보다 중독의 대상을 교체하는 방식이 더 쉬울 수 있다. 즉 게임이나 중독 대상이 주는 즐거움보다 더 강력한 즐거움을 주거나 더 의미 있고 중요한 가치 대상을 찾아야 한다. 그것을 '나'의 삶의 목적이라 할 수 있는데, 통찰명상은 또한 이를 찾는 데 도움을 줄 수 있다. 정리하자면, 게임 중독의 문제는 현실의 삶 속에서 게임보다 더 중요한 즐거움과 삶의 의미를 찾을 때 해결될 수 있을 것이다.

　나아가 이런 맥락에서 유독 동북아 3국에서 청소년들의 게임 중독이 문제가 되는 특별한 이유를 깊이 고민해 볼 필요가 있다. 지나친 교육열과 냉정한 훈육 방식, 완벽주의와 성과중심주의의 문제가 아닌지, 게임으로 인해 공부를 소홀히 할까 봐 문제를 확대 해석하고 있는 것은 아닌지, 과도한 경쟁으로 숨 막히는 사회의 문제를 덮기 위해 게임이라는 매체에 책임을 돌리고 있는 것은 아닌지, 이 모든 경쟁적 상황으로 인해 아이들이 삶의 목적을 세울 여유가 없어 중독 문제가 생기는 건 아닌지 생각해 볼 필요가 있다.

참고문헌

권재원, 『컴퓨터 게임: 중독증의 이해와 치료』, 한국학술정보, 2007.

박병선 · 박수지, 「청소년의 스트레스가 인터넷 게임중독에 미치는 영향에 대한 가족, 친구, 교사관계의 다중매개효과」, 『보건사회연구』 36(1), 2016.

빌트, 베르트 테, 『디지털 중독자들: 인터넷 의존증이 바꿔놓은 세상』, 박성원 역, 율리시즈, 2017.

이형초 · 심경섭, 『인터넷 중독 완전정복』, 시그마프레스, 2006.

Doan, Andrew P., 『게임 중독의 심리분석』, 양유성 역, 학지사, 2016.

Queen, Christopher S.(ed.), 2000, *Engaged Buddhis in the West*, Somerville: Wisdom Publications.

김양주 · 신다은, "WHO '게임중독은 질병'…국내도 '진단기준' 논의 나서", 한겨레신문, 2019.05.26.
(http://www.hani.co.kr/arti/society/health/895331.html)

윤홍만, "게임장애, 그 기원은 어디이며 어떻게 봐야 할까?", Inven, 2018.04.26.
(http://www.inven.co.kr/webzine/news/?news=198326)

이장주, "게임과 심리학 (1) – 게임중독? 과몰입? 둘 다 틀렸다!", Inven, 2014. 07.22
(http://www.inven.co.kr/webzine/news/?news=114656)

"뇌졸중으로 새로운 사실을 발견한 질 볼트 테일러 박사", TED talk, 2008.
(https://www.ted.com/talks/jill_bolte_taylor_s_powerful_stroke_of_insight?language=ko)

9부

존재 기획의 자유

중독과 사르트르

한상연

오늘날 우리 사회에는 조현병 환자들에 대한 불안
감을 호소하는 이들이 많다. 2016년 5월에 발생한 소위 '강남역 묻지
마 살인 사건' 등 조현병 환자가 저지른 만행이 여러 차례 큰 이슈가
되었기 때문이다. 조현병을 비롯해 정신질환을 앓고 있는 사람이 저
지르는 범죄가 전체 범죄에서 차지하는 비율이 0.5퍼센트 남짓에 불
과하다는 통계는 별다른 위안이 되지 못한다. 아마 그것은 조현병 환
자의 경우 자신의 행동을 이성적으로 제어할 능력이 거의 없다는 생
각 때문일 것이다. 물론 이러한 생각은 착각에 불과하다. 정신질환을
앓는 사람에게 죽으나 그렇지 않은 사람에게 죽으나 죽는 건 매한가
지이니 말이다.

조현병과 관련된 이야기를 듣고 있노라면 다음과 같은 의문이 들
기 쉽다. '인간은 과연 자유로운 존재인가?' 조현병이 도파민과 세라

토닌 등 신경전달물질이 제대로 분비되지 않아 발생한다는 사실은 잘 알려져 있다. 트라우마 등 사회적 요인에 의해 증상이 악화되기도 한다. 중요한 사실은 조현병이 신체적, 물리적 원인이나 상황적 요인의 작용에 의해 인간의 정신이 비정상적으로 변해 버릴 수 있다는 점을 증명한다는 것이다. 그렇다면 자유란 환상에 불과할 뿐 인간의 정신 역시 물리적 사물들과 마찬가지로 인과율적으로 결정되는 존재가 아닐까?

한편 인간이 이런저런 선택을 하며 살아간다는 점에서 보면 인간이 자유로운 존재라는 사실을 부정하기는 어려울 것 같다. 선택이란 자유로운 존재만이 할 수 있는 것이기 때문이다. 그러나 어떤 점에서 보면 선택 자체가 어떤 강제적 요인 때문에 일어나는 것으로 생각될 수도 있다. 빵을 먹을지 밥을 먹을지 선택하는 것은 내가 배고픔에 의해 음식을 먹도록 내몰리기 때문이다. 연애 상대자를 선택하는 것 역시 어쩌면 성욕이나 호르몬의 작용에 의해 이성을 구하도록 내몰리기 때문인지도 모른다. 자유의 증표처럼 보이는 선택의 가능성이 실은 제어할 수 없는 욕망과 충동의 표지에 불과할 수도 있는 것이다.

한 가지 부정할 수 없는 사실은, 물리적 사물과 달리 정신적 존재인 인간은 아무튼 선택을 한다는 것이다. 당구대 위의 당구공은 어디로 움직일지 생각하지도, 선택하지도 않는다. 당구공은 그저 자신에게 가해진 물리적 힘의 양과 방향에 따라 어디론가 떠밀려 갈 뿐이다. 어쩌면 조현병 환자의 의식이란 제어하기 힘든 충동과 정상적인 사람처럼 잘 선택하려는 의지 사이에 일어나는 투쟁의 장인지도 모른다. 정상인이라면 무엇을 선택해야 할지 고민하지 않고 평온하게 보낼 수 있는 대부분의 시간을 끝없이 선택하며 보내는 것이 조현병 환자의 의식일지도. 정상인이 차마 상상하기도 힘든 그 끝없는 선택의 시간은 인간의 자유의 표지인가 아니면 부자유의 표지인가? 아마 그 해답을 우리는 20세기를 풍미했던 위대한 철학자들 가운데 하나인 장 폴 사르트르(Jean Paul Sartre)에게서 찾을 수 있을지도 모른다.

──────• 중독은 자유의 상실이다

중독이란 무엇인가? 상식적으로 보면 중독이란 자유롭게 생각하고 행동할 능력의 상실과 같다. 『표준국어대사전』은 중독을 세 가지로 정의하고 있다.

① 생체가 음식물이나 약물의 독성에 의하여 기능장애를 일으키는 일.
② 술이나 마약 따위를 지나치게 복용한 결과, 그것 없이는 견디지 못하는 병적 상태.
③ 어떤 사상이나 사물에 젖어 버려 정상적으로 사물을 판단할 수 없는 상태.

첫 번째 정의는 중독을 신체에 일어난 기능장애를 중심으로, 두 번째 정의는 신체와 마음 모두에 병발적으로 나타나는 어떤 의존 상태를 중심으로, 그리고 마지막 세 번째 정의는 마음의 어떤 활동성 때문에 일어난 정상성의 상실을 중심으로 그 의미를 제시한다. 세 가지 정의 모두 중독을 자유의 상실과 같은 것으로 파악하는 상식적 입장과 잘 어울린다. 거칠게 말해 중독이 야기하는 자유의 상실은 우리의 몸과 마음에 무언가 부정적 변화가 일어났음을 뜻한다. 중독이 나쁜 것이라는 우리의 판단은 중독으로 인한 자유의 상실이 우리 자신을 위해 좋지 못한 것이라는 판단과 같다.

그런데 자유란 대체 무엇인가? 우리가 자유롭게 생각하고 행동할 수 있도록 하는 그 근거는 무엇인가? 물론 이러한 물음은 우리가 자유로운 존재라는 것을 이미 당연한 것으로서 전제하고 있다. 그런데 우리가 자유로운 존재라는 것은 사실일까? 철학자들이나 과학자들 중에는 자유란 환상에 불과하다고 여기는 이들도 있다. 이들의 말이 거짓이라는 것을 우리는 어떻게 증명할 수 있을까?

──────● **선택의 가능성과 선택의 자유는 구분된다**

사람들이 보통 생각하는 자유는 선택의 자유이다. 민주주의 국가에서는 사람들이 자신의 삶을 자유롭게 선택할 수 있지만, 전체주의 국가에서는 그렇지 않다는 식의 주장이 이러한 생각을 잘 드러낸다. 엄밀히 말해 여기서 선택의 자유란 실은 선택의 가능성이 주어져 있음을 뜻하는 말일 뿐이다. 선택의 가능성이 주어져 있다고 해서 누구나 자유로운 것은 아니다. 가장 분명한 사례는 바로 중독이다. 게임 중독에 걸린 아이를 방에 혼자 있게 내버려 두었다고 생각해 보자. 아무도 아이에게 게임을 하라고 강요하지 않는다. 게임을 하거나 말거나 전적으로 아이 마음에 달렸다. 그러나 아이는 게임을 하지 않을 수 없다. 선택의 가능성은 주어져 있지만 그 가능성을 자신을 위해 "좋은 방식"으로 활용할 수 있는 역량은 부족하기 때문이다. 한마디로 중독에 의한 자유의 상실은 선택의 가능성의 상실이 아니라 자신을 위해 좋은 방식으로 그 가능성을 활용할 역량의 상실이다. 이렇게 보면 민주주의 국가에서 사람들이 선택의 자유를 지니고 있다는 생각은 반은 맞고 반은 틀리다. 민주주의 국가의 구성원들 가운데는 분명 자신에게 주어진 선택의 가능성을 자신을 위해 좋은 방식으로 활용하는 사람도 있다. 그들은 참된 의미의 선택의 자유를 지니고 있는 사람이다. 선택의 가능성이 주어져 있을 뿐만 아니라 그 가능성을 자신을 위해 좋은 방식으로 활용할 수 있는 역량 또한 갖추었다는 뜻이다. 그러나 불행하게도 그렇지 못한 사람 또한 적지 않다. 자신에게 주어진 선택의 가능성을 자신을 위해 나쁜 방식으로 활용하는 사람이 많다는 뜻이다.

우리의 실존이 인과율의 법칙보다
더욱 근원적이다

이름난 사상가들 가운데 자유를 선택의 관점에서 규정한 대표적인 인물은 20세기를 풍미했던 실존주의 철학자 장 폴 사르트르이다. 사르트르에 따르면 사람은 어떤 극단적인 상황에서도 선택의 자유를 지닌다. 즉 우리에게 자유란 양도 불가능한 절대적인 것이다. 이러한 사르트르의 입장은 종종 비난과 조롱의 대상이 되고는 한다. 예컨대 폭압적인 공권력에 의해 쥐도 새도 모르게 납치당한 채 끔찍한 고문에 시달리는 자가 있다고 가정해 보자. 대체 그에게 무슨 선택의 자유가 있는가? 끔찍한 고통을 이기지 못해 자신의 신념에 반하는 말과 행동을 하게 되는 경우 그는 비난받아야 하는가? 사르트르가 말하는 선택의 자유의 절대성이란 극소수의 초인적 영웅에게만 적용될 수 있는 개념이 아닌가? 결론부터 말하자면 이러한 의문은 사르트르의 철학에 대한 몰이해에 기인한다. 사르트르가 말하는 선택의 자유란 우리 의식의 근원적인 존재 방식을 표현하는 말일 뿐이다. 우리는 분명 하나의 의식으로서 존재하기에, 그리고 하나의 의식으로서 존재함이란 언제나 이미 선택의 가능성 앞에 내던져져 있음을 의미하기에, 우리는 어떤 상황에서도 결국 양도 불가능한 선택의 자유와 더불어 존재할 수밖에 없다. 이 말은, 설령 약한 자라도, 비겁하고 유약한 자라도, 선택의 자유 없이 존재할 수 없다는 뜻이다.

| 장 폴 사르트르

　사르트르의 관점을 잘 이해하려면, 인과율이 그 자체로 절대적
이고 근원적인 것이 아니라, 오직 특정한 형태의 원인과 결과를, 그
자신의 독자성을 드러내는 현상으로써 지니는 그 어떤 것에 근거
해서만 형성되는 것이라는 점을 먼저 헤아려야 한다. 나가르주나
(Nāgārjuna, 龍樹)의 『중론(中論)』의 표현을 차용하자면 원인이란 있다고
도 할 수 없고, 없다고도 할 수 없는 것이다. 현상으로서 발견된다는
점에서 보면 원인은 분명 있다. 그러나 실체로서 발견되는 것이 아니
라 그 어떤 것의 존재에 근거하여 발견된다는 점에서 보면 원인은 동
시에 없는 것이기도 하다.

이러한 생각은 결코 이해하지 못할 아포리아(aporia)[150]가 아니다. 딱딱한 몽둥이로 바위를 쳤다고 생각해 보자. 이러한 행위는 몽둥이가 부러지거나 바위가 부서지는 결과로 이어질 수 있다. 즉 몽둥이로 바위를 치는 행위는 부러짐이나 부서짐의 원인일 수 있다. 그러나 결코 고통과 죽음을 야기할 수는 없고, 따라서 고통과 죽음의 원인이 될 수도 없다. 몽둥이도 바위도 고통이나 죽음과는 무관한 존재이기 때문이다. 하지만 몽둥이로 사람을 치는 행위는 고통이나 죽음을 야기하기 마련이고, 이는 곧 그것이 고통이나 죽음의 원인이 됨을 뜻한다. 사람이 고통 및 죽음의 가능성과 함께 존재하기 때문이다. 결국 원인과 결과는 그 자체로서 존재하는 것이 아니라 그 어떤 것의 독자성과 고유함에 상응하는 방식으로, 그때마다 나타나는 현상적인 것이라는 결론이 나온다. 원인과 결과의 근거가 되는 어떤 것이 바위처럼 고통 또는 죽음과 무관한 존재이면, 어떤 행위도 고통 또는 죽음의 원인일 수 없다. 하지만 원인과 결과의 근거가 되는 어떤 것이 고통이나 죽음과 유관한 존재라면 특정한 유형의 행위는 고통이나 죽음의 원인이 될 수 있다.

---

150 어떠한 사물에 관해 해결의 방도를 찾을 수 없는 난관.

몸이 선택의 가능성을 낳는다

우리에게는 몸이 있고, 우리의 의식은 몸의 작용으로부터 자유롭지 못하다. 즉 몸과 하나인 의식, 육화된 정신으로서 존재하는 의식은 몸에서 일어나는 변화에 의해 변할 수 있다. 이런 점에서 보면 유체이탈이라도 해서 몸으로부터 완전히 분리된 것이 아닌 이상, 의식도 인과율의 법칙으로부터 자유로울 수 없다. 몸에서 일어나는 변화가 의식에서 일어나는 변화를 야기하는 그 원인이 되기 때문이다.

그렇다면 선택의 자유가 양도 불가능한 것이라는 사르트르의 주장은 분명 오류가 아닐까? 의식이 인과율의 법칙으로부터 자유롭지 못하다는 말은 곧 의식을 지닌 인간에게 자유란 원래 허용되지 않는 환상에 불과하다는 것을 뜻하지 않을까? 논리적으로만 보면 이러한 생각은 거의 자명한 것처럼 여겨지기 쉽다. 인과율의 법칙에 얽매여 있는 것은 인과율의 법칙에 의해 결정된 대로 변해 가는 것이고, 그런 한에서 자유와 무관한 것이지 않는가? 그런데 이러한 의문의 바탕에는 인과율을 실체적인 것처럼 여기고 그 자체로서 절대화하는 잘못된 판단이 깔려 있다.

고양이 사체에 불을 대어도 그것이 비명을 지르거나 달아나는 일은 일어나지 않는다. 이미 죽은 것은 고통을 느낄 수도, 자의적으로 움직일 수도 없기 때문이다. 그러나 살아 있는 고양이에게 불을 대면

고양이는 분명 날카롭게 비명을 지르며 움직일 것이고, 자신에게 고통을 준 사람에게 달려들거나 그로부터 멀리 달아날 것이다. 큰 부상을 당하거나 중병에 걸리지 않은 이상 살아 있는 동물은 고통을 느낄 수도, 자의적으로 움직일 수도 있기 때문이다. 고양이의 비명과 움직임은 분명 고양이의 몸에 불이 닿은 것이 원인이 되어 일어난 그 결과이다. 그러나 까맣게 숯이 되어도 아무 자의적 행위도 할 수 없는 사체와 달리, 살아 있는 고양이는 자의적으로 다양한 선택을 해야 할 기로에 서게 된다. 고양이는 자신의 고문자에게 달려들 수도 있고, 그에게서 달아날 수도 있다. 즉 선택해야 하는 것이다. 선택의 가능성에 직면하게 됨 — 살아 있는 고양이의 몸에 불을 대는 것이 원인이 되어 야기된 결과가 바로 이것이다.

원인이란 그것이 어떤 것에 근거해 형성된 것인가에 따라 순연한 필연성의 결과를 야기하기도 하고, 선택의 가능성을 야기하기도 한다. 우리의 의식이 몸에 일어나는 변화에 의해 영향받을 수 있다는 것을 빌미로, 성급하게 자유란 환상에 불과하다는 결론을 내려서는 안 되는 이유가 바로 여기에 있다. 원인은 때로 순연한 필연성이 아니라 선택의 가능성을 야기한다. 우리의 삶이 어떤 것의 작용을 원인으로 삼아 변한다는 사실로부터 우리에게 어떤 선택의 가능성도 주어지지 않는다는 결론이 자동적으로 따라 나오는 것은 아니다. 실은 그 반대이다. 선택의 가능성이란 언제나 그러한 가능성을 야기하는 특정한 원인을 전제로 하는 법이다. 즉 우리에게 원인이란 자유에 상반된 것이 아니라 실은 자유를 가능하게 하는 그 근거일 수도 있다.

──────● 선택의 가능성은 곧 선택의 자유다

아마 명민한 정신의 소유자라면 이쯤에서 다음과 같이 반문하게 될 것이다. '의식을 지닌 존재에게는 이런저런 원인이 그 결과로서 선택의 가능성을 야기한다는 것을 인정한다고 해도, 이로부터 선택의 자유가 양도 불가능한 절대성을 지니고 있다는 결론이 나오는 것은 아니지 않을까? 적어도 선택의 가능성을 갖는 것과, 선택의 가능성을 자신을 위해 좋은 방향으로 활용할 역량으로서의 자유가 구분된다는 앞의 논의가 정당하다면 이러한 결론을 피할 수 없는 것이 아닌가? 이러한 물음은 물론 선택의 자유를 자신에게 좋은 방식으로 활용할 가능성을 조금도 지니지 못한 의식이 있을 수 있는지 묻는 것과 같다. 만약 그렇다면 선택의 가능성만 지닐 뿐 선택의 자유는 지니지 못한 의식이 있다는 결론이 나온다. 반대로 그렇지 않다면 의식이란 언제나 선택의 자유와 함께 있는 것이라는 결론이 나오고, 따라서 자유란 실제로도 사르트르가 주장한 것처럼 절대적이고 양도 불가능한 것이라는 결론 역시 피할 수 없다.

게임 중독에 걸린 아이의 경우에 관해 다시 한번 생각해 보자. 그때그때 주어지는 상황의 관점에서 보면 게임 중독에 걸린 아이가 게임을 하거나 말거나 선택할 가능성을 지니기는 해도, 그 가능성을 자신을 위해 좋은 방향으로 활용할 역량을 지니고 있지 않다는 주장은 타당하다. 게임을 할까 말까 고민하는 아이 자신이, 그리고 아이에게 게임하는 시간을 줄이라고 권고하는 부모가 전제하는 것은 분명 아이에게 선택의 가능성이 주어져 있다는 것이다. 아이가 실제로 게임하는 시간을 자발적으로 줄이는 경우, 부모는 아이에게 자신의 선택의 가능성을 자신을 위해 좋은 방식으로 활용할 역량이 있음을 발견하고 기뻐할 것이다. 그러나 그렇지 않은 경우, 아이에게 선택의 가능성은 주어져 있으나 그 가능성을 자신을 위해 좋은 방식으로 활용할 역량이 없음을 한탄할 것이다. '선택의 가능성을 자신을 위해 좋은 방식으로 활용할 역량'이란 자신을 위해 좋은 선택이 무엇인지 헤아리게 할 판단력과 자신이 판단한 바를 실천에 옮길 수 있는 의지의 종합을 뜻한다. 즉 판단력이 좋고 의지가 굳은 아이는 선택의 자유를 지니고 있지만, 그렇지 못한 아이는 선택의 가능성만 지니고 있을 뿐 선택의 자유는 지니고 있지 못하다.

그런데 선택의 자유는 없지만 선택의 가능성은 있다는 말은 대체 무엇을 뜻할까? 엄밀히 말하자면 선택의 자유가 없는 아이에게는, 즉 선택의 가능성을 자신을 위해 좋은 방식으로 활용할 역량을 지니지 못한 아이에게는, 실은 선택의 가능성조차 주어지지 않은 것이 아닐까? 역량이 부족하거나 아예 없는 자는 역량을 활용할 기회가 주어져도 역량을 제대로 발휘할 수 없다. 즉 그러한 자는 자신을 위해 좋지 못한 방식으로 밖에는 선택의 기회를 활용할 수 없고, 그런 한에서 그는 처음부터 자신을 위해 좋지 못한 선택을 하게끔 미리 예정되어 있는 자이기도 하다. 그렇다면 그에게는 선택의 가능성이라 할 만한 것이 처음부터 주어지지 않았던 셈이다.

그러나 다르게 볼 수도 있다. 판단력도 부족하고 게임을 멀리할 의지도 없으니 아이가 게임을 하는 것은 필연적이라는 판단은 아이를, 그리고 아이가 처한 상황을 객관화함으로써 얻어지는 판단이다. 그러나 아이 자신의 관점에서 보면 그가 언제나 선택한다는 것은 틀림없는 사실이다. 아무리 심하게 중독에 빠졌어도 아이는 결국 자동 기계가 아닌 것이다. 아이 자신에게는 그 자신을 위해 좋은 선택을 할 가능성이 언제나 주어져 있고, 실제로 언젠가 그 가능성을 현실화할 가능성 또한 다소간 주어져 있기 마련이다. 이러한 가능성은 '지금 당장은 아예 없지만 먼 미래에는 생길 수도 있는' 가능성으로 오인되어서는 안 된다. 먼 미래의 일조차 그 가능성의 씨앗은 그때까지 지속될 시간의 흐름의 전체에 걸쳐서 뿌려져 있을 수밖에 없다. 우리에게 시간이란 부단한 체험의 흐름과 하나인 것으로서, 그 안에서는 모든 순간들이 모래알처럼 나뉠 수 있는 개체로서 존재하지 않고 오직 순수 지속의 개별화된 표현으로서만 존재하기 때문이다.

선택해야 하는 개별적인 상황의 측면에서만 보면 사르트르가 말하는 선택의 자유란 실은 선택의 가능성을 뜻한다. 그런데 이러한 의미의 선택의 가능성은, 자신을 위해 좋은 방식으로 선택할 역량에 따라 그 결과가 이미 정해져 있다는 점에서, 실제로는 있지도 않은 가능성일 수 있다. 역량이 충분하면 반드시 좋은 선택을 할 것이고, 반대로 역량이 많이 부족하면 반드시 나쁜 선택을 할 것이기 때문이다. 그러나 이러한 객관적 판단은 구체적인 상황 속에서 그때마다 자신의 삶을 위해 선택해야 하는 우리에게는 결정적이지 않다. 예컨대, 자신에게 역량이 부족하다는 것을 빌미로 자신이 자신을 위해 나쁜 선택을 할 수밖에 없다고 체념하는 자와 역량이 부족하다는 것을 수치스럽게 여기고 좋은 선택을 할 결의를 품은 자는, 설령 둘 다 자신을 위해 나쁜 선택을 하게 되더라도, 매우 다른 삶을 살게 될 가능성이 크다. 전자는 계속 나쁜 선택을 하게 될 가능성이 크지만 후자는 멀지 않은 시기에 좋은 선택을 할 충분한 역량을 지니게 될 가능성이 크다. 왜 그럴까? 이유는 간단하다. 자신의 역량 부족을 대하는 마음 자세 자체가 이미 하나의 선택이기 때문이다. 전자는 자신의 역량 부족을 자신을 위해 나쁜 선택을 계속할 핑계로 삼는 자이고, 그로 인해 생겨나는 나쁜 결과 역시 결국 그 자신이 떠맡게 된다. 본인이 원하든 원하지 않든 그는 그 자신의 나쁜 선택에 대해 스스로 책임을 지게 되는 것이다. 후자는 자신의 역량 부족을 자신의 역량을 키우고자 하는 결의를 품을 이유로 삼았고, 그로 인해 생겨나는 좋은 결과 역시 그 자신이 떠맡게 된다. 전자와 마찬가지로 후자 역시 자신의 좋은 선택에 대해 스스로 책임을 지게 된다는 뜻이다.

우리의 마음 태도는 이미 그 자체로 우리 자신이 직접 그 결과에 대해 책임을 져야 하는 하나의 선택이다. 이 명제는 물론 남과의 관계에서도 마찬가지로 통용된다. 게임 중독에 빠진 아이를 보며 한탄만 하고, 자신의 아이가 너무 한심해서 게임 중독으로부터 벗어날 수 없다고 믿는 부모는 아이에게 그러한 의중을 비치기 마련이고, 그럼으로써 아이가 자기비하에 빠지도록 하기 쉽다. 반면 게임 중독에 빠진 아이가 장차 자신을 위해 좋은 선택을 할 수 있는 역량을 키울 수 있음을 믿고 인내심을 발휘하는 부모는 아이에게 자존감을 심어 주기 마련이고, 그럼으로써 아이가 자신의 역량 부족을 스스로 부끄럽게 여기도록 하기 쉽다. 결국 아이를 대하는 부모의 마음 태도 자체가 그 책임을 부모 스스로 떠맡아야 하는 하나의 선택인 셈이다. 바로 그런 점에서 아이에 대한 객관적인 판단이란 무의미한 관념일 뿐이다. 물론 아이가 처해 있는 상황을 냉정하게 이해하려는 노력은 당연히 필요하다. 그러나 상황에 대한 이해는 아이에 대한 객관적 인식을 획득하는 것과는 아무 상관도 없다. 실은 아이에 대한 객관적이고 올바른 인식을 얻었다는 생각 자체가 일종의 마음 태도이고, 자신이 직접 그 결과에 대한 책임을 져야 하는 선택이다. 예컨대 '아이가 너무 한심해서 결국 게임 중독으로부터 벗어날 수 없을 것'이라는 자신의 생각을 아이에 대한 객관적이고 올바른 인식이라고 여기는 부모는 이미 아이를 포기한 것이나 마찬가지다. 그러한 판단을 내리는 것 자체가 그렇게 하지 않는 것과 매우 상반된 결과를 야기하기 쉬운 하나의 선택이고, 부모는 그 결과에 대한 책임으로부터 자유로울 수 없다.

자유란 자유로울 수 있는 역량의 증가 외에 다른 아무것도 아니다

선택의 자유란 선택의 가능성을 자신을 위해 좋은 방식으로 활용할 줄 아는 역량과도 같다. 우리가 시간의 흐름 속에서 끝없이 변해 가는 존재라는 것을 고려해 보면 이러한 명제로부터 다음과 같은 명제가 필연적으로 따라 나온다. 자유란 자유로울 수 있는 역량의 증가 외에 다른 아무것도 아니다.

전통 철학의 표현을 차용하자면 우리는 모두 유한자이고, 우리가 유한자라는 것은 우리의 역량에 한계가 있다는 것을 뜻한다. 자유로울 수 있는 우리의 역량 역시 마찬가지이다. 누구도 절대적인 자유를 누릴 수 없고, 누구도 선택의 가능성에 직면할 때마다 자신을 위해 최선의 결과로 이어질 선택만을 할 수 없다. 유한자인 우리는 오류를 범할 가능성으로부터 자유롭지 못한 것이다. 그러나 의식을 지닌 존재인 우리에게 결정적인 것은 실존적 선택과 결단이다. 자유로울 수 있는 역량이 자신에게서 증가할 수 있음을 인정하고 그 가능성을 실현하려는 결의를 품고 있는 사람은 그 결의에 상응하는 방식으로 살게 될 것이다. 하지만 그렇지 않은 사람은 자신의 가능성에 대해 스스로 내리는 불인정에 상응하는 방식으로 살게 될 것이다. 물론 오직 전자만이 자유로울 수 있는 자신의 역량을 실질적으로 증가시켜 나갈 수 있다. 후자는 그 자신의 삶과 존재에 대한 부정에서 출발하는 자이고, 그런 한에서 언제나 이미 자유로울 수 있는 자신의 역량을 감소시키도록 선택하고 결의한 자에 지나지 않는다.

중독의 문제를 객관주의적 관점에서 다루지 말아야 할 가장 근본적인 이유가 바로 이것이다. 객관주의란 그 자체로 이미 자유로울 수 있는 우리의 역량에 대한 불인정이고, 우리의 삶과 존재의 실존성에 대한 부정과 거부이다. 우리에게 필요한 것은 바로 실존적 선택과 결의이다. 자신의 삶과 존재를 자유를 향한 기획투사[151]로 이해하는 것 — 바로 이것이 자유로울 수 있는 자신의 역량의 증가로 이어질 가장 근원적이고도 실존적인 선택이다.

---

151 20세기 최대의 철학자인 하이데거의 존재론적 용어로, 미래의 자신을 미리 내다보면서 생활하는 인간의 삶의 방식을 표현하는 말이다.

10부

화랑에 있는 그림은 누구의 그림일까?

레비나스의 향유(Jouissance) 개념과 중독

심상우

소설 『Pay It Forward』[152]가 대중에게 알려지면서
영화,[153] 연극, 뮤지컬로 제작되어 많은 이들에게 감동의 메시지를 전
하게 되었다. 이 소설이 발표되었을 때 미국에서 〈Pay It Forward 재
단〉이 설립될 만큼 커다란 반응을 불러일으켰으며, 미국 전역에서 하
나의 사회운동으로 확대되었고 미국의 전역에 시민운동으로 자리 잡
았다. 영화 속 주인공 11살 '트레버(헤일리 조엘 오스먼트 분)'는 사회과목
첫 과제인 '시모넷(케빈 스페이시 분)'의 과제 "Think of idea to change our
world and put it into action(세상을 바꿀 아이디어를 내고 실천에 옮길 것)!"을
부여받게 된다. 소년의 머릿속 전구가 켜지면서 "아름다운 세상을 위

152 Hyde, Catherine Ryan, 1999, *Pay It Forward*, New York: Simon &
Schuster.
153 〈아름다운 세상을 위하여〉(미미 레더, 2000).

하여" 자신이 먼저 세 사람에게 도움을 주고, 자신이 도움을 준 사람들 역시 다시 세 사람에게 도와주는 방식으로 계속 도움을 확장시킨다면 세상이 바뀔 수 있다는 확신을 갖게 된다.

주인공 소년이 만난 사람들 다수가 중독에 직간접적인 경험이 많은 사람들이다. 그의 첫 프로젝트의 대상은 마약 중독자였던 노숙인이다. 그를 데려다 먹을 것을 주고 씻을 수 있도록 도울 뿐만 아니라 자신의 집에서 잠을 잘 수 있는 배려를 한다. 심지어는 자신의 용돈까지 준다. 하지만 그는 마약의 유혹에서 벗어나지 못한다. 트레버는 이렇게 첫 대상자에게 도움을 준 것이 실패했다고 생각했지만, 결과적으로 시간이 흘러 이 노숙인은 자살하려는 한 여인을 구함으로써 트레버와의 약속을 지킨다. 두 번째 대상은 자신의 선생님이다. 시모넷 선생은 어린 시절 아버지가 알코올 중독 발작으로 인해 자신을 불태워 죽이려 했던 아픈 상처를 온몸에 간직한 채 일정한 틀에 매인 단조로운 삶을 살고 있다. 특히 화상을 입은 외모 때문에 여성에 대해 극도의 소심함을 보인다. 주인공은 선생님과 자신의 어머니를 연결시켜 주려는 프로젝트를 시도한다. 어머니 역시 알코올 중독의 경험이 있기 때문에 서로 도움을 줄 수 있을 것이라 여겼다. 나아가 트레버의 도움을 받은 어머니는 알코올 중독자로서 노숙자 생활을 하며 떠도는 자신의 어머니이자 트레버의 외할머니를 찾아가서 방탕하게 지냈던 자신의 과거에 대한 잘못을 빌고 서로 화해하게 된다. 그녀의 어머니는 딸이 오히려 자신의 잘못을 빌고 자기를 받아 준 고마

움에 트레버와의 약속을 실천한다. 그러면서 "사람들을 지켜보고 보살펴야 돼요, 스스로는 못하니까요. 자전거를 고치는 것보다 훨씬 중요한 일이죠. 사람을 고치는 일이니까요." 트레버의 말은 중독으로 인해 고통받는 사람들에게 어떻게든 도움을 제공할 때 '아름다운 세상'이 도래할 수 있다는 사실을 우리에게 확인시킨다. 이번 장에서는 주인공 트레버의 엄마가 겪고 있는 알코올 중독의 문제를 레비나스의 향유의 차원에서 비판적으로 검토해 볼 것이다.

──────── • **향유를 통한 자기이해**

일상생활에서 우리는 어디 혹은 무엇에 중독되어 있다는 표현을 자주 사용한다. 중독은 반성 없이 이루어지는 행위가 대부분이며, 비판적 반성이 이루어질지라도 스스로 조절할 수 없는 상태에 이르게 된다. 이러한 중독은 자아의 상실을 초래하고 나아가 반성적 이성을 무력화시킨다. 우리의 편의를 위해 사용한 물질과 행위가 그것 없이는 아무것도 하지 못하는 공황상태가 된다. 중독은 '조절하기 어렵다', '자주 반복한다', '생활의 균형을 깨뜨릴 정도로 과도하게 빠져 있다' 등으로 표현될 수 있다. 중독의 구분은 각각의 분야에 따라 달리 구분되지만, 일반적으로 중독의 유형을 두 형태로 구분한다. 하나는 물질 중독(substance addiction)이고 또 다른 하나는 행위 중독(behavioral addiciton)이다. 물질 중독은 섭취적 중독(ingestive addiction)이라 표현하기도 하는데, 이 중독은 약물, 알코올, 니코틴, 설탕, 카페인 등 고통을 달래는 데 쓰이는 화학적 매개물을 통해 일어난다. 그런가 하면 행위 중독(behavioral addiciton)은 스마트폰 중독, 일 중독, 섭식장애, 성적 행동, 관계의존 중독, 성 중독, 소비 중독, 도박 중독, 운동 중독, 성형 중독 등 감정적 고통을 해소하기 위해 가장 많이 사용하는 행위적 매개물을 통해 일어난다.

이번 장에서는 섭취적 중독의 형태인 알코올 중독을 향유의 차원에서 비판적으로 검토하고자 한다. 중독의 일반적 현상은 대상이 되는 무엇인가에 의해 '조절능력의 상실, 내성에 따른 지속적 사용 증가, 금단증상, 강박적 집착 또는 의존'의 문제가 나타나 신체적, 사회적, 직업적, 심리적 문제를 일으키는 상태로 볼 수 있다. 즉 대상에 대한 지나친 의존, 집착, 몰두가 심각한 문제로 이어질 때 중독이라고 정의할 수 있다. 향유(享有) 역시 대상에 대한 의존과 몰두를 통해 행복을 느끼는 것이다. 그렇게 볼 때 향유와 중독은 동일한 요소가 일정 부분 있다. 그런데 이 둘은 매우 상이한 측면을 지닌다.

그렇다면 향유의 본질은 무엇인가? 향유는 우리말 사전에 '누리어 가짐'이라고 정의한다. 레비나스(Emmanuel Levinas)는 향유의 철학적 의미들에 깊이 천착하는데, 그는 향유의 주체가 특정 개인이 아닌 익명적 존재 자체임을 가리킨다. 이때 존재의 향유는 '익명적 존재가 어떤 대상을 자기 자신이 즐기는 운동'이라 지칭한다. 따라서 인간은 향유의 존재라 지칭한다. 하이데거(Martin Heidegger)가 염려를 세계 속에 살아가는 인간의 원초적인 존재 방식이라고 밝히고 있는 것에 반해 레비나스는 향유가 세계 내 존재의 가장 근원적인 존재 방식이라고 주장한다. 우리가 삶을 향유로 본다면 푸른 하늘, 맑은 공기, 흙냄새 등의 경험은 향유의 대상이 된다. 나아가 우리가 먹고, 마시고, 일하고, 놀고, 산책하는 것 역시 향유에 해당된다.

그렇다면 중독자들에게 알코올도 향유의 차원이라 이야기할 수 있지 않을까? 이 물음은 앞으로 조금 더 면밀하게 살펴보겠지만 양가적인 대답이 나올 수 있다. 알코올을 섭취할 때마다 순간적으로 쾌락을 느끼게 하고, 행복하게 만들어 준다는 사실은 향유의 차원과 일정한 궤를 같이하는 특징이 있지만 다른 측면들도 상존한다. 예컨대 고통의 출발이냐 기쁨과 누림의 출발이냐에 따라 중독과 향유의 차원이 달리 해석된다. 고통을 일순간 외면하기 위한 방편으로 알코올이 사용되지만, 그 고통의 순간 속에서 진정한 해결점을 찾을 수 없을 때 중독에 빠질 경향이 많다. 반면에 향유는 기쁨과 즐김으로 시작하며 결과론적으로 지속적 행복을 이끈다. 따라서 향유와 중독은 진행 과정에서 쾌락의 경험의 차원에서 일정한 유사성이 있다손 치더라도 여전히 다른 결과를 초래한다.

향유의 논의를 심화한 대표적인 철학자가 레비나스다. 그가 언급한 'jouissance'는 우리말 '향락', '희열', '향유'로 번역된다. jouissance는 쾌락(pleasure)을 자각하는 동시에 그때 경험하는 긍정적인 느낌이 내포되어 있어 있어야 한다. 따라서 주의를 기울이고 음미하는 느낌이 없다면 향유의 경험이라 할 수 없다고 진단한다. 그런가 하면 정신분석학자 라캉(Jacques Lacan)은 향유를, 쾌락원칙을 넘어서는 '과도한 쾌락'이라 지칭한다. 어찌 보면 그의 jouissance는 '향락'의 차원으로 평가된다. 레비나스와 라캉은 일정 부분 향유의 차원이 달리 해석되는 지점이 있다. 라캉이 언급한 향유는 어느 정도 중독의 형태와 연관성을 찾을 수 있다. 예컨대 스마트폰을 이용하여 게임하는 게이머는 그 과정에서 재미와 흥미를 느끼고 이에 대한 더 강한 수준의 즐거움을 느끼기 위해 반복적으로 이를 탐닉한다. 이것이 자신의 행위를 통제할 수 없는 수준에까지 발전하게 되면 결국 중독 상태에 이르게 되는

| 에마뉘엘 레비나스

것이다. 즉 이용자의 심리뿐만 아니라 게임 이용 목적과 개인적 욕구라는 요인이 작동하여 중독 현상이 나타나게 된다는 것이다. 알코올도 이러한 측면을 부인할 수 없다. 처음에는 적절한 즐거움을 위해 시작하지만 점차 큰 자극을 원하게 되고, 그 과정에서 중독에 빠지게 되는 경우가 있다. 그렇게 본다면 라캉의 향유는 자유의 과잉과 직결된 측면이 있다. 그런데 향유가 단순히 개인의 자유의 과잉에서 머무르기보다는 책임에 문제에서도 검토되어야 한다는 것이 레비나스의 주장이다.

향유와 중독은 매우 밀접하면서도 다른 측면이 함께 자리한다. 중독자는 알코올이 가져다주는 일시적인 안정감과 행복감 때문에 이를 지속적으로 탐닉하게 된다. 그는 스스로 자신이 중독에 이르게 되는 필연적 상황들을 정당화하며 중독된 상황을 반성적으로 인식하지 못하게 된다. 이때 자신에게 부여된 상황인식을 무비판적으로 수용하고 감정적인 논리에 집중하게 될 뿐이다. 이성의 가능성과 역동성 및 다양한 능력마저 모조리 차단한 가운데 합리적 소통을 거부하게 된다.

─────● 향유의 본질과 알코올 중독

레비나스에게 향유는 직접적으로 행복과 깊게 관여한다. 이때 향유는 내 삶을 채우는 모든 내용의 최종적 의식이다.

레비나스에게 '~ 삶을 산다(vivre de ~)'는 것은 표상과 반성, 이론과 지식에 앞선 즐김이다. 레비나스에게 삶의 차원은 '삶에 대한 사랑'이라 할 수 있다. 삶은 본질적으로 삶에 대한 사랑이며 자기애가 동반된다. 향유로부터 동반된 삶의 내용은 단지 삶을 채워 주는 것에 그치는 것이 아닌, 삶을 완성하고 아름답게 만들며 살 수 있을 만한 것으로 장식해 준다. 그런데 레비나스의 향유는 쾌락을 자각하면서 그러한 쾌락 경험에 의식적인 주의를 기울인다. 또한, 인지할 수 없는 영역의 또 다른 쾌락의 가능성도 자리한다.

중독은 사람들이 자신과 시간, 상황에 대한 감각을 잃어버리고, 지금 하고 있는 알코올을 마시는 행위에 완전히 주의를 집중하게 되는 것을 의미한다. 향유가 의식적 주의집중이라면 중독이라는 것은 그 자체로도 자생적인 동기를 가지고 있기 때문에 의식적으로 알아차리는 과정이 필요하지 않다. 따라서 알코올 중독으로부터 탈주하도록 돕는 것, 곧 의식의 자각이자 철학의 역할이다. 주체는 자발적으로 자신이 처한 상황들을 이해하고 발견해야 한다. 중독에 처한 행동적 주체는 경험된 세계에 대해서 신체적, 정신적으로 파악을 해야 한다. 따라서 중독을 경험한 사람이 경험의 본질적 의미들을 의식적으로 검토할 수 있다면 문제의 해결점을 찾을 수 있다. 그런데 일반적으로 중독에 빠진 사람들은 레비나스가 언급한 향유의 조건을 지니지 못한다.

앞서 잠시 언급했듯이 중독과 향유의 가장 큰 차이는 고통과 행복에서 구체적으로 나누어진다. 중독자들의 다수는 고통으로부터 탈주하기 위한 방법으로 알코올을 섭취한다. 중독자들에게 고통의 이면에는 수치심, 외로움이나 소외감, 자기연민, 오만함, 자포자기, 절망감과 공허함이 자리한다. 이들은 고통의 문제가 도래되면 철저하게 직면해 문제의 해결책을 찾기보다는 알코올과 같은 매개물을 통해 일순간의 쾌락을 선택하게 된다. 고통을 감당할 성찰적 힘을 지니지 못하기 때문에 중독에 빠지게 된다. 이들은 고통으로부터 벗어날 순간적인 출구로 약물과 알코올에 집중하게 된다. 자신의 집착과 욕망 때문에 만들어진 중독성 사고로 현실을 왜곡하여 보고 있다. 물론 이들 중 다수는 자신은 언제든지 이러한 문제로부터 탈주할 수 있다고 확신한다. 그런데 직면한 고통을 반성하지 않는 한 문제는 그리 수월하게 풀리지 않는다. 일순간의 쾌락을 통해 현재 직면한 고통을 잊는 것이 자신에게 보다 이롭다고 생각한다. 그 과정이 지속되다 보면 시간이 지남에 따라 더 많은 양의 알코올을 섭취하게 된다.

그렇다면 알코올이 향유의 차원이 아닌 중독의 차원으로 빠지게 되는 궁극적인 원인은 무엇일까? 중독의 원인에 대한 분석을 생물학적, 심리적, 사회·문화적 차원에서 살펴보자.

생물학적 차원에서 볼 때, 알코올 중독자는 고통을 잊기 위해 변연계(limbic system)[154]로부터 도파민(dopamine)의 보상을 받아 기쁨을 얻고자 알코올을 섭취하게 된다. 그러다 보니 전전두엽(prefrontal cortex) 부

---

[154] 대뇌피질과 시상하부 사이의 경계에 위치한 부위로, 동기와 정서를 담당한다고 알려져 있다.

위가 조절능력을 상실하게 된다. 여기서 그치지 않고 기억을 담당하는 해마(hippocampus) 부위도 중독과 관련된다. 심리적으로 큰 상처를 입거나 강력한 쾌감을 경험하면 해마에 기억이 오래 저장된다. 따라서 해마의 기억은 쾌감을 잊지 못하게 만든다. 알코올이 제공하는 도파민이라는 강력한 쾌감은 "술이 사람을 먹는" 상태에 이르게 만든다. 인지적 기능의 상실을 초래한 알코올은 '중독적 사고'를 초래한다. 여기서 언급한 '중독적 사고'는 막연한 좌절감과 분노감를 느낄 뿐, 그 원인에 대한 깊은 성찰이 없다. 즉 중독자들은 자신에게 초래된 고통의 근원적인 부분뿐만 아니라 문제와 상황 자체를 종합적으로 고려하지 못한다.

심리적인 요인으로 중독자들은 자기 생각에 빠져 있어 주의집중이 잘 안 되며, 사고가 단편적이고 상황을 전체적으로 파악하지 못하게 된다. 이를 잊기 위해 그들은 알코올이 제공하는 기분 좋은 상태를 찾아 나서게 된다. 중독자의 심리적인 문제의 가장 큰 부분을 차지하는 것이 어린 시절의 경험이다. 중독자가 가진 어린 시절의 부정적 신념이나 사고가 다양한 형태로 나타나게 되며 그 분노를 해소하기 위해 중독 대상을 찾게 된다. 중독자가 가진 어린 시절의 부정적인 경험들이 성인이 되어서도 해결되지 않게 되면, 그들은 고통을 해결할 수 있는 매개물질을 찾게 된다. 예컨대 어린시절 부모로부터 학대를 당했던 중독자의 경우 쉽게 중독에 빠져들어 주변 사람을 학대한다. 그런데 문제는 여기에서 그치지 않는다. 중독자가 습관적으로 알코올에 의지하게 될 때, 가족뿐만 아니라 직장 동료에 이르기까지 부정적인 영향력이 확대된다. 중독자들의 일반적 특징은 다분히 자기중심적이고 이기적이 되며, 자신의 기분을 가장 중요하게 생각한다는 점이다. 그러다 보니 타인과의 관계에 문제가 심화된다. 중독자 한 사람이 있는 가정은 그 생활 전반에 심각한 장애가 초래되기도 한다.

사회·문화적 요인으로는 개인이 미래와 세상에 대해 갖는 불안감과 심한 좌절감을 들 수 있다. 이와 같은 불안과 좌절에 빠지면 알코올이나 다른 중독 대상을 찾게 되고 여기에 의존하게 된다. 특히 취업난, 경쟁사회가 주는 효율성에 대한 부담감, 생계유지, 사회적 소외감 등으로 인해 중독의 대상을 찾게 된다. 나아가 문화가 만들어 내는 효능감을 생각할 때 더욱더 중독의 형태가 심화된다. 예컨대 가족 간의 불화, 사회부적응, 원치 않는 이혼이나 미혼, 높은 사회·경제적 계층 차이, 지적 능력 등의 차이가 알코올 중독의 증대를 가져온다.

중독이 지속되면 될수록 자기인식의 차원에서 초래되는 성찰적인 태도를 잊게 되면, 단순히 감각적이고 순간적인 쾌락에 집중하는 결과를 낳게 된다. 중독의 증상이 심화되면 인지적 차원의 왜곡이 일어나는데, 이들은 술을 마시면 모든 부분에서 더 잘 문제가 풀릴 수 있다고 생각하게 된다. 그런데 중독 현상이 심화될수록 주의집중력, 논리적 사고력, 판단력, 기억력 등에 큰 장애가 초래된다. 정신과 전문의 아놀드 루드비히(Arnold M. Ludwig)에 따르면 알코올 중독은 몸에 생긴 병이라 칭한다. 이 병은 생화학적 이상이나 알레르기, 영양결핍, 신체적 취약성, 유전적 소인으로 발생한다. 몸에 발생한 생리학적 압박이 그렇게 행동할 수밖에 없게 만든다고 지적한다. 따라서 생리적인 원인들에 대한 적극적인 검토야말로 중독 문제 해결의 가장 큰 출발점이 된다.

그런가 하면 알코올 의존증 환자들의 경우 강박성, 의존성, 편집성의 형태를 띠게 되는 경우가 많다고 아놀드 루드비히는 말한다. 그 이유는 이들이 자기존중감과 자기인식의 차원이 매우 약해 타인들로부터 수치심을 잘 느끼고, 불편한 자극에 대해서 일반인들보다 더 큰 과민반응을 보이기 때문이다. 예컨대 성적으로 억압되거나 사회적으로 소외될 수 있는 성격의 소유자일 경우 알코올 중독에 빠질 가능성이 높다. 그런데 이들은 문제의 해결방안에 대해 문제를 깊게 성찰하지 않고 음주를 통해 정신적인 고통을 잊거나 사회적 억압으로부터 풀려나는 경험을 하게 된다. 단기적으로 알코올의 섭취는 심리적인 고통의 문제나 긴장감을 해소할 수 있게 만든다.

그렇다면 알코올 중독자들은 자신들의 문제를 '중독적 사고'에 갇혀 전혀 인지하지 못할까? 그렇지는 않다. 알코올 중독자들은 술도 과하면 심신의 폐해를 초래한다는 사실을 전혀 인지하지 못하지는 않는다. 이들도 자신의 문제를 해결할 만큼 충분하지는 않지만 비판적이고 객관적인 고려들을 한다. 하지만 술을 마시는 행위가, 마시지 않고 참는 것보다 고통을 해소하는 방면에서 더욱 수월하다. 결과적으로 과다 음주가 다양한 문제를 초래할 것이라는 사실을 알고 있지만, 고통의 문제에 직면하지 못하고 회피하는 것이다. 이 과정에서 이들은 이러한 사실을 정서적인 측면의 문제로 평가해 버리고 만다. 이들에게 알코올 섭취의 정당성을 확보하기 위해 활용하는 기제가 합리화, 부인, 외향화, 최소화, 억압 등이다. 이들은 알코올을 통해 순간적인 행복이나 쾌락을 추구하는 특징을 지닌다. 따라서 이들의 논리는 반이성적이고, 반사회적이고, 비도덕적이며 무책임한 경우가 많다. 이러한 문제를 해결하기 위해 자신을 돌아보고, 자신을 사랑하고, 자아의 다양한 능력을 고양시키는 논리적인 체계의 변화를 시도해야 한다. 이를 바탕으로 문제의 해결방향을 결정해야 한다.

모든 사람이 생리적, 심리적 원인과 상황 때문에 알코올에 의존하기 시작했다면 일단 그것을 당사자 본인의 의지만으로 극복해 내기는 힘들다. 하지만 이러한 극복의 원인과 관련하여 구조적인 부분들에 대한 자기인식과 자기배려의 차원에서의 인문학적 성찰과 검토가 요청된다. 알코올의 치료는 주관적이고 정서적인 논리를 객관적이면서도 비판적인 사고를 통해 해결방안을 찾는 데서 시작해야 한다.

알코올을 통해 초래되는 결과는 부부간의 폭력, 부모와 자녀의 갈등, 거친 행동, 일관성 없는 태도, 약속 불이행 등으로, 만약 알코올 중독자에게 자녀가 있다면 이 같은 문제로 인해 자녀들은 불안과 우울증 같은 심리적 문제를 갖게 된다. 알코올 중독자의 가족들은 고통스러운 삶을 살아갈 수밖에 없다. 뿐만 아니라 부부간의 관계 역시 심각한 갈등이 초래될 수밖에 없다. 결국 가족들은 자기 자신의 정체성을 만들 수 있는 기회를 얻기보다는 타인(중독자)의 가치와 기준에 맞추어 살아가게 된다. 그러다 보니 주체성의 부족과 정체성의 혼란이 초래된다. 경우에 따라서 중독자의 가족들은 타인(알코올 중독자)의 행동을 조절하는 데 강박적으로 몰입하게 된다. 그 결과 가족들은 중독자의 행동을 감시하고 통제하려 하며 과도한 책임감과 불안감을 느끼며 살아가게 된다.

알코올 중독자는 자기성찰의 모습들을 드러내지 않는데, 자신에게 초래된 문제들을 객관적으로 검토하지 않고 삶의 의미를 찾으려는 노력조차 하지 않는다. 만약 중독자가 자신이 직면한 다양한 고통의 문제를, 인지적 성찰을 통해 면밀하게 검토한다면, 문제 상황에 대한 인식을 바꿈으로써 새로운 해결방안을 모색할 수 있다. 이들이 자신의 문제를 대면하려 하지 않을 때, 처음에는 자신을 인정하기 어려워하지만 사태가 점점 어렵게 흘러가면서 제 스스로 포기하게 된다. 무슨 일을 하든 실패할 것이라는 생각을 확고히 갖게 된다. 자존감이 없는 상태에서 이들은 중독물질에 대한 갈망을 일으키게 된다. 피해의 부작용보다는 현실적 쾌락을 향한 욕구가 더욱 크기 때문에, 이들은 자기의 문제를 반성적으로 인식하지 않는다.

오랜 기간 술을 마셔 온 중독자라면 더욱 자신에 대한 반성적 성찰이 없을 것이다. 그들은 자신에 대한 반성적 성찰이 없기 때문에 자신이 처한 현실에 안주할 수밖에 없다. 알코올 중독자는 자신에게 초래된 신체적 건강 문제, 경제적인 문제, 심리적인 문제들을 잘 인지하지 못한다. 심리학과 정신의학에서는 알코올 중독에 걸린 사람들을 해결하기 위해 상담사들이 새로운 환경들을 만들어 주려 한다. 그들에게 의사소통의 기술을 통해 경청, 칭찬, 나 표현하기, 거절하기 등을 배우도록 한다. 그 과정에서 중독자는 자기의 행동을 스스로 관찰하게 된다. 알코올이 향유의 차원으로 자리하기 위해선 나는 누구인지, 나의 몸은 어떻게 보살필 것인지, 자신의 장단점 구분하기, 자신의 욕구와 바람을 알고 계획서 만들기, 타인 용서하기, 자기용서, 칭찬하기, 인생의 의미 발견하기, 미래의 자신의 심상을 파악하기 등이 필요하다.

중독자에게 회복이란 자신과 타인, 세상에 대한 자기의 관점을 새롭게 재검토함으로 자기가 어떤 존재인지 올바로 직시하게 되는 것이다. 알코올 중독은 성격적 변화와 성숙의 차원이 동반되어야 한다. 나아가 향유의 차원에 이르지 못하더라도, 자신의 몸이 회복되기 위해 필요한 행위들을 검토하고 실천할 수 있어야 한다. 행복의 장애물이었던 다양한 것들, 특히 알코올이 얼마나 자신의 삶을 위태롭게 했는지 실존적으로 깨달아야 한다. 나아가 자기의 과거의 경험들 중 어느 부분이 자신의 성격을 형성하는 데 영향을 미쳤는지 자신의 성격이 중독과 어떤 관련이 있는지, 앞으로 중독생활을 계속하면 자신이 어떻게 되는지를 소크라테스적 대화법을 통해 스스로 질문하고 대답하는 과정을 거쳐야 한다.

───────● **습관의 문제와 중독의 증상**

신경과학자들은 알코올 중독의 해결방안을 '인지적 재평가(cognitive reappraisal)'를 통해 찾는 반면에, 소크라테스(Socrates)와 같은 철학자들은 인지적 반성을 통해 이러한 문제의 해결점을 찾는 방식을 취한다. 소크라테스적 방법론을 통해 검토해 본다면 알코올 중독의 문제는 철저히 인지적 반성능력을 통해 문제의 해법을 제시할 수 있어야 한다. 중독의 가장 손쉬운 해결법이 약물인 데 반해 소크라테스는 철학적 성찰을 통해 중독으로부터 탈주를 시도하도록 도울 것이다.

인지치료 전문가에 따르면 약물치료보다는 성찰적 태도인 인지능력을 향상시킴으로 중독 문제의 해결책을 찾아야 한다. 이와 관련해 다양한 임상실험의 결과가 있다. "연구자들이 16주 동안 인지행동치료를 받은 환자의 약 75퍼센트가 사회불안장애를, 65퍼센트가 외상후 스트레스장애를, 80퍼센트가 공황장애를 극복하는 데 도움을 받았음을 알 수 있다. (비록 강박장애는 인지행동치료를 통해 치유되는 확률이 50퍼센트가 안되지만) 경미한 우울증부터 중간 정도의 우울증을 지닌 환자들 60퍼센트 정도가 인지행동치료를 통해 병을 이겨 냈는데, 이는 항우울제를 복용하는 것과 거의 같은 수준이다. 그러나 항우울제를 복용했을 때보다 인지행동치료를 받았을 때 재발률이 훨씬 낮다"고 줄스 에반스(Jules Evans)는 주장한다. 이러한 실험 결과는 사고를 통해 문제에 직면하고 성찰할 수 있다면 보다 좋은 결과를 낳을 수 있다는 사실을 증명한다.

철학적 사유는 중독이 초래한 우리 인간이 몸에 깊이 밴 사고 습관과 감정 습관을 극복할 수 있음을 보여 주었다. 즉 철학이 주는 구조는 사람들의 감정반응을 새롭게 학습할 수 있게 만든다. 정신의 근육이야말로 문제의 해결방안에 근원적인 해법을 제시하는 것이다. 중독과 인간의 행동은 많은 습관에 의해 작동되는 경우가 많다. 알코올 중독이 생물학적인 고통, 사회·문화적 고통 그리고 심리학적 고통으로 초래된 것이 대부분이다. 따라서 이러한 문제들은 반성과 숙고를 해야만 본질적인 해결법을 찾을 수 있다.

일반화할 수 없지만 인간은 크게 두 가지 사고 체계를 가지고 있다. 하나는 습관에 기초하여 작동하는 사고 체계이고 또 다른 하나는 좀 더 의식적으로 상황을 검토하는 합리적인 사고 체계이다. 그런데 중독에 빠진 사람들은 고통의 문제를 해결하기 위한 방안으로 습관에 더욱 기댄다. 그들은 비판적으로 반성하는 정신의 근육이 발달되어 있지 않다. 철학이 인간을 바꾸려면 앞선 두 사고 체계들을 모두 비판적으로 검토할 수 있어야 한다. 이것이 철학이 주목했던 부분이다.

반면에 중독은 고통을 대면함에 있어 사고 체계를 통한 반성과 숙고보다는 일시적인 쾌락에 기대어 생활하게 만든다. 그 과정에서 순간적인 쾌락은 지속성을 지닌 습관의 형식으로 자리하게 된다. 사고 체계의 힘은 중독이 제공하는 습관을 비판적으로 검토하는 것으로부터 시도되어야 한다. 이에 따라 철학은 문제를 초래하는 행위에 대해 합리적인 해결방안들을 모색하게 되고, 나아가 그것을 실천의 장으로 옮겨 오게 한다. 철학 한다는 것은 하나의 훈련이다. 중독 행위는 훈련을 통해 자신의 문제들을 새롭게 인지하게 되고 이를 지속적으로 연습함으로 문제를 해결할 수 있다. 중독과 같이 나를 불편하게 만드는 습관을 없애기 위해선 인지적 노력이 동반된 건강한 습관을 만들어야 한다. 철학적 성찰을 통해 건강한 습관이 몸에 배게 되면서 고통의 감도가 점점 줄어들고 정신적, 육체적으로 자유로워진다. 아리스토텔레스(Aritoteles)로부터 칸트(Immanuel Kant) 그리고 메를로-퐁티(Maurice Merleau-Ponty)에 이르기까지 습관에 대한 깊이 있는 논의가 진행되고 있다. 인식 활동은 연습을 통해 문제를 해결할 수 있다. 연습을 통해 자리한 오래된 습관이 중독으로부터 탈주할 수 있는 길이 된다. 분명한 사실은 이때 습관의 자리는 반드시 반성적 힘이 동반된 결과여야 한다는 것이다.

아리스토텔레스는 습관과 관련해 매우 유의미한 주장을 펼친다. 정의로운 일들을 자주 행하는 습관이 곧 덕을 실현하는 결과를 낳는다는 것이다. 즉 습관이야말로 덕의 실현의 초석인 것이다. 알코올의 중독으로부터 벗어나기 위해선 자신의 상황들에 대한 부단한 숙고가 필요하다. 숙고란 어떤 것을 통해 목적에 가장 훌륭하게 도달할 수 있는가의 길을 모색하는 것을 의미한다. 따라서 아리스토텔레스는 먼저 알아야 한다는 것과 더불어 그 앎을 행하는 습관을 지녀야 한다고 주장한다.

그렇다면 습관을 만들기 위해서 얼마의 노력이 필요할까? 『유럽 사회심리학 저널(*European Journal of Social Psychology*)』에 실린 제인 워들(Jane Wardle) 박사 연구팀의 주장에 따르면, 개인차가 있기는 하지만 66일 동안 매일 같은 행동을 반복하면, 그 뒤에는 동일한 상황에서 자동적인 반응으로 행동하게 된다며, 특정한 행동이 습관이 되기까지의 시간을 측정한 연구 결과를 내놓았다. 물론 습관의 평균값이 66일이지만 상황에 따라 18일에서 254일까지 편차가 있다고 말한다. 사람들마다 어떤 습관을 어떤 상태와 환경에서 길들이고 얼마나 노력하는가에 따라 습관이 형성되는 시기는 모두 다르며, 나아가 자신의 습관을 길들이기 위해서 중요한 것은 얼마나 시간을 들이느냐가 아니라, 얼마나 효과적이고 반복적으로 행동하느냐이다. 그렇지만 습관을 만들 수 있는 능력이 우리에게 있다는 사실은 분명하다. 어찌되었건 철학적 성찰을 통해 자기인식, 자기존중을 이루어 가는 과정에서 긍정적인 습관을 만드는 것이 중독으로부터 벗어날 수 있는 길이다.

뇌과학자들은 알코올 중독의 나쁜 습관에 대하여 보다 명확한 길을 제시한다. 중독자가 알코올에 대해 자동적으로 반응하던 습관과 고단한 삶의 문제들을 알코올에 기대 잊으려는 감정의 습관을 바꾸려 할 때 용기 있는 결단이 필요한데, 자신이 지금까지 의지해 오던 그 믿음으로부터 돌아선다는 것은 더없이 어려운 용단인 것이다. 숙고된 욕구의 능력이 습관으로 생겨날 때 문제는 보다 쉽게 해결될 수 있다. 이성을 이용하여 더 현명하게 인생길을 선택할 수 있는 능력을 길러야 한다. 물론 순간적인 쾌락이 제공하는 감정적인 습관을, 이성을 통해 극복하고자 노력하는 일은 쉽지 않다. 설사 노력을 한다고 할지라도 유전적, 환경적 요인이 버티고 있는 한 그리 쉽지 않을 것이다. 하지만 인간은 어떤 상황에서든 그것을 선택할 권한을 가지고 있다. 인간은 얼마든지 습관에 사로잡혀 있는 문제들을 해결할 수 있다. 우리가 본질적인 삶의 의미를 찾기만 한다면 반드시 좋은 습관을 만들 수 있다.

알코올 중독에 걸린 어떤 사람은 일시적인 쾌락인 알코올이 요청될 때 다른 행위들(운동과 같은 취미 활동)을 함으로써 뇌세포를 자극하고, 뇌에서는 단기적이고 새로운 즐거움의 기억이 이루어진다. 나아가 이 행위가 지속적으로 반복될수록 뇌세포의 DNA가 자극되어 시냅스의 연결이 치밀해지면서, 장기간 또는 반영구적으로 그 즐거움을 기억하게 된다. 이처럼 향유의 차원에서 검토함과 동시에 좋은 습관이 자리하게 되면 행위는 더욱 쉽고 효율적으로 이루어지게 된다. 정신적 근육을 키우기 위해선 가장 먼저 직면하는 것으로부터 시작한다. 현상적으로 드러나는 사실을 부정하지 않고, 정직하게 직면하고 대면하는 것으로부터 시작되어야 한다. 이것이야말로 중독 행위자가 건강을 회복할 수 있는 유일한 가능성이다.

알코올 중독자는 늘 술에 절어 있기도 하지만 그렇지 않은 경우도 많다. 후자의 경우 알코올의 중독 시스템이 깊숙하게 자리하기 때문에 그 실체를 파악하는 것이 무엇보다 중요하다. 알코올 중독처럼 중독의 시스템은 전염성이 매우 강하다. 예컨대 중독자가 있는 가정일 경우 그 집안에서 중독은 질병과 같이 퍼지는 경우가 많다. 만약 우리가 적극적으로 문제를 인지하고 그것으로부터 벗어나려는 노력을 하지 않으면 우리는 깊은 고통의 수렁으로 빠지게 된다.

알코올은 일시적인 쾌락을 통해 통증, 우울, 화를 극복할 수 있는 물질임에 분명하다. 하지만 시간이 지나면 앞선 문제들은 해결되지 못한 채 진행형으로 머문다. 그러다 보니 그 문제가 고통으로 다가오기 전에 또 다시 알코올에 기대어 문제의 근원을 해결할 수 없게 만든다. 그 과정에서 기쁨과 사랑마저 제대로 느끼지 못할 수 있으며, 설혹 느끼더라도 단지 희미하게만 느끼게 될 수 있다. 중독의 시스템은 각자 자신의 개인적 도덕성에 흠집을 내며 타락을 위한 타협으로 이끈다. 윤리적이어야 할 주체가 일시적인 자기중심성, 두려움, 환상, 부정, 방어적 행동을 통해 순간의 쾌락을 반복하게 된다. 그러한 반복은 개인뿐만 아니라 타자와의 관계의 단절을 초래하는 결과를 낳는다.

향유와 철학적 성찰

레비나스에 따르면 "좋은 음식, 공기, 빛, 구경거리, 일, 생각, 잠"들과 같은 것을 우리는 즐기며 살아간다. 음식을 먹고, 맑은 공기를 마시고 좋은 음악이나 그림을 듣거나 감상하고, 대화를 나누고, 노동과 유희를 즐기는 것이 삶의 과정이고 내용이 된다. "숨 쉬기 위해 우리는 숨을 쉬고, 먹고 마시기 위해서 먹고 마신다. 숨기 위해서 숨고, 호기심을 만족시키기 위해서 공부하고, 산책하기 위해서 산책을 한다. 이 모든 것을 살기 위한 것이 아니다. 이것들이 모두 사는 것이다."

삶을 채워 주는 것들은 어떤 무엇을 위한 것이 아니라 그 자체로 즐김과 향유의 대상인 것이다. 향유는 인간을 세계에 거주 가능한 도구적 공간을 바꾸어 놓는다. 집과 같은 거주 가능한 공간에서 자유롭게 자신의 삶을 기획하고 고통과 죽음에 맞서 미래를 계획한다. 그런데 염려와 불안보다는 즐김과 누림, 곧 향유를 세계와의 일차적인 관계로 본다. 여기서 향유는 직접적으로 행복과 깊게 관여한다. 이는 곧 내 삶을 채우는 모든 내용의 최종적 의식이다. 삶을 채우는 향유가 자리하기 위해선 반성과 이론적 성찰이 있어야 한다. 삶의 본질은 향유에 있으며 '삶에 대한 사랑'의 범주까지 확장된다. 삶은 본질적으로 삶에 대한 사랑이며 자기애이다.

삶의 내용은 단지 삶을 채워 주는 데에 그치는 것이 아닌 삶을 완성하고 아름답게 만들며, 살 수 있을 만한 것으로 장식해 준다. 내가 눈으로 보는 대상은 내 앞에 있는 대상이지만 대상을 보는 가운데 나는 보는 즐거움(또는 고통)을 동시에 느낀다. 향유의 관점에서 볼 때 우리는 사물을 그 자체 고립된 것으로 체험하기보다는 무엇이라 분명히 규정할 수 없는, 우리가 몸담고 있는 세계로 사물을 체험한다. 세계는 원래 사물들의 총체이기보다는 삶의 요소다. 물, 바람, 공기, 음식, 태양빛 등은 우리의 삶을 지탱하는 요소가 된다. 이러한 요소로서 세계는 소유로서의 세계에 선행한다.

주체의 주체성은 물, 바람, 공기, 음식, 태양빛과 같은 요소들을 향유함으로 유지된다. 이때 향유를 '어떤 요소들을 즐기고 누리는 것'이라 볼 때 인간은 항상 다른 무엇에 의존적이라고 할 수 있다. 예컨대 숨 쉬기 위해 공기에 의존해야 하고, 갈증을 해소하기 위해 물에 의존할 수밖에 없다. 향유란 곧 자기가 아닌 다른 것에 의존해 있다는 말이다. 나는 이때 홀로 향유함을 누리게 된다. 주체의 주체성은 곧 향유의 행위를 통해 자신의 것을 누리게 된다. 즉 자신이 다른 것에 의존해 주체성의 독립이 가능하게 된다. 세계에 대한 의존성, 물과 공기와 음식에 대한 의존성에 의해 주체는 주체로서 홀로 설 수 있다. 향유는 나 자신이 나 자신으로 실현되는 과정이고 이 과정을 거치면서 나는 하나의 개별적 인격으로 등장한다.

알코올 중독은 자유를 위해 노력하지만 제한된 자유로서 그 한계를 벗어날 수 없는 반면에, 향유는 개체에게 자유를 주고 각자의 삶을 각자의 것으로 떠안게 해 준다. 자유롭게 자기에게로 복귀하는 주체에게 주어진 자유의 근원이다. 그러므로 주체가 자유로운 자기로 스스로 실현하는 과정이고, 그런 의미에서 중요한 사건이 된다. 향유를 통해 비로소 자아가 출현하게 된다. 따라서 향유는 자신에 대한 향유이다. 향유는 자신을 위해 누리는 행복이다. 예컨대 배고픈 사람이 자신의 배고픔만 생각하듯, 각자 자신을 위해 누리는 행복만을 생각한다. 이러한 향유는 '자기의 자기성'을 형성한다.

향유는 다른 누구에게도 환원할 수 없는 개체의 고유한 행위이다. 배고픈 사람에게 먹을 것을 줄 수 있지만 그를 대신해서 먹어 주지는 못한다. 각각의 주체는 향유의 주체로서 신비를 지닌 존재다. 개인은 그 누구와도 다른 저마다 향유의 주체로서 신비를 지니고 있다. 나의 자기됨과 타자의 타자성은 결코 상대화할 수 없는 절대적 성격을 띠고 있다.

반면에 알코올 중독은 어떠한가? 알코올은 주체의 존재를 위협하는 요소가 들어 있다. 알코올을 통해 주체가 누리는 독립성은 의존적 특징을 지닌다. 조금 더 명확하게 말하자면 의존성 안에서의 독립성이다. 알코올에 중독된 주체는 늘 무엇을 누릴 때 자신이 아닌 다른 것, 즉 타자에 늘 의존해 있다는 사실만 보았을 때 향유의 주체와 유사하나 기쁨의 차원인 즐기고 누리는 차원이 제한적이다. 알코올 중독의 주체는 절대적 주권을 행사하지 못하는 한계를 가진다. 주권에 취약점이 있다는 사실은 곧 행복의 제한성을 지니게 된다는 것을 의미한다. 알코올을 통해서 누리는 자유는 절대적 자유가 아니라 제한된 한계성을 지닌 자유이자, 오히려 자유의 억압에 해당된다. 쾌감과 고통은 순수한 상태로 머물거나 분명한 경계로 구별되지 않고 서로 뒤섞여 있다. 알코올의 섭취과정에서 초래되는 즐김과 누림은 일시적일 뿐 다시 고통으로 회귀한다. 이러한 회귀의 지속이 결국 중독을 낳게 된다.

향유는 즐김과 누림이기에 만족이고 행복이라 할 수 있다. 이것이 곧 향유의 본질에 해당된다. 그렇다면 알코올도 중독이 아닌 즐김과 누림의 차원에서 느끼는 행복이 된다. 레비나스는 즐김 또는 향유를 동일자의 원초적 성립계기로 본다. 내가 있으려면 반드시 향유함이 있어야 하며, 향유에 의해 주체인 내가 유지된다. 먹는 것, 먹어서 영양을 취하는 것이 향유가 가진 즐김의 대표적인 예이다. 음식을 먹음으로 주체가 자기가 되고, 그 음식을 통해 내가 아닌 것을 취함으로 나를 바꾸는 계기가 된다. 음식을 먹는 행위는 나의 배고픔을 채울 뿐만 아니라 내 몸의 영양을 공급하는 것을 의미한다. 이런 점에서 볼 때 향유는 분명 자기중심적 행위다. 그런데 중요한 점은 이러한 자기중심적 행위는 완성도가 끝이 없다는 사실이다. 예를 들어 음식이라는 것을 통해 자기화를 지속하지만 우리가 그 음식으로부터 독립될 수 없다는 사실이다. 따라서 음식물은 타자성의 특징처럼 우리보다 크고 오래된 역사를 지닌다. 향유의 대상인 음식은 항상 우리 밖에 있는 것들이며, 우리는 그들을 통해 살아갈 따름이다.

우리가 즐기는 것들은 우리 삶의 다양한 조건들에 해당된다. 음식, 햇볕, 바람, 공기뿐만 아니라 사유, 잠, 노동 등으로 즐김과 누림의 영역을 확장해 볼 수 있다. 그런 활동은 우리의 삶의 조건이다. 그런 활동들을 진행하는 과정에서 일정 부분 즐거움과 괴로움이 동반된다. 향유의 의미를 조금 더 세분화시켜 살펴보면, 하나는 나의 자기성이 성립하고 유지되는 구심적 계기라는 점이고, 또 다른 하나는 내 뜻에 의해서 좌지우지되지 않는다는 점에서 탈아(脫我)적이라는 점이다. 후자의 경우 향유는 바깥을 향해 열려 있을 수밖에 없으며, 또 그 즐김을 바탕으로 하는 우리의 삶 역시 근본적으로 타자적인 것과 관계할 수밖에 없다는 것이다. 따라서 '탈아'의 본질적인 의미는 곧 윤리적 의미와 긴밀하게 관계한다.

─────● 향유의 주체와 책임의 주체가 바라본 중독

주체성 문제와 관련해서 레비나스의 주장은 매우 흥미롭다. 앞서 언급했듯이 인간의 가장 원초적인 의미에서 주체성은 향유를 통해 형성된다. 삶의 다양한 요소들을 통해 자신이 향유하고 즐기는 가운데 자기성의 영역을 만든다. 향유는 주변 세계를 삶의 요소 혹은 삶의 환경으로 체험하는 것이다. 공기, 바다, 흙, 바람, 햇빛 등은 형식 없는 내용이고, 이 포괄적인 환경 속에서 우리는 참된 본질을 경험한다. 주체적 인간이 자리한 그곳에서 사유의 저편에 머무는 요소들이 나를 떠받치고 있다. 향유의 주체성은 바로 이러한 타자성이 함께한 주체성이다.

그런가 하면 거주와 노동을 통해 삶의 지속성과 안전성을 확보하려는 노력들도 향유의 한 차원을 형성한다. 어쩌면 알코올이나 약물도 허약한 주체성을 확보하려는 노력의 일환일 것이다. 문제는 알코올이나 약물이 일시적으로는 기쁨과 누림의 자기확장을 기할 수 있게 만들기는 하지만, 또 다른 측면에서 주체의 자기확장을 제한하는 결과를 낳게 된다는 점이다. 고통으로부터 초래된 주체성의 확보를 찾다 보니 향유하는 주체가 되지 못한다. 향유의 주체는 세계를 소유하고 지배함으로써 자기 자신을 무한히 확장하려는 욕망이다. 이러한 관점에서 볼 때 알코올 중독의 주체는 늘 본질적으로 제한된 자기확장에 지나지 않는다.

향유의 주체는 타자와의 관계 속에서 주체성이 확장될 수 있음을 가리킨다. 특히 레비나스에게 주체는 타자와의 관계 안에서 본질적으로 주체가 될 수 있다는 것을 말한다. 즉 이때의 주체는 윤리적 주체를 가리킨다. 동일성의 기원 없는 수동성 안에서의 '자기성(ipséité)'은 이미 타인의 '볼모(otage)'로 있다. 태초에 관계가 있었고 그 관계는 타자로부터 주체가 형성된다. 타자는 나와 똑같은 위치에 있지 않은 자로, 거주하며 노동하는 나에게 윤리적 요구로서 임하는 무한자로, 내가 어떠한 수단을 통해서도 지배할 수 없는, 즉 나의 세계로 환원할 수 없는 절대적 외재성이며 이질적인 존재다. 다만 타자는 나보다 선행하며, 내가 그들에 대하여 책임지는 자세를 가질 때 주체성이 확보된다.

한편 나를 위한 향유의 차원이 점차 축소된 문제가 중독의 첫 번째 문제라면, 두 번째는 향유의 주체가 타자의 출현을 통해 이기적 욕망을 포기해야 하는 존재이며 타자에 대한 책임의 존재여야 한다는 점이다. 따라서 타자에 대한 전적인 책임적 주체는 타인의 윤리적 명령에 순응해야 할 존재인 것이다. 레비나스에게 주체가 '자기성'을 회복할 수 있는 길은 타인과의 윤리적 관계를 통해서이다. 그러므로 주체는 타자를 위한 책임성에 의해서 진정한 주체가 된다고 주장한다. 주체는 자기 스스로 존재의 이유를 가질 수 없으며 자기 스스로에 의해서 구원될 수 없다. 왜냐하면 주체는 이미 타자에 대한 책임성으로 그들과 관계하고 있기 때문이다. 타자를 위한 책임성은 주체에 의해서 능동적으로 도달된 사건이 아니라, 선-근원적 본질에 해당된다. 이러한 주체는 자유에 선행한 책임적 존재로, 나의 자유를 문제 삼을 수 있는 타인으로 존재한다.

알코올 중독의 주체에게 타자에 대한 책임성은 배제된다. 반면에 향유의 주체는 자기의 기쁨과 누림을 지향하지만, 다른 한편으로 타자의 볼모로서 그에 대한 책임을 다할 때 주체의 진정한 회복이 이루어진다. 타자에 대한 책임성은 전적인 의식의 구조로, 선택의 요소가 아닌 하나의 '명령'이다. 레비나스에게 주체는 이미 타자에 대한 책임성을 가진 존재로, 이것은 의식과 앎 이전에 이미 존재하는 것이다. 주체가 되는 것은 지식이나 앎으로 되는 것이 아니라 윤리적 책임을 통해 주체성이 회복된다.

그런데 중독에 사로잡힌 주체는 어떠한가? 불안과 고통을 알코올을 통해 해결하려는 시도가 지속되다 보니 타자에 대한 책임이 없을 뿐만 아니라, 향유의 본질적 의미가 퇴색된 허약한 구조를 만들게 된다. '타인의 얼굴'은 내게 말하고 대답하기를 요구하는 '책임의 부름'이다. 이 얼굴의 본래적 의미는, 타인 자신이 정말 비참하고 상처를 받고 있는 가운데, 나에게 그 자신을 책임지라고 요구하는 것이다. 알코올 중독자는 곧 '타인의 얼굴'의 명령을 우리에게 요구한다. 예컨대 레비나스가 '살인이나 폭력을 행사하지 말 것'을 요구하는 얼굴에 주목할 필요가 있다고 말하는 것은, 곧 얼굴이 지닌 '저항'이라는 의미가 내포되어 있기 때문이다. 이때 저항은 어떤 힘도, 의지도 갖지 못한 자가 가질 수 있는 저항으로, 그 반향이 예측 불가능함으로 가득하다. 윤리적 저항의 본질적 의미는, 저항할 수 없는 대상들이 나를 쳐다보고 있는 저항이다.

얼굴이 요구하는 윤리적 책임성은 그 얼굴이 연약함을 갖고 있기에 파괴할 수 있지만, 동시에 연약하기에 힘의 관계와는 다른 방식의 관계가 나에게 요구된다. 쾡한 시선으로 나를 응시하는 명령이며, 나는 그를 환대할 수밖에 없다. 이러한 얼굴의 요청이 바로 윤리적 사건이 생겨나는 곳이다. 그 자신의 비참함을 안고 나에게 와서 무언가를 요청하는 그 의미들이, 바로 나의 자유를 문제 삼고 있다. 타자의 명령은 나의 자유를 제한함과 동시에 나의 이성적 판단이나 자발성을 문제 삼는다. 타인의 얼굴이라는 것은, 주체인 내가 어떠한 주도권도 가질 수 없는, 또한 어떠한 의미도 가질 수 없는 지평에서 드러나는 존재 방식인 것이다.

11부

멈춤의 지혜

성형 중독과 노자

박승현

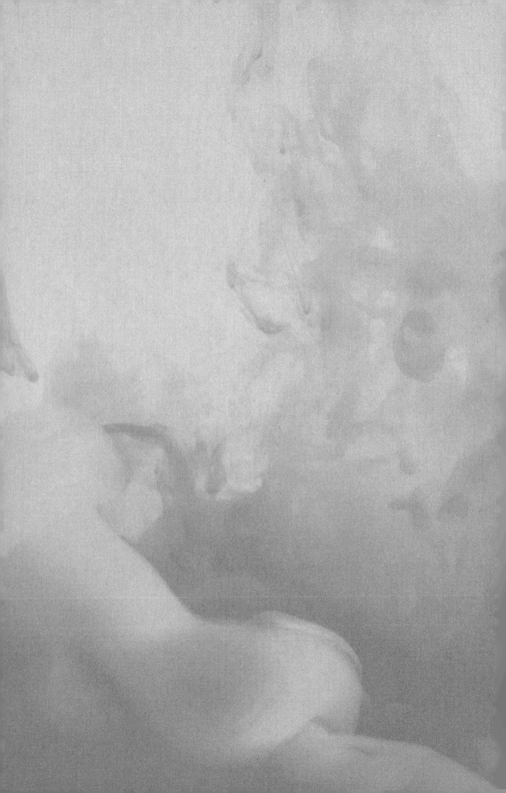

　　"외모로만 사람을 평가하고 있는 사회"를 경쾌하게
풍자하면서도, 외모지상주의의 문제점을 잘 다루었던 영화 중의 하
나가 〈미녀는 괴로워〉(김용화, 2006)다. 천상의 목소리를 가진 주인공은
가수를 꿈꾸지만, 뚱뚱한 체격과 남들에 비해 뒤떨어지는 외모 때문
에 무대 뒤에 숨어 다른 미녀 가수의 립싱크에 대한 노래를 대신 불
러 주는 '얼굴 없는 가수' 신세다. 자신의 음악성을 인정해 주는 프로
듀서를 짝사랑하게 된 주인공이 성형수술을 통해서 새로운 성공적
인 삶을 살아간다는 것을 다룬 로맨틱 코미디 영화이다. 전체적으로
외모지상주의의 폐해를 코믹하게 다루는 내용이었지만, 성형을 통한
성공적 삶을 그리면서 은연중에 외모지상주의를 오히려 부추기고 있
다는 평가도 함께 받았다.

　　영화에서는 성형을 통한 성공적 삶을 보여 주었지만, 현실에서는

반복된 성형으로 인하여 삶이 완전히 망가진 그 반대의 경우도 종종 목격하게 된다. 이른바 '선풍기 아줌마'로 방송에 소개되어 세간에 충격을 주었던 한 모 씨는 28세 때 자신의 얼굴에 만족하지 못하고 첫 성형수술을 받았다. (수술받기 전인 20대의 그녀 사진은 누구에게도 뒤지지 않을 빼어난 미모를 보여 주고 있다.) 이후에 가수 활동을 위해 일본으로 건너갔고, 그곳에서 더 많은 수술을 받게 되면서 점차 얼굴이 기형적으로 변하기 시작했다. 성형중독 증세와 정신과적 문제까지 보였던 그녀에게 일본 의사들은 더 이상 수술은 안 된다며 상담을 거부하기 시작했다. 그녀는 결국 한국으로 돌아와 정신과 치료를 받게 되었지만, 비용을 감당하지 못해 그마저도 중단하게 되었다고 한다. 그러나 그녀는 여전히 성형수술에 대한 충동을 억제하지 못하고 자신에게 실리콘 시술을 해 주겠다는 불법 시술소를 찾아내어, 실리콘과 주사기를 받아서 자신이 직접 얼굴에 실리콘이나 콩기름 등을 주입하기에 이른다. 그 후 부작용으로 얼굴이 비정상적으로 커지고 일그러져서 선풍기처럼 머리가 크다고 하여 '선풍기 아줌마'라는 별명을 얻었다. 방송에 소개된 이후 꾸준히 치료를 받고 있다는 보도가 간간이 이어졌지만, 2018년 12월 57세의 일기로 세상을 떠났다는 안타까운 소식이 전하여졌다.

흔들리는 인간이란 존재

한 인간이 살아가는 과정 중에 어느 한순간도 불안하지 않은 때가 없을 것이다. 왜냐하면, 우리가 지금 살아가고 있는 '오늘 하루'는 각자의 인생에서 처음 맞이하는 순간들이기 때문이다. 누구에게나 그렇듯 처음 하는 일은 생소하고 서툴고, 불안하기 마련이다. 그래서 언제나 새로운 하루를 살아가고 있는 인간의 삶은 흔들림 그 자체이고, 불안이 연속된 순간들에 놓여 있을 수밖에 없다. 삶의 불확실성과 불안감을 어떻게 해소할 것인가는 이 땅에서 오늘을 살아가고 있는 인간들에게 던져진 공통의 과제라 할 것이다. 이런 의미에서 인생이란 닥쳐오는 미지의 시간 속에서 자신의 삶을 의미 있는 방향으로 이끌어 가려는 부단한 분투(奮鬪)의 과정인 것이다.

그래서 공자는 "자신을 이겨서 예(禮)로 돌아가는 것이 사람다움을 실현하는 것이다"[155]라고 말했다. '극기(克己)', 즉 '자기를 이긴다'는 것은 원초적 불안감과 이기적 사욕에 이끌려 자신의 삶을 타락시키는 것이 아니라, 자신의 의지를 발휘하여 이성의 통제하에 그것들을 적절하게 조절하고 극복해 나가는 것을 가리킨다. 다시 말해 감성이 우리의 이성을 지배하지 못하게 하고, 역으로 이성이 우리의 감성을 적절하게 조절하도록 하여 자신의 사사로운 욕망이 작동하는 것을 제

---

155 『논어』 「안연편」, 克己復禮爲仁.

어하고 절제하는 것을 말한다. 그리고 '복례(復禮)', 즉 '예로 돌아간다' 라는 것은 단순히 특정한 사회적 규범이나 정치적 이념을 회복하고 구현하려는 것이 아니다. 이것은 인간의 참다운 이상을 실현하는 도 덕적 실천에 대한 것이다. '예'는 바로 인간이 인간으로서 마땅히 실 현해야 할 덕목이다. 극기가 자기 인생에서 부정적인 사욕을 제거하 는 것이라 한다면, '복례'는 우리 인생의 긍정적 측면에서 이상적 가 치를 적극적으로 회복하고 실현하려는 것을 말한다. 공자가 주장하 는 '극기복례'는 인간이 가진 도덕적인 이성의 능력에 대하여 신뢰를 보여 주는 것이다. 이것을 통하여 부단한 자기극복과 실현의 과정을 통하여, 보다 나은 이상적 삶을 구현하고자 하는 적극적 노력이라고 할 수 있다.

그러나 인간의 삶의 현장에서 이러한 이성의 힘이 말처럼 그렇게 순탄하게 발휘되지는 않는다. 감성적 욕구에 이끌려 삶의 방향성을 놓치기도 하고, 외물의 유혹에 빠져들어 삶을 방기(放棄)하거나, 삶의 안전을 담보하기 어려운 상황에 처하게 만드는 경우를 우리는 쉽게 목격하게 된다. 그래서 노자는 "화려한 빛깔과 색채가 사람들의 눈을 멀게 하고, 현란한 소리가 사람들의 귀를 멀게 하고, 여러 가지 맛을 자극하는 향료와 음식이 입맛을 떨어지게 하고, 말 달려 들판에서 사 냥하는 것이 사람 마음을 미치게 하고, 얻기 어려운 금은보화와 같은 재화가 사람의 행동을 방만하게 한다"[156]라고 경고한다. 여기서 화려 한 빛깔과 현란한 소리, 입맛을 돋우려고 쓰는 향료나 질펀한 음식,

들판에서의 사냥, 얻기 어려운 재화 등은 다 인간의 물질적 욕망과 감각적 욕구충족의 대상들이다. 이러한 물욕의 대상이 늘어나고, 감각적 욕구충족에 얽매이게 되면, 인간의 삶은 그 물욕의 대상에 종속되어 도리어 자기 삶을 해치게 되는 결과를 가져오게 됨은 너무나 자명한 사실이다. 여기서 주의할 것은 노자가 물욕의 종속에 대한 폐해를 경고하고 있다고 하여 금욕주의를 주장하는 것은 아니다. 다만 인간의 기본적 욕구는 인정하되, 문제가 되는 것은 언제나 과도하고, 지나치고, 무절제한 욕망과 욕구충족에 몰입되어 빚어지는 참상에 대하여 경고하고 있는 것이다.

결국, 우리의 온전한 삶을 회복하고 유지하는 관건은 바로 외물에 집착하지 않고, 깨어 있는 이성이 작동하는 상태로 돌아오는 것이다. 순자(荀子)는 "군자는 사물을 부리지만, 소인은 사물의 부림을 당한다"[157]라고 말한다. '역물(役物)', 즉 사물을 부리는 것과 '역어물(役於物)', 즉 사물에 부림을 당하는 것의 차이는 '깨어 있는 의식'의 유무에 달려 있다. 깨어 있는 의식이 작동하고 있다면, 외부 사물의 유혹을 적절하게 조절할 수 있지만, 그러한 의식이 부재하거나 작동을 멈추게

---

156 『노자도덕경』 12장, "五色令人目盲, 五音令人耳聾. 五味令人口爽, 馳騁畋獵. 令人心發狂. 難得之貨, 令人行妨."

157 『순자』 「수양」, 傳曰, 君子役物 小人役于物. 여기서 군자와 소인의 구분은 사회적 지위에 따른 것이 아니다. 도덕적 자각의식을 갖고, 이상적 가치를 실천에 옮기는 사람을 군자라고 하고, 자신의 이기적 욕망과 물욕에 사로잡혀 타인을 무시하고, 오직 자기중심적인 삶을 사는 사람을 소인이라고 칭한다.

| 노자

되면, 우리의 습관적 행동에 의하여 형성된 습심(習心)으로 자동 전환
되어, 쉽게 외물의 유혹에 빠져들고, 그것에 구속되거나 집착하게 됨
으로써 자신의 삶을 온전히 보전할 수가 없게 되는 것이다. '역어물',
즉 외물에 의하여 부림을 당하고, 종속되어 있다는 것은 바로 자기조
절능력과 자기통찰력의 상실이라고 할 수 있고, 이것이 반복적으로
일어나고, 심화될 경우, 우리는 그것을 중독 현상이라 부를 수 있을
것이다.

어떤 사람이 무엇에 중독되어 있다는 것은 바로 '어떤 물질과 행동에 대하여 자기조절능력을 상실하고, 자신의 의지와 상관없이 몰입되는 것'을 말한다. 다시 말해, 더 이상 자신의 의지에 의한 상태가 아니라 주인에게 구속되고 양도된 채 명령에 따라 행동하는 노예로 전락한 상태라는 것이다. 외물에 의하여 부림을 당하는 '역어물', 한 걸음 더 나아가 외물이나 어떤 행동에 종속되고 집착하는 중독은 어떤 특정 개인에게만 국한된 것이 아니다. 정도의 차이는 있겠지만, 어떤 것에 몰입하거나 의존하게 되는 현상은 자신도 잘 인지하지 못한 가운데 누구나 쉽게 빠져들 수 있는 것이다. 따라서 현재를 살아가는 누구에게나 깨어 있는 의식을 바탕으로 자기조절능력과 자기통찰능력, 자아 성숙을 갖추어야 할 필요성이 요청된다.

─────────● **조작과 중독**

사람들은 대부분 불안하고, 심적으로 외로움과 공허함을 느끼게 되면 그것을 대리 충족하거나 해소해 줄 무언가를 갈망하게 된다. 현대인들은 사회가 급격하게 변화하고 복잡해질수록 더 많은 일에 대한 압박감과 생존에 대한 중압감에 시달리게 되고, 그로 인해 더 많은 스트레스를 받고 살아가고 있다 할 것이다. 삶에 대한 중압감과 스트레스가 많으면 많을수록, 사람들은 그것을 다른

방식으로 해소할 좀 더 강한 자극을 찾아 몰입하게 된다.[158]

현대 자본주의사회는 '소비가 미덕'이란 구호 아래 끊임없이 인간의 욕망을 부추기고, 소비 진작을 위한 전략을 내놓는다. 필요에 따라서는 인간의 삶의 이상과 행복도 소비전략에 맞추어 조작하기도 한다. 삶의 만족과 행복이 마음에 있는 것이 아니라, 물질적 소비를 통한 욕망충족에 있음을 광고라는 매체를 통하여 선전하고 세뇌한다. 그에 따라 현대인들은 행복을 느끼는 정도를 소비 가능 정도에 맞추어지게 된다. 얼마나 소비할 수 있는가는 곧바로 자신이 얼마나 행복한지를 가늠할 잣대로 작용한다. 자신의 소비지수가 곧 행복지수라고 착각하는 것이다. 그러나 이 속에 소비촉진을 위한 자본주의의 전략이 숨어 있음을 쉽게 간과해 버린다. 만약 유행을 쫓아가지 못하고, 그것을 소비할 수 있는 능력을 갖추지 못하게 되면 곧바로 자신이 불행하다고 치부하고, 상대적 빈곤감에 빠져들게 된다. 이러한 상대적 빈곤감은 결국 자아의 인격성과 존재 가치를 부정하게 되고, 감각적 쾌락을 주는 대상이나 행동에 몰입함으로써 상대적 빈곤감과 허무감, 자기상실감을 떨치려고 한다. 그러나 이러한 몰입이 진행되면 될수록 그러한 고통에서 벗어나는 것이 아니라 더 깊은 상처를 받게 되고, 회복할 수 없는 수렁으로 빠져들게 된다.

---

158 그러나 몰입한다고 다 중독이라고 하지 않는다. 건강한 열정을 가진 몰입과 중독의 차이점은 바로 정상적인 일상생활에 도움이 되느냐 아니면 오히려 정상적인 일상생활을 빼앗느냐가 중요한 구분점이라고 할 것이다. 최삼만, 『행위중독』, NUN, 2016, 36쪽 참조.

현대 자본주의사회에서는 소비를 촉진하기 위하여 끊임없이 유행을 창출하고 상대적 빈곤감을 자극하여, 사람들이 소비에 나서도록 괴롭히고 못살게 군다. 이러한 기획 의도를 알아차릴 수 있는 의식과 자기조절의지가 없으면, 현대인들은 쉽게 소비촉진을 위한 욕망충족의 전략에 저항하지 못하고, 맥없이 유행 따라 이리저리 끌려다니면서 자아의 정체성을 상실하고 고통을 받게 된다. 고통이 증가하면 할수록 감내해야 할 스트레스가 증가할 뿐 아니라, 자기비하의 감정과 상대적 빈곤감이 가중된다. 이러한 스트레스가 증가하게 되면, 이를 해소하기 위해 쉽게 무언가를 찾아 의존하고, 그 고통을 회피하는 데 몰두하게 된다. 그에 발맞추어 현대의 산업구조도 인간들의 즉각적인 욕망충족에 적합하게 재편되어지고, 무한한 욕망충족을 부추기는 소비 지향적 문화가 굳건히 자리 잡게 된다.

이러한 산업이 발전할수록 도리어 향락문화에 빠짐으로 인하여 고통받는 사람의 수가 증가하기 마련이다. 따라서 현대사회를 살아가는 사람 중 대다수는 한 가지 이상의 무언가에 '중독'되어 있다. 이미 잘 알려진 알코올 중독, 약물 중독, 도박 중독, 니코틴 중독뿐 아니라 운동 중독, 성형 중독, 쇼핑 중독, 다이어트 중독, 카페인 중독, 드라마 중독, 일 중독, 성 중독, 종교 중독 등 중독의 분야도 매우 다양하게 나뉘어 있다.[159] 빠른 속도로 발전하는 현대사회는 우리가 이전에

---

159 중독은 크게 물질 중독과 행위 중독의 두 가지로 나눌 수 있다. 물질 중독은 우리 몸 안에 섭취된 화학물질들에 대한 중독이다. 알코올,

경험하지 못했던 인터넷이나 카페인, 성형 등의 다양한 중독거리를 제공한다.[160]

또한, 한국 사회만큼 성형수술이 장려되고, 유행하는 나라가 또 있을까 싶다. 우리 사회에서 미용을 위한 성형수술이 성행하는 것은 외모지상주의 때문일 것이다.[161] 외모지상주의는 끊임없이 상대적 빈곤감을 자극하고, 자아부정과 자기비하를 이끌어 낸다. 자신이 가진 것에 대해 계속해서 부정을 하게 되고, 비교를 통해 자신의 것은 무조건 모자라 보이고 수준이 낮다고 평가한다. 세상의 미적 기준은 절대적인 것이 아니라, 상대적인 것임에도, 기업들은 얼굴이 이쁘고, 몸매가 날씬한 모델을 보여 주면서, 마치 미의 절대적 기준이 있는 것처럼 지속적인 광고전략을 편다. 그것은 곧바로 성형산업의 발전을 불러오게 된다.

마약, 니코틴, 기타 약물에 대한 중독이 이 유형에 속한다. 다음으로 행위 중독(비물질 중독)이 있다. 행위 중독에 관련된 현상은 매우 오래되었지만, 2013년 DSM-5가 개정될 때 도박 중독이 '도박 장애'라 명명되어 중독성 질환의 하나로 범주화되면서 공식화되었다. 행위 중독에는 도박, 인터넷, 게임, 음식, 성, 쇼핑 등이 중점적으로 연구되고 있으나, 일부 질환은 아직 여러 가지 측면에서 논의가 더 필요하다. 최삼욱, 『행위중독』, NUN, 2017, 31-32쪽 참조.

160 채규만 외, 『채박사의 중독 따라잡기』, 학지사, 2013, 11쪽.

161 최근 우리 사회에 등장한 용어인 '루키즘(lookism)'은 바로 외모를 가장 중요한 가치로 보는 관점이다. 이것을 우리말로는 '외모지상주의'라 번역한다. 『뉴욕타임즈』 칼럼리스트인 윌리엄 새파이어(Willlliam Safire)가 인종, 성별, 종교 등에 이어 차별적 요소로 외모를 지목하면서 루키즘이라는 단어가 부각되었다. 〈DAUM 사전〉의 '루키즘(lookism)' 용어 해설 참조.

우리 사회에서 "예쁘면 다 용서된다"라는 말을 농담처럼 한다. 이 것은 외모가 다른 어떤 조건에 앞서 우열을 결정하고 인생에 지대한 영향을 미치게 한다는 것을 말한다. 외모지상주의가 만연한 사회일 수록 외모를 통해 사람의 능력을 판단하는 경향이 농후하다. 〈미녀 는 괴로워〉란 영화는 외모지상주의를 코믹하게 가상으로 꾸민 이야 기이지만, 이것은 우리 사회의 한 단면을 잘 반영하고 있다.

그래서 취업준비의 첫 번째 사항으로 성형수술을 꼽을 정도로 우 리 사회는 외모를 가꾸어야 한다는 압력이 상당히 강한 것이 사실이 다. 광의적 의미에서 외모지상주의는 신체적 외모 또는 겉모습의 이 미지를 기준으로 특정 부류의 집단을 달리 인식하거나 비호감을 지 니게 되며, 나아가 그로 인해 발생하는 편견 또는 차별을 의미한다. 가정과 학교에서 예쁜 애들에 대한 편애뿐만 아니라 사회의 모든 영 역, 이를테면 고용기회와 법정의 판결, 선거에 있어서까지도 외모가 영향을 미치고 있는 것이 사실이다.[162] 인간이 외모에만 신경을 쓰다 보면 자신의 사람됨, 곧 인격에 관해서는 소홀해질 수밖에 없다. 인 격에 관한 관심이 낮아지면 그와 아울러 자신을 존중하는 자존감도 동시에 낮아진다. 자존감이 낮아지면 객관적인 기준과는 상관없이 자신의 외모가 추하다는 콤플렉스에 빠지게 된다. 이러한 콤플렉스

---

162 엄묘섭, 「시각문화의 발전과 루키즘」, 『문화와 사회』 제5권, 2008, 85쪽 참조.

에 빠지게 되면 아무리 성형수술을 해도 만족하지 못하게 된다.[163]

그러나 우리 사회의 외모지상주의는 매우 일그러진 양상을 보여 주고 있다. 우리 사회에서 통용되고 있는 미적 기준은 서구적이다. 특히 성형수술을 하는 사람들은 대부분 서양인의 모습을 닮고 싶어 한다.[164] 얼굴이나 인체는 민족마다 특징이 있는데도, 무조건 서양의 백인을 모델로 삼아 닮아 가려고 하는 것은 정신적으로 병든 상태와 다름없다고 할 수 있다. 질병이나 선천적인 기형 때문에 사회생활이 곤란할 경우와 외모 때문에 정신질환이 생기는 경우를 제외하고는 성형수술을 할 필요가 없다는 가치 의식이 하루빨리 사회 전반에 확산되어야 한다. 그리고 자신의 개성을 그대로 인정하고 존중할 수 있는 당당함을 길러 가야 한다. 그래야만 사회 구성원들이 외물의 유혹에 흔들리지 않고 주체적인 삶을 영위할 수 있다.[165]

---

163 채규만 외, 『채박사의 중독 따라잡기』, 학지사, 2013, 47쪽.

164 이것은 아마도 대부분의 여자아이들이 어릴 때부터 가지고 놀던 서양인의 얼굴을 가진 '바비 인형' 때문일지도 모른다. 백화점에서 팔고 있는 인형의 대부분은 서양 미인의 얼굴과 몸매를 모델로 만들어진 것이다. 이것을 가지고 노는 아이들은 은연중에 서양인의 미의 기준을 받아들이고 있는지도 모른다.

165 강영계, 『청소년을 위한 가치관 에세이』, 해냄, 2012, 141쪽.

멈춤과 자기긍정

중독의 상태는 순자의 말에 비추어 보면 '역어물', 즉 외물에 의하여 부림을 당하는 상태라고 할 수 있다. '외물에 구속'된다는 것은 문제의 상황에 접하게 되면, 자신의 의지와 상관없이 습관적 마음으로 곧바로 자동 전환되어, 부정적이고 습관적인 행위를 반복적으로 행하게 되는 상태에 놓이게 된다는 말이다. 그렇다면 '역어물'의 상태에 벗어나 '역물', 즉 외물을 부리는 상태, 다시 말해 자신의 의지에 따라 적절하게 자기조절이 가능한 상태로 전환이 어떻게 가능한 것일까? 외물의 구속에서 벗어나 주체적인 삶을 살기 위해서는 기존의 잘못된 가치관과 생활방식의 전환을 가져오지 않으면 안된다.

가치관의 전환은 일상적 생활에서 벌어지는 사유와 행동의 자동전환을 멈추는 것이다. 이러한 전환은 자신의 의지에 호소할 수밖에 없다. 우리가 약물에 의존하여 구속의 상태에 벗어나는 것에 도움을 받을 수 있을지 모르지만, 최종적인 것은 자신의 세계관과 가치관의 변화에 따른 의지의 발현을 통한 행동 변화를 가져올 때, 비로소 구속의 상태에서 벗어날 수 있을 것이다. 이른바 행위 중독의 문제는 뇌질환의 문제로 볼 것이 아니라, 인간의 신념과 가치의 문제로 다루어야 하고, 상담을 거치면서 의지 발현을 통한 행동 변화를 유도해야 한다.[166]

노자는 "만족할 줄 알면 욕되지 않고, 멈춤을 알면 위태하지 않다"[167]라고 말한다. 여기서 우리는 가치관의 전환을 위한 두 가지 원칙을 찾아낼 수 있다. 하나는 '지지(知止)', 즉 '멈춤을 아는 것'이고, 다른 하나는 '지족(知足)', 즉 '만족함을 아는 것'이다.

'멈춤을 아는 것'은 우리의 행위의 옳고 그른 부분, 자신의 한계가 어디인가를 알아차리는 것이다. 이것은 깨어 있는 의식이 작동하여 의지를 발휘하는 것이다. 멈추기 위해서는 우리의 삶에서 불필요한 욕망을 줄이는 것이 우선되어야 할 것이다. 그래서 노자는 "재능(세속적인 명예)을 표방하지 않으니, 백성들이 功名(공명)을 다투지 않게 되고, 얻기 어려운 진귀한 재화를 중시하지 않으니, 백성이 도둑이 되지 않게 되고, 탐낼 만한 사물을 드러내지 않으니 백성의 마음이 어지럽게 되지 않는다"[168]라고 말한다. 세속적인 명예, 끊임없는 부의 축적, 무한한 감각적 욕망 등을 추구하기 위하여, 자기 자신에게 상처를 주

---

166 정신질환은 그저 문제를 일으키는 신념, 가치, 두려움, 가정 등이다. 그것은 아무런 신체적 실재도 아니다. 정신적인 문제들이 유기체상의 원인을 갖는 것으로 드러나게 되면 그것들은 더 이상 정신적인 문제들이 아니라, 유기체인 뇌의 문제로 전환되는 것이다. 현재 정신의학에서 주장하는 정신질환의 존재론은 결국 두 가지 오해 위에 기초하고 있는데, 마음은 뇌와 동일하며, 증상에 기반을 두고서 정신질환 진단을 내리는 일은 유기체적인 장애를 발견하는 일과 같다는 것이다. 이 중 어느 것도 정당화되지 않는다. 피터 B. 라베, 『상담과 심리치료료에 있어서 철학의 역할』, 김수배·이한균 역, 학이시습, 2016, 56쪽 참조.

167 『노자도덕경』 44장, "知足不辱, 知止不殆."

168 『노자도덕경』 3장 "不尚賢, 使民不爭, 不貴難得之貨, 使民不爲盜, 不見可欲, 使民心不亂."

| 노자도덕경. 국립제주박물관

기도 하고, 심지어 자신의 생명까지 내놓는 일도 있다. 또한, 세속적
인 작은 이익과 쾌락에 빠져 '깨어 있는 의식', 즉 이성적 반성 작용이
멈추게 되면, 진정으로 자신의 소중한 가치가 무엇인지도 망각하게
된다.

그리하여 '진실한 척'하는 허위의식이 발동하게 되어, 작은 이익과
쾌락을 추구하기 위하여 무한 경쟁을 벌이게 되고, 종국에 가서는 자
기 삶의 방향성과 가치를 상실하게 된다. 그로 인하여 삶의 허무감을
해소하기 위해 자신을 해치는 감각적 충동 작용에 빠져들어 영원히
헤어나오지 못하게 된다. 그래서 노자는 '멈춤을 알라'고 하면서, 끊
임없이 불필요한 욕망을 줄여 나갈 것을 촉구하며, "(마음속에) 질박함
을 가지고 사욕을 줄여야 한다"[169]고 강조하고 있다.

---

169 『노자도덕경』 19장, "見素抱樸, 少私寡欲."

그리고 만족함을 아는 '지족(知足)'은 '자기긍정'이라고 할 수 있다. 자신을 현 상태를 있는 그 자체로 인정하는 것이다. 성형 중독의 예를 들면, 성형 중독은 자신을 긍정하지 못하고, 비교의식 속에서 상대적 빈곤감에 빠져 자기부정과 자기비하의 감정이 작동한 결과라고 할 수 있다. 사람을 평가하는 기준을 외모만을 놓고 평가할 수 없다는 것은 너무나 당연한 이치임에도 사람들은 그것을 최우선적 기준으로 받아들이는 경향이 있다. 노자는 이미 오래전에 아름답다는 미적 가치판단은 상대적임을 지적하고 있다. "천하 사람들은 다 아름다운 것(美)을 아름다운 것(美)으로만 알지만, 그것에는 이미 추함을 가지고 있다. 모두 다 선(善)이 선(善)인 줄로만 알지만 이미 불선(不善)한 관념을 가지고 있다"[170]라고 말한다. 세상에는 절대적인 '아름답다, 착하다'는 가치판단의 기준이란 존재하지 않는다는 것을 지적하는 것이다. 일반 사람들은 자신이 세운 미적 기준을 절대시하고, 자신의 관점을 극대화하려는 경향이 있다. 사실, 자신이 세운 미적 기준과 옳고 그름의 기준을 절대시하는 순간 언제나 상대와 문제를 일으키게 된다. 자신의 견해를 절대시하는 것이 바로 집착이다. 미용을 위한 성형수술에서도 특정한 미적 기준을 세워 놓고 그것을 일률적으로 적용하는 것은 아닌가 하는 의심이 든다. 세상 사람들의 얼굴에는 그만의 독특한 특징과 개성이 존재하지만, 성형 후에는 그러한 개

---

170 『노자도덕경』 2장, "天下皆知美之爲美, 斯惡已, 皆知善之爲善斯不善已."

성이 사라지는 느낌을 지울 수 없다. 진정한 자기만의 개성을 존중하고, 존중받을 수 있는 의식의 전환이 있어야 한다. 이것이 가능하기 위해서는 깨어 있는 의식을 발동할 수양과 훈련이 필요하다.

여기서 강조하는 수양은 바로 자기긍정의 과정이고, 또한 참다운 자아, 즉 진아(眞我)를 찾아가는 과정이라고 할 수 있다. '참다운'이란 말을 덧붙이는 것은 '거짓'의 자아에서 벗어나고 진실한 자기를 긍정하려고 하는 것이다. 진정한 자아가 확립되어야 '깨어 있는 의식'이 언제나 작동할 수 있고, 의미 있는 삶의 과정을 갈 수 있는 것이다.

──────────● **비움의 과정**

"군자는 사물을 부리지만, 소인은 사물의 부림을 당한다"라고 할 때, 군자는 참다운 자아, 소인은 거짓 자아라고 할 수 있다. 소인에서 군자로, 거짓 자아에서 참다운 자아로 전환할 때 비로소 외물에 구속된 상황에서 벗어나, 진정으로 의미 있는 삶을 실현할 길을 열어 갈 수 있다. 그렇다면 그것이 어떻게 가능한가? 그것은 삶에 대한 관점의 전환이 선행된다. 새로운 삶의 방향을 설정하고 실천하려는 관점의 전환은 자신의 의지에 호소하지 않을 수 없다.

스스로 깨어 있는 의식이 발동하지 않으면, 다시 말해 자신의 의지를 발현하지 않으면, 기존의 삶에 대한 가치관과 태도, 그리고 행동양식을 바꿀 수가 없다는 것은 너무나 당연한 말일 것이다. 그래서 공자는 "사람다움의 실천이 자신으로부터 말미암지 다른 사람으로 말미암겠는가?"[171]라고 강조하면서, "사람다움을 실현하는 것이 멀리 있겠는가? 내가 사람다움을 실현하려는 의지를 발현하기만 하면, (내가 실현하려는) 사람다움의 길이 나에게 다가온다"[172]라고 말한다. 이것은 주체적 자아가 깨어 있는 의식을 발현할 때만이 새로운 가치 실현의 길이 열림을 강조하는 것이다. 스스로 변화의 의지를 발현하지 않는다면, 부조리하고 불합리한 현재 상황을 바꾸어 나갈 수 없는 것은 당연하다. 그리고 그러한 변화의 노력은 한 번에 끝나는 것이 아니고, 끊임없이 이어 가야 한다.

노자는 "일상적인 경험학문은 채움의 방식으로 나아가지만, 도(道)를 실천하는 공부는 비움의 과정이다. 비우고 또 비움의 과정을 거쳐서 무위의 경지에 도달한다"[173]라고 말한다. 도를 실천하는 공부라는 것은 우리 내면의 주체적 생명에 관하여 관심을 가지고, 그것을 어떻게 고양할 것인가를 고민하는 과정이다. 인간의 이상적 삶의 방향을 가리키는 도(道)를 실천하는 공부는 인간들의 욕망과 욕구를 반성하고, 그것이 잘못된 방향으로 나가지 않는가를 끊임없이 반성하는 작용을 말한다. 불필요한 욕심과 욕망, 잘못된 편견, 잘못된 방법으로

---

171 『논어』「안연편」, "爲仁由己, 而由人乎哉?"
172 『논어』「술이편」, "仁遠乎哉! 我欲仁, 期仁至矣."
173 『노자도덕경』 48장, "爲道日損, 損之又損, 以至於無爲."

얻어지는 감각적 쾌락 등에 반성적 작용을 가하는 것이다. 비움의 공부가 겨냥하는 것은 바로 허위의식, 조작 술수를 부리려는 마음을 겨냥하는 것이다. 그것을 비워 내려는 것이고, 한 번에 끝나는 것이 아니라 비우고 또 비우는 반복된 과정을 거쳐야 한다. 왜냐하면, 우리는 매일 언제나 새로운 욕망과 욕구를 마주하기 때문이다.

그리고 노자는 "텅 빔[=허(虛)]에 이르는 것을 극도로 밀고 나아가고, 고요함[=정(靜)]을 지키는 것을 독실하게 하면, 만물은 아울러 자라지만, 나는 그 근본으로 돌아감을 본다"[174]라는 방법을 제시한다. 우리의 마음을 텅 비고(虛) 고요한(靜) 상태에 도달하게 해야 하고, 그러한 상태를 잘 유지하고 지켜 나아가야 한다고 말한다. 우리의 마음에 고정된 선입관이나 집착이 일어나지 못하도록 항상 경계를 늦추지 말아야 한다. 또한, 집착에서 벗어나기 위해서는 끊임없이 습관적 마음에서 비롯된 선입관을 버리거나 분주한 마음을 비우고, 거리 두기를 하여야 한다. 이러한 거리 두기는 우리의 의식이 항상 깨어 있음을 상징하는 것이다. 중독은 바른 대상이 무엇인지 확인하려는 능력을 망가뜨린다. 그것은 또한 영양분(음식 또는 사회적, 심리적 영양분인 대인 접촉, 주의력, 자극 등)이 부족한지, 적당한지, 아니면 넘치는지 식별해 내는 능력을 가로막는다.[175]

---

174 『노자도덕경』16장, "致虛極, 守靜篤, 萬物幷作, 吾以觀復."
175 크리스틴 콜드웰, 『몸으로 떠나는 여행』, 김정명 역, 한울, 2016, 20쪽.

노자가 강조하는 '비움(虛)'은 무감각해진 마음을 일깨워 주는 것에서 시작된다. 깨어 있는 의식의 작동은 바로 자신의 의지와 상관없이 습관적 삶의 태도와 외물의 유혹에 종속되는 자동 전환의 '멈춤'을 의미하는 것이다. 기존의 삶에 대해 반성을 하기 위해서라도 우리는 멈춤이 필요하고, 한 걸음 물러나 우리 삶을 바라보고, 알아차릴 수 있는 마음의 변화가 필요하다. 삶의 태도 변화는 바로 자기결단, 혹은 자기극복의 결과인 것이다. 노자가 제시하는 '허정심의 확보'는 고통받는 삶에서 자유로운 삶으로 전환하려는 의도가 내재되어 있다고 할 것이다. 인위 조작하는 허위의식, 외물의 유혹에 빠져드는 마음을 내려놓는 결단이 필요하다. 중독에서 벗어나는 마음 치유는 사유의 전환을 전제로 한다. 스스로 온전한 삶을 살기 위한 결단이 필요하다. 그러한 결단은 결코 멀리 있는 것이 아니다. 습심(習心)의 멈춤은 자신의 의지를 발휘하는 바로 이 순간에 일어난다. 바로 지금 내 마음에 일어나는 현상을 바라볼 수 있는 깨어 있는 의식이 작동하는 그 순간에 멈춤이 일어날 수 있다. 할 수 있음에도 하지 않을 수 있는 절제의 용기를 발휘할 때, 치유의 길이 열릴 수 있는 것이다.

참고문헌

『노자도덕경(老子道德經)』

『논어(論語)』

『순자(荀子)』

강수돌 · 홀거 하이데, 『중독의 시대』, 개마고원, 2018.

강영계, 『청소년을 위한 가치관 에세이』, 해냄, 2012.

라베, 피터 B., 『상담과 심리치료에 있어서 철학의 역할』, 김수배 · 이한균 역, 학이
       시습, 2016.

셰프, 앤 윌슨, 『중독 사회』, 강수돌 역, 이상북스, 2016.

엄묘섭, 「시각문화의 발전과 루키즘」, 『문화와 사회』 제5권, 2008.

채규만 외, 『채박사의 중독 따라잡기』, 학지사, 2013.

채인후, 『순자철학』, 천병돈 역, 예문서원, 2000.

최삼욱, 『행위중독』, NUN, 2017.

콜드웰, 크리스틴, 『몸으로 떠나는 여행』, 김정명 역, 한울, 2016.

쿠하, 마이클, 『중독에 빠진 뇌』, 김정훈 역, 해나무, 2017.

철학,
중독을 이야기하다